DRESSLER

ANDREAS GÖTZ

# wir sind die Wahrheit

Dressler Verlag
Hamburg

MIX
Papier aus verantwortungsvollen Quellen
FSC® C014496

Originalausgabe
1. Auflage

Satz: Sabine Conrad, Bad Nauheim
Druck und Bindung: GGP Media GmbH,
Karl-Marx-Straße 24, 07381 Pößneck, Deutschland
Printed 2020
ISBN 978-3-7915-0148-2

www.dressler-verlag.de

Lieber Noah,

bitte verzeih mir, dass ich dich nicht öfter besuche. Aber ich halte es nicht aus, dich so zu sehen. Mit den Schläuchen, den Geräten, den Verbänden und dem ganzen Zeugs. In diesem Raum, in dem es heiß ist wie in einer Sauna.

Bitte stirb nicht! DU DARFST NICHT STERBEN! Ich verbiete es! Weil ... ein Leben ohne dich kann ich mir nicht vorstellen! Und will es auch nicht! Du und ich, wir waren immer zu zweit, von Geburt an. Wir konnten uns darauf verlassen, dass der andere da ist, wenn es drauf ankommt. Wenn es das nicht mehr gibt, weil es dich nicht mehr gibt, dann sterbe ich auch ... irgendwie ... ein bisschen ...

Und das willst du doch nicht, oder?

Deine Leah

# Die Videos

Ich lege den Brief in Noahs Nachttisch und schiebe die Schublade zu. So vorsichtig, wie man es macht, wenn man einen Schlafenden nicht wecken will. Was natürlich total bescheuert ist, weil ich nichts lieber täte, als ihn zu wecken. Am Fußende des Bettes drehe ich mich noch mal um und schaue zurück. Und hab die Augen schon wieder voller Tränen. Er spürt keinen Schmerz, versichern uns die Ärzte und Pfleger wieder und wieder, und so friedlich, wie er daliegt, glaube ich ihnen das auch. Dafür spüre ich den Schmerz. Ein ständiges, mal dumpfes, mal spitzes Pochen, das in mir herumwandert. Ich presse die Lippen zusammen. *Wenigstens bist du so bei mir, Noah. Auch wenn es wehtut.* Aber jetzt wird es langsam zu viel, ich muss weg hier. Bevor noch jemand kommt und mich so sieht. Ich wische meine Tränen ab. Ich lass die Intensivstation hinter mir, bin endlich wieder draußen auf dem Flur. Wo das Leben auch nicht gerade tobt, aber zumindest weitergeht. Wo Menschen miteinander reden, jemand lacht, jemand schimpft, jemand klagt. Wo ich wieder atmen kann.

Ich beeile mich lieber, gleich kommt Mama und ich will ihr auf keinen Fall begegnen. Nicht den erleichterten Ausdruck auf ihrem Gesicht sehen, weil ich endlich mal wieder hier war, nachdem sie mir zigmal ins Gewissen geredet hat. *Noah merkt es, wenn jemand bei ihm ist,* sagt sie. *Wir müssen mit ihm reden,* sagt sie, *seine Verbindung zur Außenwelt halten. Das ist wichtig für ihn. Und für uns auch.*

Tut mir leid, Mama, aber damit liegst du total falsch. Zumindest was mich betrifft. Ich bin Noah viel näher, wenn ich ihn *nicht* so sehe. Dem echten Noah, meine ich. *Wir sind Zwillinge. Wir haben eine besondere Verbindung.* Das hast du selbst immer gesagt. So was verliert man nicht einfach. Okay, wir sind seit einer Weile eigene Wege gegangen, jeder für sich. Aber das ändert nichts daran. Nicht wirklich.

Ich beobachte auf der Anzeige, wie der Fahrstuhl Stock für Stock hochkommt. Die Türen gehen auf und plötzlich steht Beate vor mir. Was macht die denn hier? Sie wirkt genauso überrascht wie ich. Sie wird sogar ein wenig rot.

»Hey«, sagt sie, »ist deine Mutter schon da?«

»Nein. Gehst du auch zu ihm?«, frage ich.

»Deine Mutter wollte, dass ich komme.«

Alles klar. Mama hat sich ihre beste Freundin als moralische Stütze geholt, weil ich mich angeblich davor drücke.

»Na, dann viel Spaß«, sage ich und schiebe mich schnell zwischen die Aufzugtüren, die gerade zugehen.

X

Der Bus hält, zischend gehen die Türen auf. Ich steige mit ein paar Leuten aus, pralle gegen die Hitze wie gegen eine Gummiwand. Vor mir liegt die Bahnhofstraße in all ihrer schäbigen

Pracht. *Du musst mir nichts beweisen*, sagt Noah in meinem Kopf. Ich bin nicht hier, um dir was zu beweisen.

Der Bus fährt ab, die paar Leute, die ausgestiegen sind, schlurfen davon. Wie oft waren wir als Kinder hier, bloß weil alle Erwachsenen sagten: Geht da nicht hin, da ist es nicht sicher. Was es für uns erst recht spannend machte. Am liebsten spielten wir auf den Bahngleisen. *Weißt du das noch, Noah?* Eigentlich ist es erst sieben oder acht Jahre her, aber es kommt mir vor wie ein ganzes Leben.

Soweit ich weiß, ist es ein paar Hundert Meter weiter vorne passiert. Gegenüber vom Bahnhofsgebäude. Vor dem alten Kasten, an dem seit einer Ewigkeit die Rollos unten sind und den man von hier aus schon sieht.

Ich bleibe nicht auf der Straße, sondern kämpfe mich durch das Gestrüpp rüber aufs Gleisbett. Ich will das Stück zum Bahnhof auf den Schienen laufen, so wie wir es früher auch gemacht haben. Da war das Durchkommen allerdings leichter. Klar, wir waren kleiner und die Büsche weniger dicht. Noah und ich, Steffi, Flo, der freche Benno und ein, zwei andere, von denen ich den Namen nicht mehr weiß, weil sie schon lange weggezogen sind. *Kennst du noch alle, Noah?* Damals fuhr hier noch alle paar Tage ein Güterzug durch, und wenn einer kam, sind wir wie aufgescheuchte Katzen in die Büsche gesprungen und haben die Waggons aus unseren Verstecken heraus mit Steinen beworfen, und wenn es Tankwaggons waren, haben wir uns bei der Vorstellung gegruselt, einer könnte explodieren, in einem riesigen Feuerball, so wie im Film. Heute ist alles so von Unkraut überwuchert, dass man die verrosteten Schienen kaum noch sieht. Erst wenn man drauftritt oder mit dem Fuß dagegenstößt, bemerkt man sie.

Viel schneller, als ich will, erreiche ich den Bahnhof. Auf den beiden Bahnsteigen sprießt Gras, die Laternen sind beschmiert und zerdeppert. Das Gebäude, in dem der Schalter und ein Warteraum waren, sieht auf der Rückseite noch versiffter aus als von vorn. Die Türen sind mit schweren Vorhängeschlössern verriegelt, die Fenster mit Pressspanplatten vernagelt, die selbst schon wieder verfaulen. Der Putz bröckelt, an vielen Stellen kommt die blanke Ziegelmauer durch. Alles ist übersäht mit Graffiti. Darunter Hakenkreuze. SS-Runen. Sieg Heil! Mein Blick bleibt an der Uhr hängen, die für immer und ewig auf zwanzig nach drei steht.

Ich warte noch ein wenig. Kaue an meinem Daumennagel. Ich bin so nervös wie vor der mündlichen Abi-Prüfung. Dann fass ich mir ein Herz und schlüpfe durch eine Lücke im Zaun zurück auf die Straße. Und da sehe ich es, auf der anderen Seite, zwischen den betonierten Pflanzentöpfen, in denen nur Unkraut wuchert.

Wie an einer Schnur gezogen bewege ich mich ich über die Straße. Hinter mir hupt es. Jemand plärrt was aus dem Fenster. Ich gehe einfach weiter. Meine Beine bewegen sich wie von selbst. Ich spüre kaum den Boden unter mir. Ich laufe nicht, ich falle.

Und dann schlage ich auf.

Hier ist es passiert. An dieser Stelle. Gänsehaut kriecht über meinen Rücken und meine Unterarme, meine Kehle wird eng. Zu meinen Füßen brennen Kerzen und Teelichter, Blumen welken vor sich hin, dazwischen liegen Plüschtierchen, Kreuze … Auf Zetteln in Klarsichthüllen lese ich: *Du bist nicht vergessen, Noah! Auge um Auge, Zahn um Zahn! Deutschland erwach…* Da bemerke ich den großen dunkelroten Schatten unter dem Zeug. Das muss Noahs eingetrocknetes Blut sein. Und auf einmal höre ich ihn schreien, um Hilfe, um Gnade bitten, und mir wird schlecht.

»Kanntest du ihn?«

Ich hab das Mädchen nicht kommen hören. Jetzt reißt sie mich aus meinem Film und ich bin ihr dankbar dafür. Rothaarig, ein bisschen mollig, rosige Wangen und ein schüchternes Lächeln umspielt ihre schmalen Lippen. Ihr Klemmbrett hält sie so fest gegen die Brust gedrückt, als müsste sie es vor mir schützen.

*Kanntest du ihn.* Als wäre Noah schon tot. Natürlich hat sie das nicht gemeint. »Noch lebt er«, korrigiere ich sie trotzdem.

»Ja, zum Glück. Krass, was die mit ihm gemacht haben, oder? Ich könnt bloß noch heulen.«

Und ich würde am liebsten weglaufen. Dieses fremde Mädchen zeigt so viel Mitgefühl mit Noah. Und ich steh da, als wäre zwischen ihr und mir eine Wand. Wir sollten uns trösten und in den Arm nehmen. Aber ich bin einfach wie gelähmt und tu gar nichts.

»Ich bin Sonja«, sagt sie. »Und du?«

»Leah.«

»Klingt fast wie Noah.« Sie lächelt.

Tut es, stimmt.

»Wir sammeln Unterschriften«, sagt sie. »Vielleicht willst du ja auch unterschreiben.«

Sie hält mir das Klemmbrett hin. Die Seite ist fast bis ganz unten voll. Ich lese die Headline: **Gegen Überfremdung! Kriminelle Asylanten raus aus dem Gerberblock! Deutschland den Deutschen!** Dann schaue ich Sonja an. Sie lächelt so harmlos. Langsam spüre ich wieder etwas: Zorn kriecht in mir hoch. Ihr geht es überhaupt nicht um Noah. Sie benutzt ihn nur, um Hass zu schüren. Sie und alle anderen, die so ticken. Aber da sind sie an die Falsche geraten. Ich nehme das Klemmbrett, an dem ein Kugelschreiber baumelt, und überfliege die Namen auf der Liste. Einige kenne ich sogar. Leute, von denen ich nie gedacht hätte, dass sie ihre Unterschrift unter solche Sprüche setzen würden.

»Samstag halten wir eine Mahnwache«, sagt Sonja. »Und dann ziehen wir rüber zum Gerberblock. Damit endlich was passiert. Die müssen weg, die Asylanten. Oder wie viele Leute von uns sollen die noch totprügeln, bevor hier mal jemand aufwacht?«

»Bloß weil es hier passiert ist, heißt das noch lange nicht, dass es jemand von den Leuten hier war«, widerspreche ich, kritzle der blöden Kuh was auf ihre Unterschriftenliste und sage, als ich ihr das Klemmbrett zurückgebe: »Ich bin übrigens Noahs Schwester. Und der würde kotzen über eure Aktion hier. Nur damit du's weißt.«

Ich dreh mich um und marschiere davon.

»Sehr witzig«, höre ich sie hinter mir sagen. »Ich hoffe, mit dir macht das einer von diesen verlausten Affen! Vielleicht kapierst du's dann!«

Schon klar, was sie meint. Sie hat gelesen, was ich auf ihre Liste geschrieben hab: FICK DICH!

»Wir können Ihnen natürlich nicht verbieten, dorthin zu gehen«, sagt Frau Bartels so freundlich, wie sie es als strenge Polizeibeamtin gerade noch hinkriegt, während ich merke, dass sie mir am liebsten den Kopf waschen würde. »Aber hilfreich ist es nicht. Je weniger Sie an diesem Ort in Erscheinung treten, desto besser ist es. Sonst liefern Sie nur neue Bilder, neue Nachrichten und es kehrt nie Ruhe ein.« Frau Bartels muss nicht laut werden, um eindringlich zu sein. Im Gegenteil. Je ruhiger sie wird, desto schlechter fühle ich mich.

Ich kratze mit dem Daumennagel in der Scharte im Esstisch und spüre dabei die vorwurfsvollen Blicke von Mama und Papa. Schon klar, wir hatten ausgemacht, dass wir die Bahnhofstraße erst mal meiden. Wenn diese Sonja mich nicht fotografiert und das Foto überall gepostet hätte, hätte auch niemand erfahren, dass ich dort war. Jetzt stellt mich die blöde Kuh als naiven Gutmenschen dar, der zu bemitleiden ist, und tausend rechte Idioten liken und kommentieren das.

»War das wirklich nötig?«, fragt Mama.

Irgendwie schon, finde ich. Diese rechten Idioten sind doch

dabei, uns mit ihren Mahnwachen und Unterschriftenaktionen Noah wegzunehmen. Aber ich verstehe Mama auch, sie hat schon Sorgen und Kummer genug, und drum tut's mir leid.

»Ich bin allerdings wegen etwas anderem hier«, sagt Frau Bartels. Sie schaut erst mich, dann Papa, schließlich Mama an. »Wir haben ein Video zugeschickt bekommen, das zeigt, was passiert ist. In der Tatnacht.« Sie räuspert sich. »Wie es zu dem Angriff kam.«

»Sie meinen, mit den Tätern drauf?«, fragt Papa sofort.

Frau Bartels nickt. »Wenn Sie wollen, zeige ich Ihnen den Film. Ich warne Sie aber. So was ist nicht leicht zu ertragen.«

Mama und Papa schauen erst einander an, dann mich. Lange macht keiner von uns einen Mucks. Wir haben alle drei Angst. Wenn Frau Bartels uns warnt, wird das, was sie hat, wohl ziemlich heftig sein. Und einmal im Kopf, können wir die Bilder nicht wieder löschen.

»Wir sehen es uns an«, bestimmt Papa, und weil er versucht, stark und fest zu sprechen, klingt seine Stimme umso zittriger. Papa war noch nie gut darin, seine Gefühle zu verbergen.

Mama atmet tief durch.

Ich lege meine Hand auf ihre.

»Okay«, sagt Frau Bartels, »dann los.«

Sie holt einen Laptop aus ihrer Umhängetasche und klappt ihn auf, tippt ein wenig herum und dreht ihn dann so, dass wir den Film auf dem Bildschirm sehen können. Die Qualität ist eher mau, eine Nachtaufnahme bei wenig Licht. Man sieht eine Gruppe Männer abhängen. Es scheinen dunkelhäutige Männer zu sein. Erst auf den zweiten Blick erkenne ich den Ort wieder: Das ist da, wo jetzt die ganzen Blumen und Kerzen und Zettel liegen.

Noah kommt ins Bild. Er schaut kurz zur Seite. Ich würde ihn immer und überall erkennen, sogar im Dunkeln, schon an der Jacke, die er immer trägt, und auch an seinem Gang. Er latscht zu der Gruppe und redet mit den Leuten. Es wirkt alles cool, Noah lacht und die Männer lachen mit. Bis die Stimmung wie aus dem Nichts umschlägt. Auf einmal sind die Männer total aufgebracht, sie brüllen rum und stoßen Noah. Es gibt die ersten Schläge. Fausthiebe. Noah wehrt sich, aber nicht sehr entschlossen. Die Schläge werden heftiger, er geht zu Boden und wird getreten. In die Nieren, in den Bauch. Gegen den Kopf. Als Noah sich nicht mehr rührt, kapieren die Männer offenbar erst, was sie getan haben. Sie stehen ratlos da. Gucken nur. Keiner scheint was zu sagen. Dann beugt sich einer hinab, testet, was mit Noah los ist. Der gibt kein Lebenszeichen von sich. Jetzt geraten die Männer in Panik. Sie reden aufgeregt miteinander. Schließlich rennen sie weg. Noah bleibt liegen. Das Video stoppt.

Die Stille im Raum drückt auf meine Ohren. Wir sitzen da wie versteinert. Als ich merke, wie fest ich Mamas Hand zusammenpresse, lockere ich meinen Griff. Am liebsten würde ich aufspringen und weglaufen. Doch ich bleibe sitzen.

»Ich bezweifle, dass das Neonazis waren«, sagt Frau Bartels schließlich.

Noah hatte vor ein paar Monaten spätabends einen Zusammenstoß mit Neonazis, die ihn ziemlich verprügelt haben, und das haben wir der Polizei auch erzählt. Für uns war klar, dass es nur wieder so gewesen sein kann. Wohl ein Irrtum. Mein Mund ist ganz trocken.

»Das Video wurde uns von Noahs Handy aus zugeschickt«, fährt sie ungerührt fort.

»Und was heißt das?«, fragt Papa.

»Zunächst das Offensichtliche: Noah war nicht allein. Dann: Die Person, die das aufgenommen hat, ist auch im Besitz von Noahs Handy. Daraus schließen wir, dass die Begegnung mit den Tätern kein Zufall war. Das alles sieht nach einer gezielten Sache aus.«

»Okay«, sagt Papa. Er kann die Informationen genauso wenig verarbeiten wie Mama und ich.

»Wer auch immer diese Person ist, sie verfolgt mit dem Video einen Plan.«

Papa, Mama und ich sehen uns bloß an. Langsam kommt mein Gehirn in Gang und versucht, das alles auf die Reihe zu kriegen.

»Könnte das nicht … ich meine … Das Video könnte auch ein Fake sein.«

»Sicher. Heutzutage weiß man das nie. Wir untersuchen das natürlich. Wenn es eine Fälschung ist, dann ist es eine verdammt gute.«

Ein schrecklicher Gedanke beschleicht mich. »Kann es sein, dass Noah in eine Falle gelockt wurde? Von dem, der das aufgezeichnet hat? Dass derjenige wusste, was passieren würde?«

Frau Bartels schaut mich einen Moment stumm an. Vielleicht

hatte sie diese Idee auch schon. »Das wäre eine weitere Möglichkeit. So oder so bleibt die Frage: Was wollte er von den Männern? Oder die von ihm? Was ist da gelaufen?«

Irgendwas Illegales, fällt mir als Erstes ein. Drogen vielleicht. Obwohl ich mir das kaum vorstellen kann. Noah war total anti-Drogen. Der hat nicht mal an einem Joint gezogen.

»Und was glauben Sie?«, fragt Papa.

Frau Bartels zögert. Schließlich sagt sie bloß: »Bei der Polizei haben wir eine Regel: Keine voreiligen Schlüsse ziehen.«

X

»Dann waren es also doch Ausländer«, sagt Mama, nachdem Frau Bartels gegangen ist. Es klingt, als sei damit alles klar, als wären alle Fragen beantwortet. In Wirklichkeit wissen wir nicht mehr als zuvor. Zumindest was die Täter angeht.

»Das weißt du doch gar nicht«, sage ich, schärfer als beabsichtigt. »Sie hatten eine dunklere Hautfarbe. Und?«

»Nichts und«, sagt Mama und sieht mich auf diese Art an, die sagt: *Was willst du denn von mir? Ich bin doch die Unschuld in Person.*

Ich will mich auch gar nicht mit ihr streiten. Wir sind alle gerade so empfindlich, dass schon die sanftesten Berührungen wehtun. Wie bei Menschen mit Verbrennungen. Ja, wir sind Verbrannte. Und Mama ist ja auch keine von denen, die gegen Ausländer hetzen. Versöhnlich lege ich meine Hand auf ihre, und sie nimmt mein Angebot an, mit einem brüchigen Lächeln.

»Alles wird gut«, sagt Papa, der Berufsoptimist. »Dauert nicht mehr lange, dann wacht Noah auf und kann uns das selbst erklären.«

Es ist erst kurz nach acht, aber ich bin müde und will ins Bett.

Ich drücke und küsse Mama und Papa, dann lasse ich sie allein. Doch statt in mein Zimmer gehe ich in das von Noah. Um diese Zeit hat es von allen Zimmern im Haus das mildeste Licht. Wie ein Weichzeichner legt es sich über alles. Rundet Ecken und Kanten ab. Verflüssigt die Oberflächen. Plötzlich knicken meine Beine weg, ich sacke aufs Bett. *Ohne dich fühle ich mich so leer, Noah. Ohne dich wirkt alles so fremd. Der Schreibtisch, an dem du immer gehockt hast; die Korktafel mit deinen Notizzetteln, Fotos, Eintrittskarten; der Sessel mit dem Klamottenberg; eine goldene Münze mit Lederband auf dem Nachttisch. Früher hat all das Geschichten erzählt. Deine Geschichten. Aber jetzt sind die Dinge verstummt. Und ich mit ihnen.*

X

Ich fahre hoch. Schweißnass. Mit Herzrasen. In der Dunkelheit brauche ich ein wenig, bis ich begreife, dass alles nur ein Traum war. Die Männer mit den verzerrten Bulldoggen-Gesichtern und den riesigen Hämmern statt Händen. Es gab sie nur in meinem Kopf. Und Noah, der am Boden lag und den sie mit Füßen traten, bis er sich nicht mehr rührte – ist das auch nur ein Albtraum? Ja. Aber leider ein echter.

Eine tiefe Traurigkeit überkommt mich, presst mich nieder.

Ich drücke mein Gesicht ins Kissen. Schluchze. Weine. Gebe mich ganz hin. Lasse mich mitreißen von diesem Strom. Und erschrecke mich über mich selbst. Nein, so darf ich nicht weinen. So weint man um einen Toten!

Ich schiebe das Kissen weg, kämpfe mich aus der Decke, in der ich mich total verheddert hab, und stehe auf. Von draußen kommt nur so viel Straßenlicht herein, dass ich gerade mal die Schemen der Möbel und Sachen erkenne. Irgendwie passt das, ich komme mir selbst vor, als wäre ich nur noch ein Umriss.

*Dann waren es also doch Ausländer,* höre ich Mama sagen. Ein mulmiges Gefühl beschleicht mich. Was hat das zu bedeuten? Der Satz und das Gefühl. Es ist, als wäre da etwas, das ich dauernd übersehe. *Wenn du jetzt bloß da wärst, Noah, du würdest es sehen und mir sagen. So wie immer.*

Lautlos wie ein Geist husche ich in mein Zimmer, schlüpfe in mein Schlafshirt und verkrieche mich in meinem Bett. Ein paar Stunden habe ich ja noch. Müde schließe ich die Augen.

Und reiße sie gleich wieder auf. Was war das eigentlich für ein Ding auf seinem Nachttisch? Ich springe aus dem Bett und renne zurück in Noahs Zimmer. Knipse das Licht an. Sie liegt noch immer unschuldig auf dem Nachttisch: die Münze an dem Lederband. Sie ist nicht größer als ein Zweieurostück. Und auch ungefähr so dick. Auf der einen Seiten ist ein Adlerkopf eingeprägt, auf der anderen ein Adler im Flug. Besonders wertvoll sieht sie nicht aus. Eher wie etwas, das man zusammen mit Süßigkeiten aus dem Automaten zieht. Und sicher nicht wie etwas, das Noah unbedingt tragen würde. Was macht sie dann hier? Gehört sie ihm oder jemand anderem? Ich sollte sie wieder hinlegen, aber ich behalte sie in der Hand und nehme sie mit.

X

Wenn das so weitergeht, werde ich noch zum totalen Nachrichten-Junkie. Seit Tagen geht das jetzt schon so. Die Polizei hat die Information, dass Noah *von einer Gruppe junger Männer, vermutlich mit Migrationshintergrund,* zusammengeschlagen wurde, an die Öffentlichkeit gegeben. Sie will sich nicht vorwerfen lassen, Tatsachen zurückzuhalten. Auch dass ein Video von der Tat existiert, wird mitgeteilt. Die verwischten, unterbelichteten Bilder mutmaßlicher Täter werden als Fahndungsfotos veröffentlicht. Man kann die Gesichter allerdings kaum erkennen, was dazu führt, dass immer wieder Menschen, die den Denunzianten nicht deutsch genug aussehen, angepöbelt und bei der Polizei denunziert werden.

Wenn Noah das sehen könnte – er würde kotzen.

Die Mahnwache für Noah und den angekündigten Schweigemarsch zum Gerberblock hat die Stadt im Eilverfahren verboten. Gefährdung der öffentlichen Sicherheit oder so. Daraufhin ist das Video, das zeigt, wie Noah verprügelt wird, im Netz aufgetaucht. Und jetzt kommen von überall her Busse voll mit Menschen in die Bahnhofsstraße. Andere Busse sind voll mit Polizisten. Niemand weiß, was passieren wird. Sogar die großen Nachrichten berichten.

»Wenn du nicht aufhörst, dauernd auf das Ding zu starren, nehme ich es dir weg«, droht Mama und deutet auf mein Handy. Aber ich kann nicht anders. Ich muss ständig die News checken, springe zwischen den offiziellen Kanälen und WhatsApp hin und her, wo mich Steffi und ein paar andere Freunde, die live vor Ort sind, auf dem Laufenden halten. »Komm lieber nachher mit zu Noah«, sagt Mama. »Dort ist unser Platz.«

»Ich komm ja mit«, sage ich genervt darüber, dass sie mir dauernd ein schlechtes Gewissen macht. »Hab ich doch schon gesagt.«

Ich klink mich aus, schreibe ich Steffi. Brauch 'ne Auszeit. Und wir fahren gleich zu Noah.

Alles klar, antwortet sie. Ich halt die Stellung. Gib ihm 'nen dicken Kuss von mir.

Mach ich.

»Leah, jetzt komm!«, schreit Mama durch den Flur, dann fällt die Haustür ins Schloss.

Als ich rauskomme, sitzen Papa und Mama schon im Auto, der Motor läuft, Papas Daumen trommelt nervös auf das Lenkrad. Ich schmeiß mich auf den Rücksitz. Das Handy bleibt in meiner Hosentasche, sonst regt Mama sich gleich wieder auf. Ohne Kommentar fahren wir los.

»Was ist das eigentlich für ein Anhänger, den du da trägst?«, fragt Mama nach einer Weile. Ihre Augen beobachten mich im Rückspiegel.

Ich nehme Noahs Anhänger zwischen meine Finger. »Nichts Besonderes«, antworte ich. »Nur ein Anhänger.«

Selbst wenn ich es wollte, ich könnte ihr nicht sagen, warum ich das Ding trage. Etwas daran fasziniert mich. Vielleicht nur, dass es Noah gehört und ich nichts darüber weiß, obwohl ich doch eigentlich alles über ihn weiß. Dachte ich zumindest.

Auf der Bundesstraße in die Kreisstadt kommt uns ein alter VW-Bus entgegen, in den sich viel zu viele Leute reingequetscht haben. Aus dem Seitenfenster flattert eine schwarz-weiß-rote Fahne mit einem Eisernen Kreuz in der Mitte. »Idioten«, murmle ich.

Es bleibt eine Weile still zwischen uns, bis Papa völlig aus dem Nichts sagt: »Natürlich sind diese Nazis Idioten. Aber es ist nicht jeder gleich ein Nazi, bloß weil er ... Ich meine, irgendwie kann man die Leute ja verstehen. Erst passiert im Gerberblock jahrelang nichts, dann kommen die Asylanten und auf einmal wird ruckzuck renoviert.«

Ich fasse es nicht, dass er so was von sich gibt. »Das hätte Noah jetzt aber nicht hören dürfen«, antworte ich. »Der hätte dir was erzählt.«

Papa murmelt nur was Unverständliches.

»Wieso sind die Leute nicht vorher auf die Straße gegangen und haben was dafür getan, dass der Gerberblock hergerichtet wird?«, fahre ich fort. »Da haben sie einfach nur zugesehen, wie alles verrottet. Und das Paradies ist es dort jetzt auch nicht gerade. Es wurde nur das Nötigste für die Flüchtlinge gemacht. Hat Noah gesagt und der war mehrmals dort. Und ich hab zumindest Fotos gesehen.«

»Ja, ja, sicher«, wiegelt Papa ab, »ich meine ja nur.«

»Ich ertrag es auch kaum, dass Noah das angetan wurde«, sage ich. »Aber es bringt niemandem was, jetzt alle Flüchtlinge zu hassen. Das würde Noah bestimmt nicht wollen.«

Es ist wieder kurz still, dann bricht es aus Mama heraus: »Kann ja auch sein, dass Noah sich geirrt hat … Vielleicht war es doch ein Fehler, all diese Leute … Es ist nun mal so, dass es Ausländer waren, die Noah fast zu Tode geprügelt haben. Das zumindest haben wir mit eigenen Augen gesehen!«

»Ich hab nur gesehen, dass die Männer eine andere Hautfarbe hatten als wir«, sage ich. »Was in ihrem Pass steht, weiß ich nicht.«

»Das ist mir doch egal! Aber du … du klingst fast so, als würdest du diese Kerle auch noch in Schutz nehmen!«

»Und du klingst so, als wolltest du sagen, dass Noah selber schuld war, weil er sich für die Flüchtlinge eingesetzt hat.«

»Das stimmt überhaupt nicht!«, schreit Mama wie unter Schmerzen auf.

Ich bin zu weit gegangen und bereue meine Spitze sofort. »Entschuldige, Mama«, beschwichtige ich. »Das war fies von mir. Das hab ich nicht so gemeint.«

Sie schweigt.

Und ich halt besser auch meinen Mund, bevor ich Mist rede. *Ich bin eben nicht du, Noah. Du weißt immer, was richtig ist und was falsch, und du kannst es auch super ausdrücken. Darum wirst du bestimmt mal ein klasse Anwalt.*

X

Stumm verlassen wir die Klinik. Mit verquollenen Augen. Papa hat den Arm um Mama gelegt und stützt sie. Wir durften nur kurz zu Noah, heute war kein guter Tag, sein Herz drohte wohl schlappzumachen, keine Ahnung, ich höre bei diesem Ärztekram nie so genau hin, weil ich es eh nicht verstehe. Will es auch nicht verstehen, dann krieg ich bloß noch mehr Angst.

Ich komme mir gerade vor wie unter Wasser. Alles ist verschwommen. Gedämpft. Nichts kommt an mich ran und ich komm an nichts ran.

Mechanisch bewege ich mich auf unser Auto zu. Papa schließt per Funkfernbedienung auf, die Blinklichter leuchten kurz. Ich sehe uns drin sitzen, Papa, Mama, mich selbst, und zwischen uns eine riesige, unüberbrückbare Lücke – Noah. Ich kann jetzt nicht in dieses Auto steigen. Auf keinen Fall. Mama so zerbrochen zu sehen und ihr nicht helfen zu können … Aber darf ich sie und Papa jetzt allein lassen?

Ich lege meinen Arm um Mama und ziehe sie an mich. »Hey«, sage ich, »wie geht es dir?«

Sie schnieft nur hilflos. Dann klammert sie sich plötzlich an mich und weint. Ich schaue zu Papa. Hilflos steht er da. Versucht, sich zu beherrschen. Stark zu bleiben.

»Ich liebe dich, Mama«, sage ich. »Und ich bin für dich da. Immer. Und wenn ich manchmal Dinge sage, die –«

»Hör auf«, unterbricht sie, »das weiß ich doch alles.«

Papa legt seine Arme um uns. »Wollen wir langsam …?«

Ich löse mich von den beiden. »Ist es okay, wenn ich nicht mit nach Hause fahre? Ich muss jetzt ein bisschen für mich sein.«

»Ja, aber wie …?«, fragt Papa.

»Ich nehm den Bus.«

Mama ergreift meine Hand. »Hast ja recht«, sagt sie. »Man muss sich auch mal ablenken.«

Ich drücke sie noch einmal ganz fest, wische ihr die Tränen aus dem Gesicht und küsse sie. Dann gehe ich über den Parkplatz davon, auf kürzestem Weg, zwischen den Autos hindurch. An der Ausfahrt begegnen wir uns noch einmal, ich winke, sehe ihnen nach und – atme durch.

Ich habe keine Ahnung, was ich jetzt mache. Eigentlich habe ich auf nichts Lust. Vielleicht lauf ich einfach nur eine Weile rum.

Das Handy in meiner Hosentasche piept. Reflexartig fährt meine Hand nach unten. Dann zögere ich. Will ich jetzt wirklich Neuigkeiten über eine Ansammlung von rechten Idioten in der Bahnhofstraße lesen? Eher nicht. Und doch ziehe ich es aus der Hosentasche.

Es ist Eva. Was will sie von mir? Seit dem Abi hab ich nichts von ihr gehört. Nicht dass ich sie vermisst hätte. So eng waren wir nie.

Hab erfahren, dass du gerade hier in der Gegend bist. Wenn du Zeit und Lust hast, lass uns treffen.

Wahrscheinlich weiß sie von Steffi, dass wir zu Noah gefahren sind.

Passt gerade nicht so, tippe ich und will es schon fast abschicken, zögere aber. Vielleicht wäre ein bisschen belangloses Quatschen jetzt genau das, was ich brauche.

Ich lösche den Text und schreibe: Okay. Wie wär's jetzt gleich? Im Café Huber?

Super. Ich kann in zwanzig Minuten da sein. C u ☺

X

Im *Café Huber* ist nichts los um diese Zeit. Eva ist noch nicht da. Ich suche uns einen Tisch am Fenster mit Blick auf die Straße.

Langsam ahne ich, warum Eva sich mit mir treffen will. Alte Liebe rostet nicht, sagt Papa immer. Sie wollte mal was von Noah, hat sich ziemlich an ihn rangeschmissen, aber er ist nur halb darauf eingestiegen. Keine Ahnung, ob und was zwischen den beiden gelaufen ist. Wenn es um Mädchen geht, lässt Noah sich nicht mal von mir in die Karten schauen. Da ist er ganz der verschwiegene Typ.

Mein Handy schreckt mich mit einem *Pling* aus meinen Gedanken auf. Einer meiner Freunde hat was auf Snapchat gepostet. Ich gucke nach, was es ist, und ein Stromschlag fährt durch mich. Unmöglich. Das muss ein Fehler sein. Snapchat muss sich vertan haben. Aber Snapchat hat sich eigentlich noch nie vertan. Der Snap kommt angeblich von Noah! Ein Video. Ich starte es. Es beginnt wie das Video, das uns die Kommissarin gezeigt hat und jetzt durchs Internet schwirrt.

»Super, dass es gleich geklappt hat!« Evas Stimme lässt mich so heftig zusammenzucken, dass mir fast das Handy aus der Hand fällt.

Sie lacht. »Hab ich dich erschreckt? Sorry!«

Wie unter Schock starre ich auf mein Handydisplay, wo jetzt für ein paar Sekunden eine Internetadresse auftaucht. Und dann ist das Video auch schon vorbei, gleich wird es ganz verschwunden sein. Wenn ich nicht so perplex wäre und Eva mich nicht zusätzlich erschreckt hätte, hätte ich es vielleicht geschafft, einen Screenshot von der letzten Einstellung zu machen. Aber dafür ist es jetzt zu spät. Manchmal hasse ich Snapchat!

Eva ist inzwischen auf den Stuhl mir gegenüber gesunken. »Ich hoffe, keine schlechte Nachricht«, sagt sie mit Blick auf mein Handy.

»Nur der übliche Snapchat-Scheiß.« Ich lege das Handy mit dem Display nach unten auf den Tisch.

»Hey, ich … also, ich hab das mit Noah natürlich mitgekriegt«, sagt Eva und legt ihre Hand tröstend auf meine. Das ist mir ein bisschen too much, doch ich lasse es zu, weil sie ja bloß nett sein will. »Echt krass«, fährt sie fort. »Wie geht's ihm?«

Ich zucke mit den Schultern. »Mal besser, mal schlechter. Zum Glück ist er aktuell nicht in Lebensgefahr. Aber das kann sich schnell ändern.«

»Er wacht doch wieder auf, oder?« Sie guckt ernsthaft besorgt.

Ich merke, wie die Tränen in mir hochsteigen, vielleicht ist es die Art, wie sie mich ansieht, die meine Schutzmauer durchlässig macht. *Bloß nicht heulen!*, ermahne ich mich. *Bloß kein Mitleid!*

»Kann man nicht wissen«, sage ich.

Eva seufzt. »Ich hoffe so, dass alles wieder gut wird. Noah ist ein ganz besonderer Mensch. Wir wären ja fast mal …« Sie lächelt verlegen. »Ewig her. Aber er hat für immer einen besonderen Platz in meinem Herzen.«

Mir fällt dazu nichts ein, also bleibe ich still und frage mich nur, ob sie auch einen besonderen Platz in Noahs Herzen behalten hat.

»Und wie geht's dir damit?«, fragt sie.

»Das ist das kleinste Problem. Das allerkleinste.«

»Nee, ist es nicht. Ich bewundere, wie tapfer du bist.«

Die Bedienung kommt an den Tisch, ich bestelle einen Milchkaffee, Eva einen Latte macchiato.

»Du weißt ja sicher, dass ich jetzt bei der Zeitung arbeite«, sagt Eva nach einer kurzen Weile.

Klar weiß ich das. Sie hatte es nach dem Abi jedem unter die Nase gerieben. Aber ich bin froh, dass sie das Thema wechselt.

»Volontariat, oder?«, frage ich zurück.

»Stimmt.«

»Und, macht Spaß?«

Sie nickt. »Genau meins. Ich krieg auch richtig was zu tun. Nicht bloß Kaffee kochen und Archivrecherche.«

»Toll für dich. Dann ist die Journalistenschule in München wohl schon gebucht.«

Sie rollt mit den Augen. »Wenn das mal so einfach wäre. Aber wird schon irgendwie klappen. Und du? Was machst du?«

»Ich geh im Herbst nach Berlin. Erst mal die Stadt kennenlernen. Bisschen jobben und so. Und nächstes Jahr an die Uni.«

»Cooler Plan.« Sie spitzt kurz ihre vollen Lippen und sagt dann: »Ich hab die Berichterstattung über Noah genau verfolgt, und ich finde, dass eure Position darin viel zu wenig vorkommt. Also, ich meine, deine Position und die deiner Eltern. Euer Statement gleich nach der Tat war gut, aber in der heutigen Medienwelt verpufft so was sehr schnell und wird vergessen.«

Ich hab das dumpfe Gefühl, dass wir jetzt zum eigentlichen Grund unseres Treffens kommen.

»Die Polizei rät uns zur Zurückhaltung«, sage ich.

»Sicher. Die Polizei hat natürlich ihre Gründe, so was zu wollen. Gute Gründe. Aber es sind halt *ihre* Gründe. Ihr habt vielleicht andere Interessen. Oder ein anderes Anliegen. Gerade du. Du warst doch immer total engagiert.«

»Eigentlich war das mehr Noah. Ich war nur Mitläuferin. Sozusagen.«

Ich schaue zum Tresen hinüber, wo die Bedienung unsere Bestellung fertig macht. Nein, ich war nie mit vollem Herzen bei der Flüchtlingshilfe dabei. *Das war vor allem dein Ding, Noah. Ich glaube, ich wollte mehr dir helfen als den Flüchtlingen. Obwohl es mir dann schon was bedeutet hat. Aber nie so viel wie dir. Wahrscheinlich hast du das gemerkt und mich deswegen nicht mehr mitgenommen. Für dich muss alles immer durch und durch ehrlich sein. Heuchelei ist das Schlimmste.*

»Leah? Hörst du mir zu? Oder wo bist du gerade?«

Ich schaue wieder zu Eva. »Oh, sorry. Was hast du gesagt?«

»Dass euer Schweigen auch als Zustimmung gedeutet werden kann. Zu dem, was da gerade läuft. Also, wenn du dich mal äußern willst, öffentlich, meine ich, dann komm damit zu mir. Unsere Zeitung steht dir offen. Und wir sind nicht irgend so ein

Forum im Internet, sondern eine richtige Zeitung, online und im Print. Damit erreichst du viel mehr Leute.«

Die Sätze klingen auswendig gelernt und überhaupt nicht wie sie selbst. Eher wie die große Journalistin, die sie gerne sein will. Es wäre fast zum Lachen, wenn das alles nicht viel zu ernst und traurig wäre.

Ich gucke zu meinem Handy auf dem Tisch, fasse es aber nicht an. »Weißt du«, sage ich, »eigentlich will ich niemanden erreichen. Wieso auch? Was gehen mich fremde Leute an? Ich hab keine Botschaft an die. Hab niemandem was zu sagen. Ich will nur meinen Bruder zurück. Sonst nichts.«

Erst jetzt nehme ich das Handy in die Hand und drehe es um. Ich muss an den seltsamen Snap von vorhin denken. Ich hab vielleicht keine Botschaft, aber anscheinend hat jemand eine für mich.

X

»Na, den Kopf ein bisschen frei gekriegt?«, fragt Mama, als ich nach Hause komme. Sie muss hinter der Tür auf mich gewartet haben.

»Ein bisschen.«

Auf dem ganzen Heimweg hatte ich noch ein schlechtes Gewissen, weil ich mich bei Mama und Papa gleich nach dem Besuch bei Noah einfach ausgeklinkt hab. Dass Mama mich jetzt sogar anlächelt, zeigt mir: Es war wirklich okay für sie. Und es freut mich doppelt, weil Mama in letzter Zeit nicht oft lächelt.

Von dem merkwürdigen Snap erzähle ich ihr besser nichts, ist wahrscheinlich eh nur ein dummer Scherz von irgendeinem Honk. Ich kann mir nur nicht erklären, wie es sein kann, dass dieser Snap von Noah kam.

»Ist was passiert?«, fragt sie in mein Schweigen hinein.

»Nichts.«

Ich gehe nach oben in mein Zimmer, werfe die Tür hinter mir zu und lasse mich auf meinen Sessel fallen. Vielleicht hätte ich Mama doch was erzählen sollen. Aber was hätte ich denn schon groß sagen können? Es hätte sie nur beunruhigt und sie hat mehr als genug Sorgen. Nee, es war schon richtig, dass ich geschwiegen hab. Ich kann ja auch jemand anders fragen. Jemanden, der sich wirklich auskennt.

Ich suche die Karte von Kommissarin Bartels raus, rufe sie an und erzähle ihr von dem Snap. »Das Merkwürdige daran war, dass er von Noah kam. Also vielleicht von seinem Handy.«

»Wir prüfen nach, ob es Aktivitäten von Noahs Handy gab«, antwortet sie und wirkt dabei total unaufgeregt. »Wahrscheinlicher ist, dass jemand sich einen Zugang zu seinem Snapchat-Account verschafft hat. Es gibt Leute, die ziehen ein perverses Vergnügen daraus, Leute wie Sie zu belästigen. Sagen Sie Bescheid, wenn sich noch mal jemand meldet.«

Kommissarin Bartels wirkt nicht so, als bereite ihr das große Sorgen, und das beruhigt auch mich.

»Mach ich«, verspreche ich ihr und lege auf.

*Pling!*

Ich zucke zusammen. Es ist Steffi. Über WhatsApp.

Alles klar bei dir?, fragt sie.

Alles gut. Und bei dir? Wie ist die Demo gegen Rechts gelaufen?

Sie schickt ein Foto, auf dem einige farbig gesprenkelte Typen zu sehen sind, die sich mächtig aufregen. Dazu schreibt sie: Die Welt ist bunt! Du siehst: Viel Gebrüll, viel Lärm, sonst alles gut! Wir sitzen bei Toni. Komm gern vorbei! ☺

Heute nicht mehr. Bin total kaputt.

Sie schickt mir drei Herzchen.

Ich will das Handy gerade weglegen, da macht es schon wieder *Pling*. Wohl noch mal Steffi. Aber nein, ein neuer Snap von Noah! Sofort bin ich hellwach. Wieder ist es ein kurzer Ausschnitt aus dem bekannten Video, dann erscheint das Schild mit der von Hand geschriebenen Internetadresse. Und einem Spruch, der beim letzten Mal nicht da war: *Nur für Leah. Kein Fake*. Diesmal bin ich besser vorbereitet und mache einen Screenshot.

Okay, und jetzt? Gleich wieder Kommissarin Bartels anrufen?

*Nur für Leah,* lese ich auf dem Screenshot. *Kein Fake.*

Wenn jemand behauptet, dass etwas kein Fake ist, dann ist es sehr wahrscheinlich ein Fake.

Mal sehen, was sich dahinter verbirgt. Frau Bartels kann ich danach immer noch anrufen. Ich klappe meinen Laptop auf, gebe die Adresse ein und drücke auf Enter. Zu spät kommt mir in den Sinn, dass ich mir vielleicht gerade einen fiesen Virus runterlade, der meinen Laptop lahmlegt. Oder gleich ganz übernimmt und irgendwelchen Scheiß damit anstellt. Mist! Aber jetzt ist es zu spät. Ich werde automatisch über mehrere Seiten geleitet, bis sich schließlich ein Videofenster öffnet, auf dem nur eine weiße Fläche zu sehen ist und das Play-Symbol.

Letzte Chance, Nein zu sagen.

Ich halte die Luft an und klicke auf Play.

Eine weiße Fläche. Es wird rausgezoomt und ein Bett erscheint. Ich weiß sofort, wo das ist. In Noahs Zimmer. Es ist sein Bett. Von der Seite kommt er ins Bild und setzt sich auf die Kante. Er sieht aus wie immer. Unter seiner Wuschelfrisur, die er dringend mal schneiden müsste, lächelt er verlegen. Dann wischt er sich die Haare aus dem Gesicht und spricht in die Kamera:

War heute ein richtig geiler Tag. Bin noch ganz beduselt davon. Okay, vielleicht haben die zwei Gläser Wein auch was damit zu tun … Gott sei Dank kommt Amir endlich raus aus der Sammelunterkunft in der Turnhalle. Oder besser gesagt: Beate sei Dank. Von uns kann sich keiner vorstellen, wie das ist, in so einer Massenunterkunft. Und trotzdem ist Amir immer gut drauf. Erzählt die schlimmsten Sachen wie einen Witz. Zum Beispiel, wie er auf einem Esel vor den Taliban abgehauen ist, getarnt mit einer Burka. Über die Berge. Dabei wär er wahrscheinlich tot, wenn sie ihn gekriegt hätten. Und seine ganze Familie ist noch in Afghanistan. Seit Wochen hat er keinen Kontakt mehr. Stell ich mir brutal vor. Wenn ich nur einen Tag nichts von Leah hör, mach ich mir schon Sorgen. Echt krass.

Beate ist ein Engel. Auch wenn sie Amir nicht für immer bei sich aufnehmen kann, für die nächsten Wochen ist er safe. Und vielleicht kriegt er ja bis dahin seine Arbeitserlaubnis. Dann könnte er gleich bei Auto Kern anfangen, hätte eigenes Geld und könnte sich selbst was suchen. Die Stelle hat ihm auch Beate beschafft. Sie reißt sich echt ein Bein für ihn aus. Es müsste viel mehr Leute wie sie geben.

Am Wochenende machen wir alle zusammen einen Ausflug. Beate, Amir, Leah und ich. Wir wollen Amir ein bisschen die Gegend zeigen. Er freut sich schon total darauf. Ich auch.

▶ Es hat noch mal geschneit zu unserem Ausflug, richtig viel. Amir war ganz begeistert. Klar, er kennt Schnee, ein Onkel von ihm lebt in den Bergen. Aber er meint, hier ist es doch irgendwie anders. Ich glaub, es war Leahs Idee, einen Schneemann zu bauen. Also ist Beate rechts rangefahren und wir sind alle ausgestiegen. Vor uns ein Feld aus Schnee. Pures Weiß. Amir ist losgegangen. Irgendwann hat Leah Beate und mich angestoßen: Sie hatte einen Schneeball gemacht und gegrinst. Wir taten es ihr gleich und dann haben wir alle drei auf Amir geworfen. Aber nur Leah hat getroffen. Amir grinste nur, und schon ging eine wilde Schneeballschlacht los, jeder gegen jeden. War echt witzig. Beate wollte sich rausziehen, die Erwachsene sein. Netter Versuch! Ich hab gleich mehrere Treffer gelandet und das konnte sie dann auch nicht auf sich sitzen lassen. Beate ist schon cool, also, ich mein jetzt … sie ist ja die beste Freundin von Mama und so, total erwachsen halt. Aber auf einmal war sie ausgelassen und wild. Das fand ich echt total … keine Ahnung … cool, irgendwie.

Na, auf jeden Fall, danach haben wir unseren Schneemann gebaut. Diesmal hat Beate sich wirklich ausgeklinkt und nur vom Straßenrand aus zugeguckt und dabei eine geraucht. So lässig am Wagen gelehnt mit ihrer Sonnenbrille und den langen blonden Haaren sah sie aus wie ein Filmstar. Na ja … Egal.

Leah und Amir haben sich beim Schneemannbauen voll reingehängt. Haben Schneekugeln gerollt und aufeinander gewuchtet, und dann ist Leah rüber zum Waldrand gerannt und hat so dicke Zweige und Tannenzapfen geholt, für die Arme, die Nase und die Augen. Ich hab mich ausgeklinkt und bin rüber zu Beate. Na ja, wollte wissen, ob alles klar ist bei ihr und so. Sie hat bloß gelächelt und gefragt, ob bei mir alles klar ist.

Später waren wir noch alle bei Beate, sie hat Pizza geordert. Torsten hat sich auch dazu gesetzt, aber erst nachdem Beate ihn richtig angebettelt hat. Er hat die ganze Zeit kein einziges Wort gesagt, hat bloß seine Pizza runtergewürgt und fertig. Der ist sauer, glaub ich, weil er jetzt einen Mitbewohner hat. Mann, der Typ hat echt Probleme. Unfassbar, dass eine so liebe Frau wie Beate einen so strangen Sohn hat.

Später gab's dann noch ein Highlight: Amir hat eine kleine Tischrede gehalten. Er ist aufgestanden, mit dem Glas in der

Hand, und hat sich teils auf Deutsch, teils auf Englisch bei Beate, Leah und mir bedankt für alles, was wir für ihn getan haben und so, und auch bei Torsten hat er sich bedankt, dass er ihn als Mitbewohner akzeptiert. Torsten hat bloß gequält gelächelt. Danach hat Beate, total klug, wie ich finde, gesagt, dass wir uns genauso bei Amir bedanken müssen, weil er uns eine Welt und eine Kultur nahebringt, die wir so gar nicht kennen, und dass er unser Leben und unsere Gesellschaft damit bereichert. Supernett und total wahr. Sie ist echt cool und … Es ist schön, sie näher kennenzulernen. Bis jetzt war sie für mich nur Mamas beste Freundin. Ich habe gar nicht mitbekommen, was für ein wunderbarer Mensch sie ist.

Das hat mich jetzt glatt umgehauen. Leah geht definitiv im Herbst nach Berlin. Sie hat das ganz allein klargemacht. Und ziemlich schnell. So als könnte sie es kaum erwarten. Wir haben vorher schon ab und zu mal darüber gesprochen, aber nur so als Idee. Ich hatte irgendwie gedacht … keine Ahnung … es ist auf jeden Fall … enttäuschend.

Klar, auch wenn wir Zwillinge sind, sind wir nicht an der Hüfte zusammengewachsen. Das muss man halt akzeptieren, dass jemand seinen eigenen Weg gehen will. Auch wenn's, ehrlich gesagt, schon ein bisschen wehtut. Wenn wir mal darüber geredet haben, hat es sich von ihrer Seite aus immer so angehört, als wär das nur so eine Idee. Und jetzt … die Entscheidung. Das ist irgendwie … hart. Anscheinend kann sie ohne mich ganz gut. Vielleicht freut sie sich sogar ein bisschen, von mir wegzukommen … So wie sie sich drauf freut, die Kleinstadt endlich hinter sich zu lassen und in die große weite Welt zu gehen.

Und ich komm mir gerade wie abserviert vor. Ein Scheißgefühl.

Und ich kann ihr einfach nicht sagen, wie das für mich ist. Wie enttäuscht ich bin. Und verletzt. Weil sich das blöd anhören würde … so als … keine Ahnung … könnte ich nicht ohne sie.

Ist doch Quatsch!

Nee, ich muss wirklich anfangen, mein eigenes Ding zu machen. Hätte ich schon längst tun sollen.

Aber was ist das eigentlich: mein eigenes Ding?

Das Leben kann echt megascheiße sein! Es fühlt sich gerade an, als wäre was gestorben. In mir drin. Klar, das Leben geht weiter, irgendwie tut es das ja immer. Blablabla. Ich bin so blöd. Hab alles falsch gedeutet. Die Blicke, die netten Worte, die zufälligen Berührungen. Das hat Beate ziemlich klar gesagt. Auf eine Art, die es nur umso schmerzhafter macht. Wie man einem dummen Jungen erklärt, dass er sich in was total Unrealistisches verrannt hat. Aber so unrealistisch ist es doch gar nicht … Wenn man will, geht alles! Verdammt, sie könnte mir wenigstens eine Chance geben! Uns!

Wenn ich wenigstens mit jemandem reden könnte. Aber mit wem, ohne wie ein totaler Vollidiot dazustehen? Klar, Leah würde mich nicht auslachen. Das würde sie sich verkneifen.

Aber in ihren Augen würde ich es trotzdem sehen. Und ich wäre der dumme Bruder, der sich in eine Frau verknallt hat, die seine Mutter sein könnte und die ihn – ist ja klar! – gnadenlos abgeschossen hat.

Vielleicht wär's besser gewesen, wenn ich Beate meine Gefühle gar nicht erst gezeigt hätte. Wenn ich sie still und leise begraben hätte. Aber das hätte ich mir bestimmt ein Leben lang vorgeworfen … Ich dachte echt, der Moment wäre gut. Wir waren allein bei ihr. Und als sie mich reingebeten hat, dachte ich, das ist ein Zeichen. Wir haben gequatscht, über Amir, wie toll er sich einlebt und dass sie richtig traurig ist, weil er bald in die WG mit seinen Afghanen-Freunden zieht. Und ich hab gesagt, dass ich es auch schade finde, und hab dann gescherzt, dass wir uns für unsere Treffen dann wohl einen anderen Vorwand suchen müssten. Sie hat gelacht und gesagt: Sieht so aus. Dann hat sie mir mein Glas hingestellt und ist neben mir stehen geblieben, und scheiße, ich dachte, hier brennt die Luft. Jetzt oder nie! Ich nehm ihre Hand, schau sie ganz intensiv an und sie schaut mich an und dann sag ich …

Ich spür noch genau das Gefühl, wie sie ihre Hand aus meiner zieht und wie sie einen Schritt nach hinten macht und wie sie mich anschaut … ganz anders als vorhin, wie … ich weiß auch nicht, ich kann es nicht beschreiben, aber vergessen werde ich es mein Leben lang nicht. Und dann sagt sie das, was man halt in so einer Situation sagt, ich will es gar nicht hören, es ist völlig unwichtig, weil alles im Arsch ist und ich der größte Idiot, der rumläuft. Ich weiß nicht mehr, ob sie wirklich gesagt hat, dass wir einfach so tun, als wäre das nie geschehen, dass wir es für uns behalten, aber irgendwie lief es darauf hinaus. Ich bin nur noch weg. Später hat Beate mich angerufen und meine Demütigung komplett gemacht, indem sie gesagt hat, dass es wohl besser wäre, wenn wir uns eine Weile nicht mehr sehen.

Das ist jetzt eine Woche her. Und es tut immer noch verdammt weh.

Hammer! Ich kotz gleich im Strahl! Wenn ich es nicht mit eigenen Augen gesehen hätte … Da waren sie. Beate und Amir. Zusammen im Auto, obwohl er gar nicht mehr bei ihr wohnt. Oder überhaupt in der Stadt. Der ist doch meines Wissens immer noch in seiner Afghanen-WG. Und jetzt sitzt er da und … auf einmal machen die rum. So richtig heftig. Und da gehen mir gleich tausend Lichter auf. Deshalb war die so engagiert. Sie war von Anfang an in Amir verknallt. Aber mich hat sie abblitzen lassen, weil das angeblich nicht passt mit uns, weil sie jemanden in ihrem Alter sucht. Amir ist genauso alt wie ich. Ich könnte kotzen! Wahrscheinlich steht sie bloß auf was Exotisches. Da kommt so ein Flüchtling gerade recht. Der kann sich nicht wehren. Der nette Amir. Lässt nichts anbrennen. So einer ist das also. Wieder was gelernt. Das ist so was von das Letzte!

X

Das Bild friert ein. Und ich auch. Keine Ahnung, wie lange ich auf den Screen starre, bis sich meine Lähmung langsam löst. Ich schiebe den Laptop weg und laufe im Zimmer auf und ab. Okay, das mit Beate und Amir war jetzt nicht die Meganeuigkeit. Das wusste ich bereits. Trotzdem bin ich irgendwie geschockt. Noah dasitzen und all diese Sachen sagen zu hören und mitzukriegen, wie verletzt und wütend er ist … das macht mich echt fertig.

Ich muss an die frische Luft. Damit mein Kopf klar wird und ich meine Gedanken auf die Reihe kriege. Aber vorher noch das Video abspeichern. Was allerdings nicht funktioniert. Mist! Obwohl, so überraschend ist das auch wieder nicht. Ich versuche, über die Internetadresse wieder an das Video zu kommen, doch dort erscheint nur *Seite nicht gefunden*. Wer immer mir das geschickt hat, hat es drauf. Am liebsten würde ich den Laptop in die Ecke donnern. Aber der kann nichts dafür. Und wenn ich es mir überlege, ist es mir eigentlich recht, dass das Video weg ist. Ich hätte es sowieso kein zweites Mal angesehen. Zumindest nicht freiwillig.

Ich schlage meinen Laptop zu und springe fast schon in meine Sneakers. Auf der Treppe nehme ich mit jedem Schritt zwei Stufen auf einmal. Bloß raus hier, ins Freie, sonst fällt mir noch die Decke auf den Kopf. An der Haustür renne ich fast in Mama rein, die einen Stapel alter Zeitungen auf dem Arm hat, um sie zur Papiertonne zu bringen. Sie schaut mich forschend an. »Ist irgendwas los?«, fragte sie. Sollte ich ihr doch von den Aufnahmen erzählen? Unschlüssig kaue ich auf meiner Unterlippe. Ich stelle mir vor, was Noah dazu sagen würde, wenn ich

Mama von seiner Liebe zu Beate erzählen würde. Er würde mich hassen! Nein, ich kann das jetzt nicht entscheiden.

»Alles gut«, murmle ich, »will nur kurz an die frische Luft.«

Und bin weg.

Von frischer Luft kann allerdings nicht die Rede sein, die Hitze steht selbst um diese Zeit noch wie ein Betonblock in unserer Auffahrt. Kaum an der Straße, läuft mir schon der Schweiß in Strömen runter. Mein Herz pumpt wie verrückt. Egal. Ich gehe meinen üblichen Weg lang und die Bewegung tut mir gut. Langsam komm ich runter.

An unserem alten Spielplatz bleibe ich stehen. Tagsüber ist hier die Hölle los, aber so spät sind die Kinder längst alle zu Hause, essen Abendbrot und schlüpfen danach in ihre Bettchen. War bei uns genauso. Nur sind wir an solchen Sommerabenden nicht im Bett geblieben, sondern heimlich durchs Fenster wieder raus. Und haben uns rumgetrieben, entweder hier oder sonst wo im Viertel, bis es dunkel wurde und unsere Angst so groß, dass wir sie nicht einmal zu zweit ertragen konnten. *Weißt du das noch, Noah?*

Die Klettergerüste, Minikarussells und Schaukeln sind alle noch wie früher. Nur wir sind es nicht mehr. Am Sandkasten ziehe ich meine Schuhe aus und stapfe barfuß zur Rutsche. Setze mich auf das von unzähligen Kinderärschen glatt polierte Blech, greife in den Sand und lasse ihn mir durch die Finger rinnen. Hier haben wir so viel Zeit verbracht.

*Wie oft habe ich dich vor den Großen beschützt, wenn sie dich rumgeschubst haben. Oder du mich, wenn die anderen Mädchen mich nicht mitspielen lassen wollten. Ich hätte keinen edlen Ritter gebraucht, aber ich hab dir deinen Auftritt gegönnt. Na ja, vielleicht habe ich das doch auch ein bisschen gebraucht.*

*Da drüben hast du mal eine kleine Playmobil-Schatzkiste im Sand vergraben, mit je einer Haarlocke von dir und von mir drin, was natürlich so superkitschig ist, wie nur Kinder sein können. Ob sie wohl noch da ist?*

Ich springe auf, laufe zu der Stelle und grabe mit den Händen so tief, wie ich kann. Aber da ist nichts. Natürlich nicht. Trotzdem könnte ich heulen. Nicht wegen der Haarlocken, die nicht mehr da sind.

*Sondern wegen dir. Und mir. Wahrscheinlich hätte ich dich fragen sollen, Noah, ob du mit nach Berlin kommst. Ich hab's nicht deshalb gelassen, weil du mir lästig bist. Für dich gibt es immer einen Platz in meinem Leben. Ich hatte nur das Gefühl, dass es für uns beide besser wäre, mal ein bisschen voneinander loszukommen. Und ich dachte, dass das ja schon angefangen hat. Dass wir auf Abstand waren, meine ich. Weil jeder öfter was allein oder mit anderen unternommen hat. Ohne den anderen. Und jetzt, da du auf ganz andere Weise weg bist, bedaure ich jeden Tag mit dir, den ich versäumt hab. Ich wünschte, ich könnte die Zeit zurückdrehen.*

X

Steffi zündet sich ihre selbst gedrehte Zigarette an. Rauchen beruhigt, sagt sie. Ich will's hoffen. Sie ist noch immer auf hundertachtzig wegen der beiden jungen Typen, die uns vorhin im

*Kaufmarkt* blöd angemacht haben. Sie haben sich durch Steffis Outfit, ihre Dreadlocks und die Piercings provoziert gefühlt. »Nimmt die Arschlochdichte in dieser Stadt zu«, fragt Steffi so laut, dass sie es garantiert hören, »oder werden die einfach nur dreister?«

»Wahrscheinlich beides«, antworte ich und schiebe sie sachte weiter. »Aber lass gut sein.«

Ich hab keine Lust, dass die uns irgendwo auflauern und verdreschen.

Steffi verzieht bloß den Mund. Sie hat nichts dagegen, sich mit solchen Typen anzulegen. Ich bin hier das Weichei. Stumm raucht sie ihre Selbstgedrehte, während wir die Einkaufsstraße hinabschlendern. Vielleicht wartet sie darauf, dass ich das Schweigen breche, mich über ein schräges oder besonders spießiges Outfit in einem Schaufenster lustig mache, doch ich bin mit meinen Gedanken ganz woanders. Noah, Beate, Amir. Ich krieg das alles einfach nicht auf die Reihe.

»Hunger!«, jammert Steffi irgendwann.

Bei *Ali's* holen wir uns einen Döner. Steffi verlangt wie immer den vegetarischen und Ali macht den immer gleichen lahmen Witz: »Also Döner mit Ohnefleisch.« Wir lächeln gnädig. Ich nehme den normalen. Während Ali unser Essen macht, schaue ich mich um. Ein paar Männer warten an der Bushaltestelle. Dunkle Haut. Schwarzes Haar.

»Warum hat man dieses Pack bloß reingelassen«, sagt Ali hinter mir.

Steffi nimmt ihren Döner mit Ohnefleisch und schnappt

frech, aber nicht wirklich böse zurück: »Und warum hat man dich reingelassen, Alter?«

»Ey«, protestiert er, »ich bin hier geboren!«

»Eben. Ist doch scheißegal, wo einer geboren ist.«

Er reicht mir meinen Döner über den Tresen. Ich will meine Geldbörse aus der Tasche kramen, doch er winkt ab und sagt: »Geht aufs Haus. Die Sache mit Noah ist so was von scheiße. Keiner hier rafft das. Keiner. Wir halten Augen und Ohren offen. Und wenn wir diese Arschlöcher finden, die das gemacht haben, dann machen wir die fertig. Dann rennen die wieder nach Hause.«

Ich weiß nicht, was ich dazu sagen soll. Mein *Danke* klingt wohl etwas hohl.

Essend gehen Steffi und ich davon.

»Mich würde mal deine Meinung zu einer Sache interessieren«, fange ich nach einer Weile an.

»Okay?«

»Es gibt da ja diese älteren Frauen, die sich um junge Flüchtlinge kümmern. Was ist, wenn sich eine von denen bisschen mehr als nur kümmert, wenn du verstehst. Was hältst du von so was?«

Ich will Steffi nicht erzählen, um wen es geht. Sie ist zwar meine beste Freundin, und wenn es nur um mich ginge, wäre sie die Erste, mit der ich reden würde. Aber es geht um Noah, und es steht mir nicht zu, seine intimsten Geheimnisse auszuplaudern. Drum bringe ich es auch nicht über mich, Mama oder Papa oder Frau Bartels von dem Video zu erzählen. Obwohl ich es wahrscheinlich sollte.

Steffi kaut schmatzend ihren Bissen, schluckt runter und meint dann: »Ich frag mich bei so was immer, ob die beiden auch was miteinander hätten, wenn er kein Flüchtling und nicht auf Hilfe angewiesen wäre. Da verläuft für mich die Grenze zwischen okay und irgendwie … na ja, Ausbeutung. Andererseits: Was weiß man schon als Außenstehender? Und wenn kein Zwang da ist und beide auf ihre Kosten kommen, wer bin ich, dass ich den moralischen Zeigefinger hochhalte? Warum fragst du?«

»Nur so.«

Mein Handy macht *Pling!*. Ich werfe einen Blick darauf – und erstarre. Snapchat. Neues von *Noah*.

»Stimmt was nicht?«, fragt Steffi.

»Alles gut«, lüge ich.

Jetzt hab ich es doch getan. Mit Beate geredet. Wegen Amir. Hab ihr erzählt, dass ich sie mit ihm gesehen hab und so und dass sie es gar nicht zu leugnen braucht, was zwischen ihnen abging. War ja eindeutig. Sie hat es auch nicht geleugnet. Sie hat bloß gesagt, dass es längst aus ist, und was ich gesehen hab, war nur so eine Art kleiner Rückfall. Es war ihr total unangenehm. Die ganze Geschichte. Vielleicht auch bloß, dass ich dahintergekommen bin. Keine Ahnung. Jedenfalls hat sie es so hingestellt, als hätte sie sich anfangs total dagegen gewehrt, und dann waren die Gefühle stärker, und es ist passiert. Und deshalb ist Amir dann auch ausgezogen, sie wollte, dass er geht, auch wegen Torsten. Ich hab ihr gesagt, dass ich ihr das nicht glaube. Und dass es Missbrauch ist. Das hat sie überhaupt nicht gecheckt. Meinte nur: Wieso Missbrauch? Amir ist neunzehn. Und ich: Dann ist es halt Prostitution. Da hat sie bloß gelacht. Aber dann ist sie gleich wieder ernst geworden und wollte wissen, ob ich so sauer wäre, weil ich bei ihr abgeblitzt bin. Sie hat es ein bisschen netter ausgedrückt, aber das hat sie gemeint. Doch darum geht's überhaupt nicht! Das hab ich ihr auch gesagt. Es geht darum, dass sie für so jemanden wie Amir eine Verantwortung hat und es sich von selbst versteht, dass man so was nicht ausnutzt. So wie Lehrer ja auch nicht einfach mit ihren Schülern pennen können, auch wenn die schon achtzehn sind. Sie meinte, das wäre doch was ganz anderes, und wollte nicht verstehen, warum sie Amir ausgenutzt haben sollte. Sie hat ihn schließlich zu nichts gezwungen oder ihn erpresst oder so. Als ob man so was immer aussprechen müsste. Jedenfalls finde ich, dass es die totale Heuchelei ist, wenn man einerseits so selbstlos tut und andererseits völlig andere Hintergedanken hat. Und wenn sie den Unterschied nicht versteht, dann zeigt das bloß, wie unsensibel und egoistisch sie ist. Aber ich glaub, hab ich zu ihr gesagt, dass du den Unterschied sehr wohl kennst, weil du es ja angeblich erst nicht wolltest. Wieso nicht, wenn es eigentlich völlig okay ist? Da war sie still.

So wie es aussieht, wissen alle über Beate und Amir Bescheid. Sogar Mama. Sie war meine letzte Hoffnung. Aber als ich ihr von den beiden erzählt hab, hat sie bloß die Augen verdreht und gemeint: Beate halt wieder mit ihren unmöglichen Geschichten. Dass es mir nicht um irgendwelche Bettgeschichten geht, sondern ums Prinzip, hat sie nicht verstanden. Was für ein Prinzip?, hat sie gefragt. Amir ist kein kleiner Junge, an dem Beate sich vergriffen hat. Aber klar, der Altersunterschied, dass er ein Flüchtling ist, das findet sie auch nicht toll. Trotzdem geht es letztlich nur Beate und Amir was an, und sie mische sich nicht in Beates Liebesleben ein. Als sie das gesagt hat, ich meine: Beates Liebesleben, da hat es mir einen Stich versetzt. Sieht wirklich keiner, worum es hier eigentlich geht? Nicht mal Mama, die uns immer eingeschärft hat, ehrlich und fair zu allen zu sein und vor allem zu uns selbst? Wahrhaftigkeit, hat sie es genannt. Schwieriges Wort, finde ich, aber ich hab die Bedeutung kapiert. Wir müssen wahrhaftig sein. Und was bitte schön ist fair daran, die Notlage eines Flüchtlings auszunutzen, und was ist ehrlich und wahrhaftig daran, so zu tun, als ginge es dabei um Liebe?

Du denkst zu viel nach. Das ist alles, was Leah dazu einfällt. Was mich, ehrlich gesagt, kaum wundert. Sie ist zwar klug auf ihre Art, aber die tiefsinnige Denkerin war sie noch nie. Eher der Bauchmensch. Der seinem Instinkt folgt und einfach loslegt. Irgendwie fand ich das ja auch immer gut. Hab sie manchmal sogar darum beneidet. Aber wie oft ist sie damit auch auf die Schnauze gefallen, weil sie eben nicht genug nachdenkt, und dann kommt sie zu mir und lässt sich trösten und erklären, warum es so dumm gelaufen ist. Na ja, seit einiger Zeit kommt sie immer seltener. Ihr fällt das wahrscheinlich gar nicht auf. Aber mir. Sie braucht meinen Rat nicht mehr. Und sagt dann eben, dass ich zu viel nachdenke. Und dass genau das verwirren kann. Ja, und dann hat sie noch was gesagt, was mich wirklich getroffen hat. So wie du es darstellst, meinte sie, würde das bedeuten, dass Amir das Opfer ist. Von einem alten Weib zum Sex gezwungen. Glaubst du wirklich, dass es so war? Und dann hat sie mich angeschaut und sogar gezwinkert und gemeint: Geht's hier wirklich um das, was Beate dem armen Amir angetan hat? Oder nicht viel eher um das, was sie mit dir *nicht* getan hat? Ich hab das natürlich abgestritten. Also, dass ich mich jemals für Beate interessiert hab. Aber ziemlich peinlich war es schon. Hoffentlich hat es außer Leah keiner gemerkt. Und sie auch nur, weil sie mich so gut kennt. Oder es war einfach nur ein Witz. Das war es bestimmt. Hoffentlich.

X

»Leah? Bist du da drin?«

Das ist Papa. Vor der Tür. Ich hab ihn gar nicht gehört.

»Ja!«, rufe ich, drücke hastig auf Pause, klappe den Laptop zu und springe auf.

Im nächsten Moment kommt Papa rein und schaut sich um, so als frage er sich, was ich in Noahs Zimmer mache. Obwohl ich in letzter Zeit oft hier abhänge. Noah und ich hatten uns schon immer unsere Zimmer praktisch geteilt. Nur wenn das

*Bitte-nicht-stören*-Schild draußen hing, war jeder in seinem Reich. Das war auch so was, das sich zuletzt geändert hat. Ich weiß gar nicht mehr, wessen Tür als erste immer öfter zu blieb, mit dem Schild draußen.

»Ich hab eine Stimme gehört«, sagt Papa. »Von einem Jungen.«

»Bloß ein Video. Aus dem Internet.« Das ist nicht mal gelogen. Und fühlt sich doch wie eine Lüge an.

Er lächelt auf eine traurige Weise. »Kurz dachte ich … die Stimme hat sich angehört wie Noah.«

»Nee, das war nur … das war jemand ganz … das war nichts, Papa.« Mein Gestammel ist mir selbst peinlich.

»Dann stör ich auch nicht länger.«

»Du störst nicht. Kannst auch bleiben.«

Das gibt mir ein bisschen Zeit, bis ich mit dem Video wieder allein bin. Diesem Video, das wie ein Gespenst ist. Oder ein böser Schachtelteufel, der mich anspringt, wenn ich den Laptop wieder aufklappe. Und das ich trotzdem ansehen muss, ich weiß nicht, wieso. Vielleicht, weil ich mir doch was davon erhoffe. Zum Beispiel, dass irgendwie rauskommt, dass das alles nicht so gemeint ist. Dass er mich nur verarschen will. Oder dass das irgendein Projekt ist. Keine Ahnung. Was er über mich sagt, ist schon verletzend, und diese Sache mit Beate ist auch so strange … Das ist einfach nicht der Noah, den ich kenne. Er wirkt wie ein anderer Mensch. Und doch ist er es, der all diese Dinge sagt. Ich krieg das einfach nicht zusammen.

»Alles gut bei dir?«, fragt Papa.

Ich schrecke aus meinen Gedanken auf. »Na ja.« Mehr krieg ich nicht raus.

»Schon klar.«

Er setzt sich neben mich auf Noahs Bett. »War es was Lustiges, das du dir angesehen hast?«

»Nicht wirklich.«

»Wir könnten es gemeinsam zu Ende sehen.«

»Ist nur langweiliger Beautykram«, sage ich rasch und schiebe den Laptop weg.

Ist noch nicht lange her, da hätte Papa sofort gemerkt, dass ich ihm was vormache. Aber jetzt sitzt er nur da, und die Mattigkeit, die wie eine schwere Decke über ihm liegt, breitet sich auch über mich aus. Gerade jetzt bräuchte ich den Dad, der immer ein bisschen cooler sein wollte als er wirklich war, und der ständig einen Gag auf Lager hat, nicht jeder davon gut, aber was soll's? Den, der mich auf andere Gedanken bringt. Aber das ist gerade zu viel verlangt. Was Noah auf dem Video über mich sagt, ist echt gemein.

»Eine Frage. Findest du eigentlich, dass ich dumm bin? Oder naiv? Ich meine, im Vergleich zu Noah.«

Er schaut mich überrascht an. »Wie kommst du denn jetzt darauf?«

»Ist doch egal. Sag einfach.«

Er rückt ein wenig näher. »Noah ist der Denker von euch beiden. Du bist die Macherin. Drum ergänzt ihr euch so gut. Mir hat es immer gefallen, dass du auch mal ein Risiko eingehst. Nicht blindlings, aber mutig.«

Ich weiß nicht, ob Papa mir auf nette Weise etwas Ähnliches sagt wie Noah, aber falls ja, dann ziehe ich Papas Variante eindeutig vor.

»Wann war das eigentlich?«, sagt Papa plötzlich, steht auf, geht zu Noahs Pinnwand und deutet auf ein Foto. Ein Selfie von Noah und mir mit einem Stück vom Brandenburger Tor im Hintergrund.

»Letzten Sommer in Berlin. Mit Steffi und noch ein paar aus der Schule.«

»Stimmt. Da wart ihr alle zusammen weg.«

Wir schauen beide stumm auf das Foto. Und auf die anderen, die noch da hängen: Noah und seine Buddys auf der Abi-Fahrt, ein Familienfoto von uns allen, eine Reihe Passbilder aus dem Automaten.

»Glaubst du, es wird jemals wieder so, wie es war?«, frage ich in die fast schon andächtige Stille hinein.

Papa schweigt. »Ich lass dich dann mal wieder deine Videos gucken«, sagt er, lächelt mich an und geht.

Ich warte noch ein paar Sekunden, dann klappe ich den Laptop auf und betrachte das eingefrorene Bild von Noah auf dem Screen. Ein Klick, und er erwacht wieder zum Leben.

▶ Torsten ist gar kein so übler Typ. Wenn man ihn ein bisschen näher kennt. Auf den ersten Blick wirkt er wie ein Nerd und das trifft's irgendwie auch, er hat von vielen Sachen echt Ahnung. Dass ausgerechnet wir beide uns anfreunden, hätte ich nach der Sache mit Beate nicht gedacht. Wir sind ja in der Schule immer bloß aneinander vorbeigelaufen. Und jetzt habe ich um Torsten einen noch größeren Bogen gemacht, weil er mich manchmal komisch angeguckt hat. Hab gedacht, er weiß wahrscheinlich nicht bloß über Beate und Amir Bescheid, sondern ahnt auch meinen unrühmlichen Part in der Geschichte.

Wir sind uns eher zufällig über den Weg gelaufen, im Handyladen, sind ins Quatschen gekommen. Er hat mich gefragt, ob ich noch immer so viel für Flüchtlinge mache, und ich hab gemeint, dass ich gerade wenig Zeit hab und es manchmal auch frustrierend ist. Er hat nicht weiter gefragt, wahrscheinlich hat er sich gedacht, dass es bei dem Frust vor allem um Amir geht. Also, vermute ich mal. Wir sind nicht dazu gekommen, weiter darüber zu reden, weil es genau da einen Tumult an der Kasse gab, ein paar Flüchtlinge haben sich angeblich vorgedrängelt, und jemand hat sich aufgeregt.

Schon komisch, hat Torsten da gesagt, dass die alle ein Smartphone haben. Manche sogar neue iPhones.

Na ja, hab ich geantwortet, das ist halt die einzige Verbindung zu ihren Familien zu Hause, und er: Schon klar, aber wer bezahlt dafür?

Ich hab bloß mit den Schultern gezuckt und weiter nichts gesagt, weil ich mit Torsten keine Diskussion anfangen wollte. Dass das Engagement seiner Mutter nicht auf ihn abgefärbt hat, ist mir früher schon aufgefallen.

Wir sind dann raus aus dem Laden, ohne was zu kaufen.

Draußen hat Torsten gefragt, ob ich schon mal was vom großen Austausch gehört hab, der gerade abläuft. Ich hatte erst keine Ahnung, was er meint, bis er erklärte: Die gegen uns. Dabei nickte er zu den Ausländern rüber. Ich hatte schon davon gehört. Irgendwelche dubiosen Kreise tauschen angeblich Einheimische gegen Fremde aus. Also, gegen Muslime.

Halte ich für Quatsch, hab ich zu Torsten gesagt, und er hat gemeint, dass ich wahrscheinlich recht hab und das Blödsinn ist. Trotzdem fände er es krass. Das wäre, als ob man uns Einheimische für einen Flüchtling abserviert.

Das hat mir einen Stich versetzt.

Ist ein Scheißgefühl, hat Torsten noch gemeint, und dass man sich das nicht gefallen lassen darf.

Ich finde, da hat er recht.

X

Das Video bricht an der Stelle abrupt ab. Keine Ahnung, was mir das alles sagen soll. Ich knabbere noch daran, dass Noah mich anscheinend für naiv, ja vielleicht sogar ein bisschen dumm hält. *Du Arsch, Noah! Das ist echt nicht okay! Ich hoffe, du hast das nur gesagt, weil du in dem Moment sauer auf mich warst.*

Und zum Schluss jetzt die Sache mit Torsten, wie passt die da rein? Übersehe ich irgendwas? Frustriert klappe ich den Laptop zu. Mein Magen erinnert mich mit einem lauten Knurren daran, dass ich seit dem Döner mit Steffi heute noch nichts gegessen hab, und das ist einen halben Tag her.

Ich laufe runter in die Küche, mache mir ein paar Sandwiches, hole eine Limo aus dem Kühlschrank und setze mich auf die Terrasse. Ausnahmsweise mäht mal keiner der Nachbarn seinen Rasen, sodass es sogar still ist. Leider hab ich nichts davon, denn ich bin das Gegenteil von ruhig. Während mein Mund viel zu große Bissen zermalmt, raucht mein Kopf, weil er ein Rätsel lösen will, das vielleicht nur ein fieser Witz ist, den sich ein total krankes Arschloch auf meine Kosten erlaubt.

*Nur für Leah*, fällt mir wieder ein. *Kein Fake!* Der Spruch stand mit auf dem Schild, mit dem der erste Snap endete, zusammen mit der Internetadresse für das erste Video. Kein Fake – das stimmt, weil es wirklich Noah ist, der auf den Videos spricht. Auch wenn das, was er sagt, nicht immer zu dem Noah passt, den ich kenne. Oder zu kennen glaubte. Also kein Fake. Aber eine Geschichte. Die Geschichte von Noah und Beate. Eine Love Story ohne Happy End. Und wie passt da Torsten am Schluss rein?

Ich höre abrupt auf zu kauen. Kann nicht mehr ruhig sitzen. Springe auf die Beine und laufe auf der Terrasse auf und ab.

*Denk nach!*, höre ich Noah in meinem Kopf. Den netten Noah. *Welche Geschichte erzählen die Videos wirklich?*

*Ja, ja, Noah! Wenn ich das Video, das die Polizei bekommen hat, mitbedenke … in dem dich die Männer fast totprügeln … und jetzt den letzten Teil des Videos, den mit Torsten … was wird dann für eine Story daraus?*

Den großen Austausch, den Noah erwähnt hat, irgendwo hab ich den Ausdruck schon mal gehört. Ich hole meinen Laptop aus dem Haus, googele und kriege zig Links zu rechten Seiten und YouTube-Videos angezeigt. Das ist offenbar eine Riesensache bei denen. Ein paar Seiten klicke ich an, und während ich mein Sandwich weiteresse, lese ich was von Massenzuwanderung der Muslime, dem Aussterben der europäischen Rasse, von Geburtenraten und weiß der Geier was noch für einen Scheiß. Angeblich dulden die europäischen Regierungen diesen Austausch oder fördern ihn sogar. Multikulti, heißt es, ist Verrat am eigenen Volk. Blablabla. Ziemlich beknacktes Verschwörungszeug und total aus der Luft gegriffen. Ich nehme einen tiefen Zug von der Limo und muss rülpsen.

Genug von dem Mist. Ich schließe alle Seiten, lösche sicherheitshalber die Chronik und klappe den Laptop zu. So richtig weitergebracht hat mich das Ganze eigentlich nicht. Während ich in den Garten schaue, versuche ich mir Noah und Torsten zusammen vorzustellen. Das passt nicht. Torsten, der Nerd, der in Stoffhosen mit Bundfalten und karierten Hemden rumläuft, wie sie die Opas anhaben, die im Park auf den Bänken sitzen und Enten mit altem Brot füttern. Klamotten, die zu keiner Zeit cool gewesen sein können. Dass Noah und Torsten sich anscheinend öfter getroffen haben, hab ich gar nicht mitgekriegt. Mir fehlt auch im zweiten Anlauf die Fantasie, um mir vorzustellen, was für eine Art Freundschaft das zwischen den beiden sein könnte. Im Krankenhaus hat Torsten, soweit ich weiß, Noah bis jetzt nicht besucht. Oder auch nur nachgefragt, wie es ihm geht. Klar, die Infos kriegt er auch von seiner Mutter, aber alle anderen Freunde haben auf die eine oder andere Weise ihre Anteilnahme gezeigt, und wenn es bloß über eine Nachricht war. Meine Neugierde ist zu groß. Ich schreib Torsten bei WhatsApp an.

Können wir mal reden? Über Noah? Ich hab ein paar Fragen.

Ich rechne damit, dass er überhaupt nicht reagiert oder abblockt, aber die Häkchen zeigen mir, dass er es gerade gelesen hat. *Torsten schreibt …* erscheint. In meinem Bauch kribbelt es. Dann ist die Nachricht da:

Lass uns treffen.

Damit hab ich ehrlich nicht gerechnet. Und jetzt?

*Wetten, dass du dich nicht traust?*, sagt Noah, so wie er es immer getan hat, wenn er mich dazu bringen wollte, etwas zu tun, das ich hinterher bereuen würde.

*Ich hab doch keine Angst vor Torsten,* antworte ich. *Sag Feigling.*

*Feigling.*

Ich tippe: Okay. Wann? Wo?

Vor der Kirche. In einer halben Stunde.

Ich hatte eher an ein Café gedacht. Aber gut. Ein Spaziergang ist auch keine schlechte Idee.

Obwohl ich mit dem Rad höchstens zwanzig Minuten bis zum Kirchplatz brauche, fahre ich gleich los.

Und was, wenn Torsten derjenige ist, der mir die Videos schickt? Soll ich ihn fragen? Ganz direkt?

Als ich eintreffe, ist Torsten schon da. In seinem typischen Outfit sitzt er auf der Treppe vor dem Eingang und spielt auf seinem Handy herum. Erst als meine alten Bremsen abscheulich quietschen, schaut er auf. Doch sein Blick bleibt nur kurz auf mir, bevor er weggleitet.

»Solltest du mal ölen«, nuschelt er.

»Die Bremsen?«, frage ich.

Er grinst in sich hinein. Okay, ein Gag und ein Lächeln von einem, den ich noch nie hab lächeln sehen. Schon mal ein überraschender Auftakt. Jedenfalls ein besserer, als ich erwartet habe. Ich lehne mein Rad an die Mauer, und weil Torsten nicht aufsteht, setze ich mich neben ihn auf die Treppe.

»Tut mir echt leid, das mit Noah«, sagt er.

Ich nicke bloß und starre auf meine Hände.

Da stupst Torsten mich an. »Schau mal. Süß.«

Ich hebe den Blick und weiß auch sofort, was er meint. Ein kleines Mädchen mit lockigen schwarzen Haaren jagt vor dem plätschernden Brunnen Tauben hinterher. Mit seinen großen dunklen Kulleraugen und der Stupsnase sieht es aus wie eine meiner Puppen von früher. »Nicht so wild!«, ruft ihre Mutter, die im Schatten auf einer Bank sitzt und auf ihr Handy schaut. Sie trägt ein Kopftuch.

»Du wolltest über Noah reden?«, sagt Torsten und knabbert an seinem schon ziemlich zerbissenen Daumennagel herum.

»Äh … ja.« Ich geh's besser vorsichtig an. »Ihr habt euch doch eine Weile öfter gesehen. Noah und du.«

»Wie kommst du denn darauf?« Er schaut mich misstrauisch an.

»Ich glaub, deine Mutter hat mal so was angedeutet«, lüge ich. »Ist doch kein Geheimnis, oder?«

Er zuckt mit den Schultern. »Wir waren keine dicken Freunde, falls du das glaubst. Warum fragst du?«

»Keine Ahnung. Ich dachte, vielleicht weißt du was, das erklären könnte … das *irgendwas* erklären könnte …«

Torsten steht auf. »Komm, ich zeig dir was.«

Wir gehen in die Kirche. Er hält mir erst die Tür auf, lässt sie aber zu früh los, sodass sie fast auf mich drauf fällt. Kaum drinnen, fröstle ich in meinem dünnen Shirt. Mein Blick schweift durch den dämmrigen Raum. Zwei Reihen mit finsteren Kirchenbänken, ein abgelaufener Steinboden, bunte Glasfenster, Heiligenbilder und ein Altar mit reichlich Silber und Gold. Was könnte Torsten mir hier zeigen wollen? Unsere Kunstlehrerin hat uns in der elften Klasse mal hergeschleppt und ein paar Sachen erzählt. Dann mussten wir irgendwas zeichnen. Ein Detail aus dem Altarbild, eine der Heiligenfiguren oder ein Ornament. Ich hab mir eine geschnitzte Taube an der Kanzel ausgesucht, aber mein zeichnerisches Talent ist begrenzt und deshalb hat sie mehr wie ein Hamster mit Flügeln ausgesehen.

»Weißt du, wie alt diese Kirche ist?«, fragt Torsten.

Ich zucke mit den Schultern. »Ziemlich alt.«

»Die Anfänge liegen in der Romanik. Das sind über tausend Jahre.«

»Wow«, heuchle ich Begeisterung. Damit war *ziemlich alt* wohl eine *ziemliche* Untertreibung.

»Komm«, sagt er wieder und geht auch schon los.

Ich folge ihm zu einer Tür im hinteren Bereich der Kirche, auf der *Zutritt verboten!* steht. Torsten macht sie einfach auf. »Das

Schloss ist schon seit einer Ewigkeit kaputt«, sagt er. Anscheinend ist er öfter hier.

»Vielleicht ist es auch aus der Romantik«, witzle ich.

»Romanik«, verbessert er humorlos, »nicht Romantik.«

Im Turm riecht es modrig. Eine Wendeltreppe führt nach oben. »Du bist hoffentlich schwindelfrei«, sagt Torsten, doch er wartet meine Antwort nicht ab, sondern stapft gleich los. Ich folge ihm und gerate bei dem Tempo, das er vorlegt, ganz schön außer Atem.

Wir kommen an eine Tür. Sie quietscht in den Angeln, als Torsten sie öffnet. Dahinter liegt das Glockenhaus. Wir schrecken ein paar Tauben auf, die wild flatternd durch zwei Fensteröffnungen vor uns fliehen und uns nur den scharfen, staubigen Geruch ihrer ausgetrockneten Kacke hinterlassen. In der Mitte des Raumes hängen zwei Glocken, eine große und eine kleine. Torsten kämmt sich mit den Fingern durchs Haar, bis der Seitenscheitel wieder sitzt, dann tritt er an eines der Fenster und schaut hinaus. Ich stelle mich neben ihn. Von hier aus hat man einen Blick über die ganze Stadt. Viele rote Dächer, man sieht das Rathaus, den kleinen Park, die Friedhofskirche mit ihrem Zwiebelturm.

»Hier oben war ich auch mal mit Noah«, sagt Torsten. »Oder besser gesagt, er mit mir. War nämlich seine Idee. Er war total begeistert. ›Das da unten ist unsere Stadt‹, sagte er, ›unsere zu Stein gewordene Geschichte. Vor tausend Jahren war hier schon was. Unsere Vorfahren haben das hingestellt. Darauf kann man stolz sein.‹ So was hat er erzählt.«

Wirklich? Kann ich mir nur schwer vorstellen. Obwohl … wenn er für eine Sache Feuer gefangen hat, konnte Noah sich schon immer extrem reinsteigern. Ich krieg plötzlich ein flaues Gefühl im Bauch, und nicht bloß wegen der Höhe.

Stumm schaue ich über die Häuser und runter auf den Platz, wo sich auf der einen Seite unter dem Denkmal, von dem ich nicht weiß, an was es erinnern soll, ein paar Rentner sonnen und auf der anderen die Mutter ihrem niedlichen Mädchen was zu essen oder zu trinken reicht. Ich spüre meinen Gefühlen nach. Stolz findet sich nicht. Ich hab ja selbst nichts dazu getan, dass es diese Stadt gibt. Kein Haus gebaut, nicht mal eine Blume eingepflanzt. Genauso wenig wie Torsten. Oder Noah. Kann schon sein, dass er was in der Art gesagt hat. Aber bestimmt hat er es nicht so gemeint, wie Torsten es jetzt rüberbringt.

»Was willst du mir hier erzählen?«, frage ich gereizt. »Dass Noah zu einem Rechten mutiert ist? Der auf einmal die Fahne grüßt, und so einen Scheiß?«

Torstens ohnehin schon kleine Augen werden noch ein bisschen schmaler. Er linst wieder nur kurz zu mir. »Ist für dich jemand schon rechts, wenn er auf seine Herkunft stolz ist?«

»Nein … Keine Ahnung. Ich weiß bloß, dass Noah zu Hause nie so geredet hat. Wo hat er das her? Von dir?«

Er knabbert kurz an seinem Daumennagel, dann sagt er: »Von mir nicht. Ich weiß bloß, dass er sich mit irgendwelchen Leuten getroffen hat.«

»Was denn für Leute?«

»Hat er nicht gesagt. Ich hab auch nicht groß gefragt. War

alles supergeheim. Dein Anhänger da, den hat er von denen.« Er deutet auf Noahs goldene Adlermünze, die ich wie einen Talisman für ihn um den Hals trage.

Ich nehme sie in die Hand und schaue sie an. »Du meinst, sie bedeutet was?«

»So genau weiß ich das nicht. Wir waren ja auch keine dicken Freunde, die sich alle ihre Geheimnisse erzählen. Wir haben uns manchmal gesehen, das war auch alles.«

Ich werde den Verdacht nicht los, dass Torsten mir nur die halbe Wahrheit erzählt, sowohl was diese komische Freundschaft mit Noah angeht als auch diese anderen Leute, von denen Torsten weiter nichts weiß.

X

Auf dem Weg nach unten gehe ich voraus, Torsten bleibt hinter mir. Ich höre seine Schritte auf den Steinstufen, seinen Atem. Ich krieg eine Gänsehaut davon, ihn so im Nacken zu haben. Kann ihn überhaupt nicht einschätzen. Er könnte mich jetzt einfach die Treppe runterstoßen. Nee, so ein Quatsch. Warum sollte er das tun? Ich werde schon paranoid. Erst als ich wieder draußen stehe, Turm und Kirche hinter mir, entspanne ich mich etwas. Zügig, ohne groß auf Torsten zu achten, gehe ich zu meinem Rad. Aber er bleibt dicht hinter mir, dann packt seine Hand plötzlich meinen Lenker. »Warum so eilig?«

»Äh …«, mache ich bloß. Ich bin so perplex, dass mir nicht mal eine Lüge einfällt.

»Ich hätte nämlich auch eine Frage.«

»Okay?«

Er steht da und knabbert an seinem Daumen. »Warum jetzt?«

»Was?«

»Deine Nachricht. Warum wolltest du jetzt mit mir reden?«

Eigentlich hab ich mir auf der Herfahrt eine Erklärung zurechtgelegt, doch die ist wie weggewischt. Ich krieg wieder nur ein unbeholfenes »Äh …« raus, während mir spontan heiß wird. »Noah hat mal erwähnt, dass ihr euch seht. Das ist mir wieder eingefallen und …«, fange ich zu lügen an.

»Ich dachte, meine Mutter hat das erwähnt.«

Autsch! Erwischt! »Die auch«, schiebe ich rasch nach.

Er tritt einen Schritt näher und guckt mich zum ersten Mal richtig an. Mir wird ein wenig mulmig. »Willst du mir nicht sagen, was los ist?«

»Okay … es ist …«, druckse ich rum. »Ich bekomme Videos zugeschickt. Anonym. Und ich dachte, die sind vielleicht von dir.«

Ich hab keine Ahnung, ob ich ihm die Wahrheit erzählen soll. Über Noah, Beate, Amir. Ich lauere auf eine Regung in seinem Gesicht, die mir irgendwas verrät. Da ist nichts.

»Ich hab dir nichts geschickt«, sagt er nur. »Was sind denn das überhaupt für Videos? Und wie kommst du darauf, dass sie von mir sein könnten?«

»Ich frag jeden, nicht bloß dich. Die Videos sind nett. Sollen mich trösten.«

»Gibt offenbar auch gute Menschen.«

»Ja. Aber ich muss langsam los«, sage ich. »Danke, dass du dir Zeit genommen hast. Man sieht sich.«

Mein Rad holpert über das Kopfsteinpflaster, durch den Schatten des Denkmals in die kleine Ringstraße, die um das Zentrum herum führt. Wenn Torsten wirklich der Absender der Videos sein sollte, hat er ein perfektes Pokerface gezeigt. Nee, ich kann mir nicht vorstellen, dass er es ist. Wieso sollte er das tun?

»He, junge Frau!«, keift mich jemand von der Seite an. »Die Ampel ist rot!«

Tatsächlich! Der Schreck trifft mich nachträglich. Zum Glück nur ein Fußgänger, dem ich fast über den großen Zeh gefahren wäre, kein Auto, das mich auf die Motorhaube genommen hat. »Sorry!«, rufe ich und fahre ungebremst weiter.

Mein Handy vibriert in meiner Hosentasche. Ich will es ignorieren, doch das misslingt. Meine Bremse quietscht, ich fahre rechts ran. Hoffentlich nicht Snapchat, denke ich, während ich das Handy heraushole. Der Blick aufs Display verrät mir eine Nachricht von Eva.

Alles gut?, fragt sie.

Ganz okay, antworte ich. Nett, dass du fragst.

Ich wollte dich warnen.

Wovor?

Einem Gerücht. Über Noah.

Was denn für ein Gerücht?

Erzähl ich dir lieber persönlich. Café Berlin? Wann kannst du da sein?

# X

Ich lehne mein Rad an die Wand mit dem Schild *Fahrräder anlehnen verboten!*. So wie ich es zu Schulzeiten ungefähr dreimal die Woche getan hab. Jetzt fühlt es sich irgendwie fremd an. Seit dem Abi war ich nicht mehr hier. Wie schnell sich doch alles ändert. Weil gerade Ferien sind, hängen hier keine Schüler ab, viele Tische sind leer. Eva ist schon da. Sie winkt mir von dem Zweiertisch hinter der Säule aus zu, der bei uns *Separee* hieß, weil man dort ein wenig besser für sich ist.

Eva kommt erfreulich schnell zur Sache. Ich hab mich kaum gesetzt, da zieht sie schon einen Stapel Papier aus ihrer Tasche. Seitenweise Ausdrucke von Screenshots aus Chats und Kommentarspalten, wie ich auf den ersten Blick erkenne. Nicht erkennen kann ich dagegen, wieso sie das Zeug mitgebracht hat.

»Das hat uns jemand zugeschickt«, erklärt Eva. »Anonym. Das sind alles Diskussionen zum Thema Ausländer, Flüchtlinge, Seenotrettung auf dem Mittelmeer. Sie stammen aus den Kommentaren bei Facebook, verschiedenen Online-Nachrichtenportalen, linken Foren und so.«

»Und was genau soll mich daran interessieren?«

Sie schiebt vor meinen Augen einige Papiere hin und her und deutet jedes Mal auf mehrere Einträge, sagt dabei: »Das hier … und das hier … und hier …«

… Multikulti ist ein Verbrechen am deutschen Volk … … Multikulti ist Völkermord … zur Auslöschung des deutschen Volkes durch Multikulti …

»Was willst du mir damit zeigen?«, frage ich genervt. Ich hab kein Bock auf Evas Superjournalistin-Show. Sie soll mir einfach sagen, was los ist.

»Es ist immer derselbe Typ, der kommentiert. Und nicht nur kommentiert. Er crasht jede Diskussion. Dem geht es nicht darum, seine Meinung zu sagen. Nicht mal ums Rechthaben. Er will die anderen zum Schweigen bringen.«

»So was gibt's«, sage ich. »Ein rechter Internettroll. Ein Vollidiot. So what?«

»Der hier nennt sich Platon. Wie der griechische Philosoph. Hier, sein Profilbild ist die Akropolis. Platon hat viel über das Gute und die Tugend nachgedacht und auch, wie der ideale Staat aussehen soll. Dass nur weise Leute, also Philosophen, regieren sollen, in einer Art gerechter Diktatur, die für alle das Beste will … Ich würde gern behaupten, dass ich das aus dem Ethikunterricht behalten hab, aber wozu gibt's Wikipedia.« Die ganze Zeit über hat sie mich kaum angesehen, erst jetzt tut sie es, und da ist etwas in ihrem Blick, was ich schwer deuten kann. Wie wenn jemand sich scheut, eine schlimme Nachricht zu überbringen, es gleichzeitig aber genießt, mehr zu wissen.

Ich rutsche vor auf die Stuhlkante. »Sag endlich, was los ist!«

»Der anonyme Absender behauptet … na ja … dass sich hinter Platon … dass Noah dieser Platon ist.«

Ich sinke zusammen, falle nach hinten, wo die Stuhllehne mich auffängt. Wie bitte? Ein Schlag mitten ins Gesicht. Nein, die spinnt! Die hat einen Knall!

»Die meisten Kommentare sind mittlerweile gelöscht«, sagt

Eva in mein fassungsloses Schweigen hinein. »Und das Profil von Platon ist bestimmt bloß ein Fake. Das machen die ja immer so.«

»Das heißt, es ist gar nicht sicher, dass Noah das ist?«

Sie schüttelt den Kopf. »Noch nicht.«

Ich nehme einen von Evas Ausdrucken:

Volksverräter wurden schon immer und überall aufgeknüpft! Es wäre an der Zeit, dass dieser schöne Brauch wiederbelebt wird! Wir sind die Opfer, sie die Täter! Wann kapiert ihr linken Idioten das endlich!

Mein Widerstandsgeist ist erwacht. So etwas Unmenschliches soll mein Bruder geschrieben haben? Nie im Leben!

»Solange nicht bewiesen ist, dass Noah diesen Scheiß geschrieben hat«, sage ich und tippe dabei mit dem Zeigefinger auf das Papier, »so lange war er das auch nicht. Auf keinen Fall! Das passt überhaupt nicht zu ihm. Du kennst ihn. Er ist viel zu klug für so ein primitives Zeug.«

»Und wenn er es doch war?«

»Darüber denke ich erst nach, wenn es bewiesen ist!« Ich schaue sie scharf an. »Ihr veröffentlicht das doch nicht, oder?«

»Nicht, solange es bloß eine anonyme Behauptung ist. Aber machen wir uns nichts vor, wir wissen beide, es ist nur eine Frage der Zeit, bis die Info ins Netz gelangt und sich dort verbreitet. Und wenn die Rechten Noah für sich vereinnahmen können, geht es richtig ab.«

Sie schaut mich an, und ich weiß wieder nicht, wie ich ihren Blick deuten soll. Fast kommt es mir vor, als würde sie triumphieren. Weil sie mit einer solchen Sensation aufwarten kann. Aber was ist das für ein armseliger Sieg, wenn man damit anderen Leuten wehtut? Wie kann es ausgerechnet ihr egal sein, wenn Noah jetzt so durch den Dreck gezogen wird?

Bevor ich etwas sagen kann, piept mein Handy. Ich zucke innerlich zusammen. Ich ahne Böses. Bitte, bitte, bitte, denke ich, jetzt nicht auch noch ein neues Video!

»Dein Handy«, sagt Eva.

»Hab's gehört.«

»Willst du nicht nachschauen?«

»Später. Ich muss los.«

Eva schiebt die Ausdrucke zusammen und gibt mir den Stapel. »Die Kopie ist für dich.«

Trotzig nehme ich sie und stehe sofort auf. Verlasse ohne ein weiteres Wort das Café. Am liebsten würde ich die Ausdrucke in den nächsten Abfalleimer werfen. Leider kann ich sie so nicht aus der Welt schaffen. Ich muss wissen, worum es genau geht. Also klemme ich sie auf den Gepäckträger. Ein paar wuchtige Herzschläge warte ich noch, ehe ich mein Handy aus der Hosentasche ziehe und nachschaue, wer mir schreibt.

Geh mal zum Gerberblock, hat Alex gesagt, sieh dir an, wie's dort inzwischen aussieht, und dann reden wir weiter. Also war ich heute Vormittag dort. Zum ersten Mal seit einer Ewigkeit. In der Bahnhofstraße sind mir wieder unsere Touren als Kinder eingefallen. Mit Leah und den anderen. Expeditionen ins Unbekannte. In unserem Spiel war das alles Urwald, und die Leute dort waren die Wilden, vor denen wir uns gefürchtet haben wie vor Monstern und Zombies. Krass, was wir schon als Kinder für eingebildete Idioten waren. Und wir dachten auch noch, wir sind die Guten. Der Gerberblock selbst war immer noch 'ne Spur krasser. Versifft und verarmt. War nur eine Frage der Zeit, bis er dichtgemacht wurde. Und dann war's so weit, Abriss und Neubau, hieß es, nur leider passierte nichts. Jahrelang. Bis die Flüchtlinge kamen. Notdürftig und auf die Schnelle wurde alles hergerichtet. Die Besitzer haben nur das Nötigste gemacht, damit es bewohnbar wird, kassieren aber fett Kohle von der Stadt, so als wär der alte Kasten ein Luxushotel.

Na, jedenfalls hat es mich vorhin getroffen wie der Schlag. Sah ja früher schon schlimm aus, aber jetzt denkt man echt, man ist mitten im Slum. Überall Gerümpel und Müll. Und man hört auf der Straße alle möglichen Sprachen, bloß kein Deutsch. Und wie die mich dann alle angeschaut haben. Als wäre ich der Ausländer. Überall hängen junge Typen rum und starren auf ihre Handys oder quatschen. Klar, die haben nichts zu tun. Arbeiten dürfen sie nicht, lernen wollen sie anscheinend nicht, in den Wohnungen ist es zu eng.

Auf einmal redet mich einer von denen von der Seite an: Hallo, Noah, was machst du denn hier? Ich dachte, ich werd nicht mehr. War das doch glatt unser lieber Amir. Oder besser gesagt: Beates lieber Amir. Mir ist erst mal voll die Kinnlade runtergekippt, aber ich hab mich schnell gefangen und mir nichts anmerken lassen. Ich also gleich wieder wie früher, so: Hey, du hier! Was ist denn mit deiner Afghanen-WG? Und er bloß so: Pah, waren alles Pakistaner. Irgendwie hat auch sonst nichts so geklappt wie geplant und drum ist er jetzt wieder hier. Also, im Gerberblock ist er zum ersten Mal, zu meiner Zeit war er ja erst in der Turnhalle und dann, na ja, bei Beate. Sein Deutsch ist schon besser geworden, aber nicht viel. Ich hab ihn auch nach Beate gefragt. Sie hat ihn wohl abblitzen lassen. Trotzdem hat er gesagt, dass sie eine gute Frau ist. So oft hat er das wiederholt, dass es mir komisch vorkam, als wollte er mich damit aufziehen, weil ich, im Gegensatz zu ihm, nie am eigenen Leib erfahren durfte, *wie* gut Beate ist.

Abgesehen davon war er aber gleich wieder total nett und freundlich. So wie diese Leute ja anfangs immer sind, ist bei ihnen Brauch oder Pflicht oder so. Wie sie wirklich über einen denken, erfährt man nicht. Jedenfalls, er hat mich zu sich eingeladen. Die teilen sich zu dritt oder zu viert ein kleines Apartment. Ich hab dankend abgelehnt, hatte echt keine Lust. Aber er ließ nicht locker, wollte sich unbedingt bei mir für alles bedanken. Hat genervt. Als ob er das nicht damals schon tausendmal gemacht hätte. Und abgesehen davon hab ich mir jetzt für ihn auch kein Bein ausgerissen. Trotzdem wollte ich ihn nicht beleidigen und darum bin ich mit.

Ich geh also mit in die Wohnung, wo ein paar Typen lustlos abhängen, Bier und Kaffee trinken. Alles Afghanen. Sie haben mich begrüßt wie einen alten Freund, obwohl mich außer Amir kein Schwein kannte. Sie haben von sich erzählt, und wenn einem die Worte gefehlt haben, hat jemand so gut wie möglich auf Deutsch oder Englisch ausgeholfen. Irgendwann haben sie dann aufgehört, mit mir zu reden, es ging nur noch auf Afghanisch weiter. Haben Scherze gemacht und gelacht, und ich hab halt ab und zu mitgelacht, obwohl ich keine Ahnung hatte, um was es eigentlich ging. Aber irgendwann klang es so, als würden die über mich reden. Und über mich lachen. Wegen Beate. Dass Amir ihnen die ganze Geschichte erzählt und sich über meinen Part darin lustig macht. So in der Art: Das ist jetzt der Loser, der die Alte vögeln wollte, ihr wisst schon, die, mit der ich es wie ein junger Ziegenbock getrieben hab. Ha-ha! Ich dachte mir: Hey, was läuft denn hier? Und bin immer mieser draufgekommen. Was mich zusätzlich genervt hat, war, dass sie mich einfach nicht gehen lassen wollten. Dann haben sie wieder ein bisschen Deutsch geredet, und dann ging es wieder auf Afghanisch weiter. Irgendwann bin ich mir nur noch verarscht vorgekommen.

Na ja, irgendwann habe ich behauptet, dass ich einen Termin hab, bei dem ich mich auf keinen Fall verspäten darf. Hat mich hinterher total geärgert, dass ich nur mit einer Lüge rausgekommen bin und dem Versprechen, dass wir uns bald wiedersehen. Was soll das? Ich hätte einfach aufstehen und gehen sollen. Was interessiert es mich, ob sich jemand beleidigt fühlt, bloß weil ich keine Lust mehr hab und mich verziehe? Ich meine, wir sind doch hier in Deutschland, bei uns gibt es so eine übertriebene Gastfreundschaft nicht. Eigentlich könnten die langsam damit anfangen, sich mal an unsere

Sitten zu gewöhnen. Die wollen schließlich was von uns, nicht wir von ihnen. Aus Angst, denen auf die Füße zu treten, lassen wir sie auf unseren Füßen rumtrampeln. Weil man als guter Mensch das so macht. Als Gutmensch.

Es stimmt schon, was Alex sagt: Es verändert sich gerade was. Wir müssen aufhören, uns was vorzumachen. Oder vormachen zu lassen. Sicher ist es nicht alles die Schuld von denen. Die sehen halt auch zu, wo sie bleiben. Es gehören immer zwei dazu. Um Schuld geht es sowieso nicht. Die Sache ist eigentlich ganz simpel: Entweder es passt, oder es passt nicht.

X

*Hier passt gar nichts, Noah!* Wie unter Schock starre ich das eingefrorene Bild an. *Und am wenigsten passt du! Ich erkenne dich überhaupt nicht wieder! Was laberst du bloß für einen Scheiß?!* Wütend knalle ich den Laptop zu, springe vom Bett auf und laufe im Kreis wie eine Laborratte auf Speed.

*Nein, ich weigere mich zu glauben, dass du so denkst, Noah! Hast du all die schönen Begegnungen vergessen, die wir mit Amir und den Flüchtlingen hatten? Du selbst hast mir mit feuchten Augen erzählt, wie warmherzig diese Menschen sind, wie dankbar für die geringste Kleinigkeit und wie großzügig mit den wenigen Dingen, die sie haben. Ich war diejenige, die sich heimlich gedacht hat, dass du alles vielleicht ein bisschen zu rosig siehst in deiner Begeisterung. Das kannst du doch nicht auf einmal verleugnen, bloß wegen Amir und Beate! Du kannst doch nicht aus Eifersucht auf einen Menschen alle anderen verdammen! Du bist ja wohl viel klüger als das!*

Frustriert trete ich gegen meinen Rucksack, der am Schreibtisch lehnt. Mein Blick fällt auf den Stapel Ausdrucke, den Eva mir mitgegeben hat.

Es wäre nicht das erste Mal, dass Noah seine Meinung abrupt ändert. Er wurde auch von einem Tag auf den anderen Vegetarier, nachdem er in einer Fernseh-Doku gesehen hatte, wie Tiere im Schlachthof gequält werden. Und radikal, wie er manchmal sein kann, wollte er auch gleich der ganzen Familie das Fleischessen verbieten. Das haben Papa und Mama nicht mitgemacht. Also gab es viele laute Diskussionen darüber. *Ist das jetzt wieder so ein Fall bei dir, Noah, nur dass du statt der armen Tiere die armen Deutschen vor den Ausländern retten will?*

Nein, das kann nicht sein! Das geht zu weit.

*Du bist nicht dieser Platon-Troll! Jemand will, dass ich das glaube, aber so leicht falle ich nicht darauf rein! Okay, du warst eifersüchtig auf Amir. Kann ich verstehen. Du hast dich in einem Videotagebuch über ihn ausgekotzt, und da ist es mit dir durchgegangen und du hast Sachen gesagt, die dir hinterher wahrscheinlich selbst leidgetan haben. Kann ich ebenfalls verstehen. Könnte mir auch passieren. Aber es wäre nicht das, was ich wirklich denke. Und das, was du von dir gegeben hast, ist nicht das, was du wirklich denkst! Ich weiß es. Ich bin deine Schwester. Ich kenne dich besser, als du dich selbst kennst!*

Ich packe die Platon-Ausdrucke und werfe sie in den Papierkorb. Am liebsten würde ich sie verbrennen. Gleich hier in meinem Zimmer. Aber dann fällt mir ein, dass ich den Kram besser noch eine Weile behalte, wer weiß, wofür er noch mal zu gebrauchen ist. Also stopfe ich ihn in die unterste Schublade meines Schreibtischs, zu dem alten Abi-Zeugs, das ich in diesem Leben sicher nicht mehr anfassen werde.

Erledigt wie nach einem harten Kampf lasse ich mich auf den wackligen Drehstuhl fallen. Doch plötzlich ist da dieser Name in meinem Kopf und ich fahre wieder hoch. Keine Ahnung, warum er mir ausgerechnet jetzt wieder einfällt. Alex. Wer ist Alex? Niemand aus unserem gemeinsamen Freundeskreis, das steht fest. Vielleicht weiß Torsten etwas. Aber was soll ich ihm sagen, woher ich den Namen kenne? Egal. Wird mir schon was einfallen.

Ich greife gerade nach meinem Handy, da klingelt es. Die Nummer kommt mir bekannt vor, doch ich kann sie nicht zuordnen. Ich geh ran. Es ist Kommissarin Bartels.

»Ich wollte Ihnen nur kurz Bescheid geben, dass Noahs Handy in letzter Zeit nicht eingeloggt war«, sagte sie. »Wer immer Sie über Snapchat kontaktiert hat, muss sich von woanders Zugang zu Noahs Account verschafft haben. Haben Sie in der Zwischenzeit weitere Nachrichten bekommen?«

Mir wird plötzlich heiß und mein Herz wummert wie verrückt. Soll ich ihr sagen, was los ist? Dass ich ein paar äußerst verstörende Videos gekriegt hab? Dass Noah vielleicht zu einem Rechten mutiert ist und wir alle nichts mitgekriegt haben? Nein, ich kann das nicht. Kann es nicht aussprechen. Nicht, bevor ich weiß, was genau passiert ist und wer und was dahintersteckt.

»Nee«, sage ich, »ist nichts mehr gekommen.«

»Gut. Sie melden sich, wenn doch wieder was sein sollte.«

»Klar. Vielen Dank.«

Sie legt auf.

Ich sitze einen Moment da. Keine Ahnung, ob es richtig war, zu lügen. Schließlich war das die Polizei. Dann fällt mir wieder ein, was ich vor Frau Bartels' Anruf machen wollte, und scrolle zu Torstens Nummer. Einen Moment zögere ich noch, dann rufe ich an.

Schon nach dem zweiten Läuten hebt er ab. »Ja?«

»Hi«, sage ich. »Ich glaub, ich hab mich bei dir nicht bedankt, dass ich mit dir reden konnte. Wegen Noah. Du weißt schon.«

»Doch. Hast du.« Er klingt kühl. Also so wie immer.

»Ich hab noch eine Frage«, sage ich. »Kennst du Alex?«

»Junge oder Mädchen?«, fragt er.

Ich gerate ins Stocken. »Äh … weiß ich nicht. Ich hab nur den Namen Alex.«

»Und wo hast du den auf einmal her?«

Ich überlege. Gucke herum. Mein Blick fällt auf das Zettelchaos auf meinem Schreibtisch. »Von einem Zettel in Noahs Sachen«, sage ich. »Also hat er ihn dir gegenüber nie erwähnt?«

»Nee.«

»Schade. Aber hat wahrscheinlich eh nichts zu bedeuten.« Ich zögere einen Moment, dann frag ich ihn: »Mal ehrlich, kam dir Noah irgendwie rechts vor? Als ihr euch öfter getroffen habt, meine ich.«

»Wie kommst du denn darauf?«

»Na ja, was du mir erzählt hast … keine Ahnung … klang für mich irgendwie so. Vielleicht dreh ich auch bloß durch.«

Bei ihm wird es im Hintergrund laut. Stimmen, die durcheinandergehen.

»Was meinst du überhaupt mit *irgendwie rechts*?«, fragt er.

»Na, so einer, der … der was gegen Ausländer hat und nur alles schlechtmacht und … einfach Scheiße labert.«

»Und wenn's so wäre? Wäre er dann nicht mehr dein geliebter Bruder?« Er klingt herausfordernd.

»Doch, natürlich. Es wär nur … keine Ahnung … anders.«

»Vielleicht bin ich ja auch ein Rechter. Muss ich dankbar sein, dass du überhaupt mit mir redest?«

»Ich will nur verstehen, was mit Noah los war.«

»Na, wenn du's nicht weißt, wer soll es dann wissen? Ich kann dir über Noah nur eines sagen: Er hatte die Schnauze voll davon, alles immer nur auf dieselbe Weise zu sehen. Jede Medaille hat auch eine andere Seite, hat er mal zu mir gesagt.«

X

Nichts macht den Kopf so frei wie Laufen. Die Runde zum Wäldchen, um den kleinen See herum und wieder zurück müsste ich selbst an einem Tag wie diesem schaffen. Dieser Moment, wenn der Körper die Führung übernimmt, die Beine und die Atmung sich aufeinander eingespielt haben, alles demselben Rhythmus folgt und der Kopf angenehm leer wird, ist das Beste. Nur passiert das heute einfach nicht.

Ich kann nicht aufhören, an Noah zu denken. An das, was er auf dem Video gesagt hat. An das, was Torsten behauptet. Die Hasskommentare von Platon. Und immer wieder die bohrende Frage: Was, wenn es alles echt ist? Wenn Noah die Seiten gewechselt hat? Vom Flüchtlingshelfer zum rechten Internettroll. Doch wie hätte das passieren können, ohne dass einer von uns, ohne dass *ich* das merke?

Ein brennender Schmerz breitet sich links in meinem Bauch aus, er reicht bis unters Herz. Seitenstechen hatte ich schon ewig nicht mehr, dafür bin ich eigentlich viel zu gut trainiert. Ich atme falsch. Ich bin noch nicht mal am Wäldchen und schon am Ende meiner Kräfte. Meine Schritte verlangsamen sich weiter, ehe das Brennen in meiner Seite unerträglich wird. Schweiß rinnt mir übers Gesicht und in die Augen. Schnaufend wie ein Pferd nach einem wilden Galopp bleibe ich stehen.

*Es stimmt schon, Noah. Ich hab dich vernachlässigt in den letzten Monaten. Ich war so sehr mit mir selbst, mit meinem neuen Leben in Berlin beschäftigt, dass mir kaum aufgefallen ist, dass die Tür zu deinem Zimmer immer öfter zu war. Okay, es ist mir aufgefallen, und wenn ich ehrlich bin, dann war ich manchmal sogar froh, dass du auch endlich dein eigenes Ding gemacht und mich in Ruhe gelassen hast. Dass ich so unaufmerksam war, tut mir wirklich unendlich leid!*

Ich wische mir die Tränen aus dem Gesicht. Ein anderer Jogger kommt auf mich zu, wird langsamer und schaut mich besorgt an. »Alles okay?«, fragt er, ohne stehen zu bleiben.

»Alles gut«, antworte ich atemlos.

Er lächelt aufmunternd, dann ist er vorbei.

Gar nichts ist gut! Aber Heulen bringt auch nichts. Nur Kämpfen bringt was.

*Ich geb dich nicht auf, Noah! Und egal, was andere behaupten, ich weiß: Du bist kein Troll und kein Hater! Und du bist kein Rechter! Ich kenne dich. Du bist mein Bruder, verdammt!*

Genug für heute.

Ich kehre um und trabe in gemächlichem Tempo nach Hause, wo ich mich eiskalt abdusche. Ich liebe dieses Gefühl, wenn einen die Kälte trifft wie ein Blitz. Danach geht es gleich viel besser.

Als ich in mein Zimmer komme, piept mein Handy. Ich gucke darauf und kann es kaum glauben. Während ich laufen war, sind zwanzig neue Nachrichten gekommen. Außerdem werden zig entgangene Anrufe und Voice-Mails von Freunden angezeigt, allen voran von Steffi, die es allein zehnmal probiert hat. Noch bevor ich irgendwas lese oder abhöre, ahne ich, was los ist: Die Sache mit Platon-Noah ist raus.

Meine Knie knicken ein, ich sinke aufs Bett. Ich kann mir vorstellen, wie die Rechten jetzt feiern und zugleich geifern. Die scheren sich nicht drum, ob etwas stimmt, solange es ihnen in den Kram passt. Muss ich mir das ansehen? Nee, ganz bestimmt nicht. Noah ist jetzt ihr Held, und wahrscheinlich hoffen sie auch noch, dass er bald stirbt, weil sie dann einen Märtyrer haben. Ich könnte kotzen! Oh Mann, und was sag ich jetzt meinen Freunden? Steffi, die so superstreng ist! Und die immer weiß, was richtig und falsch ist. Sofort, auf Anhieb. Und wehe, du sagst mal aus Versehen was Falsches, dann redet sie dich in Grund und Boden.

Das Telefon fängt in meiner Hand zu klingeln und zu vibrieren an. Ich erschreck mich fast zu Tode und lass es fallen. Bingo! Es ist Steffi. Ich kann den Anruf nicht einfach wegdrücken. Sie ist immer noch meine beste Freundin.

»Ja?«, melde ich mich.

»Sag, dass es nicht wahr ist!«, bellt sie mir ins Ohr.

»Es ist nicht wahr.«

»Okay. Nicht dass ich was anderes geglaubt hätte.«

»Was hast du denn gehört?«

»Dasselbe wie du, nehme ich an. Dass Noah als rechtsgerichteter Troll im Netz unterwegs war. Das kursiert gerade in verschiedenen Foren. Weißt du mehr?«

»Eigentlich nicht.«

»Und wie geht's dir?«

»Wie es einem halt geht, wenn gerade eine Lawine auf einen herabstürzt.«

»Mann, du Arme! Und deinen Eltern? Wie geht's denen?«

»Keine Ahnung. Wir haben noch nicht gesprochen.«

»Dann macht das mal. Wir reden morgen. Ich muss vormittags auf meine Oma aufpassen. Komm einfach vorbei.«

Ich lege auf. Papa und Mama. An die hab ich noch gar nicht gedacht. Bestimmt wissen sie es auch schon. Ich sehe die Szene heute Abend jetzt schon vor mir: Papa, der sagt, dass wir das alles am besten ignorieren. Dass niemand Noah so kennt wie wir. Und wenn wir sagen, er ist ein guter Junge, dann ist er das, und alles andere geht uns nichts an. Mama, die Tränen verdrückt und uns daran erinnert, was Noah alles Gutes getan hat und dass wir uns nicht um die Meinung anderer scheren sollten. Wenn es jemals einen guten Zeitpunkt gegeben hat, ihnen von den Videos zu erzählen, dann ist der wohl vorbei. Jetzt würde es ihren Glauben, ihre Hoffnungen zerstören und so alles nur schlimmer machen. Und wenn es wirklich so sein sollte, dass Noah zu einem Rechten mutiert ist, dann möchte nicht ich diejenige sein, die diesen Schmerz zu all ihrem anderen hinzufügt.

X

Steffis demente Oma wohnt im selben Haus wie sie, nur in der Etage darüber. Im Treppenhaus kommt mir Steffis Mutter entgegen. Wie immer im Business-Outfit und in größter Eile. »Muss zu einem Termin«, sagt sie, »bin schon spät dran. Steffi ist oben. Nehmt euch was aus dem Kühlschrank.« Dann klackern ihre Absätze auch schon hinaus. Ein Miethai, hat Noah mal gescherzt. Da war Steffi beleidigt. Auf ihre Mama lässt sie nichts kommen. Zu Recht. Ich finde Steffis Mutter auch super. Und sie macht halt ihren Job.

Oben klopfe ich nur. Steffi macht auf und lässt mich rein. Ohne ein Wort zu sagen, nimmt sie mich in den Arm und hält mich eine Weile. Es tut einfach nur gut. Erholung pur für meine gequälte Seele. In solchen Momenten ist Steffi die Beste. Und in vielen anderen auch.

Ihre Oma sitzt vor dem Fernseher, nascht Schokokekse und

schaut Daily Soaps, für die sie eigentlich nicht die Zielgruppe ist, sie kriegt auch nicht wirklich mit, um was es geht. Ihr gefallen die immer so adrett angezogenen jungen Leute. Nicht dass ich Steffis Oma um ihre Demenz beneide, aber einfach alles zu vergessen, was um mich los ist, und mich in den Untiefen einer Seifenoper zu verlieren, wäre mir gerade mehr als recht. Weil Oma nicht gerne allein ist, setzen Steffi und ich uns zu ihr ins Wohnzimmer, ans andere Ende der Couch.

»Wie war's mit deinen Eltern?«, fragt Steffi.

»Eigentlich ganz okay«, antworte ich. »Am besten alles ignorieren, meinen sie.«

Sie nickt. »Und was meinst du?«

»Keine Ahnung.«

Der Abend mit meinen Eltern war noch deprimierender als erwartet. Das Tischgespräch beim Abendessen versiegte nach kurzer Zeit, während der Elefant im Raum Dinosauriergröße annahm. Ein neues Stimmungstief. Hab nicht gedacht, dass das möglich ist. Nach dem Essen hat sich jeder verzogen, ich in mein Zimmer, wo ich meine diversen Playlists rauf und runter gehört hab.

»Willst du meine Meinung hören?«, fragt Steffi.

»Klar.«

Ihre Miene wird streng, wie immer, wenn sie gleich was Wichtiges von sich gibt. »War keine große Überraschung, dass so was kommt. Seit es dieses Video gibt, auf dem man sieht, wie Noah zusammengeschlagen wird, wollen die Rechten ihn für sich vereinnahmen. Sie haben nur nichts gefunden. Und jetzt versuchen sie es mit Lügen. Genau ihr Stil. Ich könnte mir gut vorstellen, dass schon dieses Video ein Fake ist. Aber egal. Wir lassen nicht zu, dass sie uns Noah wegnehmen. Dagegen müssen wir was tun!« Steffis dichte Augenbrauen rücken noch ein wenig enger zusammen.

Ihre Entschlossenheit schüchtert mich ein. Was bin ich eigentlich für eine Freundin, wenn ich ihr nicht sage, was Sache ist? Wenn ich zusehe, wie sie Noah verteidigt, obwohl er es anscheinend gar nicht verdient?

»Mal nur so als Gedanke«, taste ich mich vor. »Mal angenommen, das Video ist kein Fake, und es stimmt, dass Noah …« Ich verstumme, kann es einfach nicht aussprechen.

Steffi guckt mich mit großen Augen an. »Weiß du irgendwas?«

Der Herzschlag-Moment ist da. Der Moment der Wahrheit.

»Nein, ich weiß nichts«, versichere ich hastig. »Ich meine nur …«

»Blödsinn! So was darfst du nicht mal denken. Bevor Noah zu denen überläuft, wird Kim Kardashian Präsidentin von Amerika. Hast du etwa vergessen, wie ihn die Nazischweine verprügelt haben? So lange ist das doch noch gar nicht her.«

»Du hast ja recht. Ich bin nur gerade …«

»Für Noah würde ich beide Hände ins Feuer legen, und die Füße noch dazu.«

Ich lächle, während ich innerlich umknicke wie ein Strohhalm. Nein, ich kann ihr nicht von den Videos erzählen. Schon gar nicht von dem, das ich zuletzt gekriegt hab. Auch wenn sie meine beste Freundin ist. Oder gerade deshalb. Ich habe Noah enttäuscht. Steffi jetzt auch noch zu enttäuschen, wäre einfach zu viel. Schließlich ist es irgendwie auch meine Schuld, dass er diesen Weg gegangen ist. Ich hab seine Hand losgelassen, hab ihn verloren. Ich!

Steffi nimmt den Laptop vom Couchtisch, klappt ihn auf und sagt: »Lass uns Trolle jagen.«

Das ist so geil! Wie sie sich alle aufregen! Wie sie toben! Mich beschimpfen. Oder mich feiern und liken. Beides fühlt sich gleich gut an. Oder nein, wenn sie dich hassen, das ist fast noch besser. Es putscht dich auf. Und es putscht die anderen auf. Das ist wie ein Ringkampf. Alex sagt, es gibt nur zwei Kategorien von Menschen: Freund und Feind. Drum ist das Wichtigste, dass man weiß, wer der Feind ist. Eine Gesellschaft, die ihre Feinde nicht erkennt, ist zum Untergang verdammt. Genau wie ein Volk, das seinen eigenen Wert nicht sieht. Wie soll sich dieses Volk verteidigen, wenn es nicht mal weiß, wer und was es ist? Woher es kommt. Wohin es gehen will. Wir müssen aufhören, uns selber schlecht zu machen. Müssen mit uns wieder ins Reine kommen. Und dann den Kampf führen. Ist schon irgendwie krass, was sich mit ein paar Sätzen an der richtigen Stelle bewirken lässt. Sofort zeigt sich, wo die Front verläuft und wer wo steht. Man könnte Listen schreiben, mit Leuten, die auf der anderen Seite sind. Die bekämpft werden müssen. Aber ich bin sicher, dass es diese Listen schon gibt. Und sie werden jeden Tag länger. Gut so!

Natürlich ist es auch ein Spiel. Es geht darum, die andere Seite aus der Reserve zu locken. Durch Provokation. Indem man sie lächerlich macht. Oder Gerüchte und Lügen in Umlauf bringt. Geschichten aufbauscht. Ist sie einmal raus, lässt eine Geschichte sich nicht mehr aus der Welt schaffen. Jeder Versuch, sie zu widerlegen, macht sie noch größer und noch stärker. Weil darüber gesprochen wird. Bloß darum geht es. Dass darüber gesprochen wird. Alex hat voll die Peilung. Ich staune immer wieder. Das ist nicht nur Wissen, das ist einfach so viel Klarheit im Denken. Ich lerne jeden Tag dazu. Das ist, als würde ich das Laufen ganz neu beigebracht bekommen. Weil ich endlich auf meinen eigenen Füßen stehe, ohne die Krücken, die andere mir in die Hände gedrückt haben. Wenn ich mir vorstelle, wie ich noch vor Kurzem war. Total hilflos und fremdbestimmt. Voller Skrupel und Unsicherheiten. Was richtig und was falsch ist. Was ich tun oder lassen soll. Erst jetzt check ich, dass ich mir die absolut falschen Fragen gestellt hab. Aus Angst, jemand könnte was dagegen sagen. Oder könnte mich verurteilen. Scheiß drauf! Mann, ich war so ein Weichei.

Vielleicht muss ich deshalb dauernd an Beate denken. Ich bin nicht mehr in sie verknallt oder so. Ist mir eher peinlich, dass ich überhaupt mal was von der wollte. Nee, sie ist für mich nur noch diese Sorte Mensch, die so tut, als würde sie was für andere Menschen machen, dabei tut sie alles in Wahrheit bloß für sich. Klar, man fühlt sich mächtig bei so einem armen Schlucker, der für alles dankbar ist. Drum sollen ja immer mehr von denen kommen, damit sie sich um sie kümmern kann. Und sie muss sich nicht mehr schuldig fühlen, weil sie eine miese Mutter war, die ihren eigenen Sohn im Stich gelassen hat. Menschen wie sie wollen die Welt retten, aber ihre eigenen Leute interessieren sie einen Dreck!

Alex und die anderen haben mir die Augen geöffnet. Meine Angst davor, anzuecken oder die Vorstellungen anderer nicht zu erfüllen, hat mich total gelähmt. So sehr, dass ich meine Wut nicht mehr gespürt habe. Erst jetzt weiß ich, nein, spüre ich, wie wütend ich in Wirklichkeit bin. Über so vieles. Weil so vieles falsch läuft. Man muss sich nur umschauen. Überall Leute, die angeblich alles besser wissen. Die einem vorschreiben, was man zu sagen und was man zu denken, und sogar, was man zu fühlen hat! Ich hab so was von die Schnauze voll. Ihr denkt, ihr habt die Wahrheit gepachtet. Bullshit! Ihr seid auch nicht die Guten. Ihr seid die, die die Wahrheit nicht vertragen. Denn die Wahrheit ist hart und unbarmherzig, da hat Alex vollkommen recht. Aber recht haben reicht nicht. Es muss auch was passieren. Gewisse Leute müssen mal in die Schranken gewiesen werden. Sonst verändert sich nichts. Und ich weiß auch genau, bei wem ich anfange.

X

Ich bin unendlich froh, als der Punkt am unteren Ende des Bildschirms ganz nach rechts gewandert ist, als die Minuten und Sekunden, die das Video dauert, bis auf die letzte heruntergezählt sind und das Ding wieder im Abgrund des Internets verschwindet. Trotzdem starre ich weiter wie hypnotisiert auf den Screen. Keine Ahnung, was mich an dem Video mehr erschreckt: das, was Noah sagt, oder die Macho-Art, wie er es sagt. Oder dass ich ganz genau weiß, welches Gefühl er meint. Weil ich es in den letzten Tagen selbst erlebt hab. Zusammen mit Steffi, als wir die Rechten in ihren Internetforen, Polit-Blogs und -Vlogs und auf ihren YouTube-Kanälen aufgemischt haben. Wo immer jemand meinte, er müsse den Angriff auf Noah für die rechte Propaganda benutzen, haben wir widersprochen. So hat es zumindest jedes Mal angefangen, bevor alles dann in wüste Beschimpfungen ausgeartet ist. Erst hab ich nur zugesehen und Steffi machen lassen. »Bam!«, hat sie jedes Mal gerufen, wenn sie wieder einen Kommentar rausgehauen hat, oder: »In your face!« Es lief immer auf dieselbe Weise ab: Am Anfang wurde sie beschimpft und niedergemacht, echt übles, meistens sexistisches Zeug, was da auf sie abgeschossen wurde, und als die gemerkt haben, dass das bei ihr nichts nützt und sie mit Intelligenz zurückschießt, haben die Forumsbetreiber sie schließlich geblockt, gesperrt, rausgeschmissen. Nach ihr war ich dran. Neues Spiel, neues Glück. Ich glaube, es war Steffi, die den Ausdruck Nazi-Rodeo erfunden hat. Oder war ich das? Ich war jedenfalls Sieger, weil Steffi sich nie bremsen konnte, sie geht immer gleich auf die Zwölf, während ich denen länger weisgemacht habe, ich wäre halb auf ihrer Seite. Rechts antäuschen, links schießen, war meine Taktik. Aber auch wenn wir so getan haben, als sei das alles ein Spaß, war uns trotzdem immer klar, dass es absolut ernst ist. Worte schaffen Taten, sagt Steffi. Ich würde behaupten: Worte *sind* Taten. Erst macht es dir Angst, dich in dieses Feuer zu stellen, aber dann … Der reinste Adrenalinrausch, zumindest ein paar Tage lang, bis es kippt und du spürst, dass dir irgendwas entgleitet, oder besser: dass du dir selbst entgleitest. Der Hass ist wie eine Säure, die dich innerlich zerfrisst.

*Ist es dir genauso gegangen, Noah? Oder konntest du irgendwann nicht mehr genug kriegen von der Droge Hass und hast immer weiter- und weitergemacht, dich immer mehr reingesteigert, bis es kein Zurück mehr gab? Wir wollten dich retten, Steffi und ich, aber ich fürchte, dass du gar nicht gerettet werden willst.*

Danach sieht es nach dem letzten Video ja aus, es lässt keinen Zweifel mehr: Noah ist Platon. Einer von denen. Und vielleicht ist es nur deshalb noch nicht öffentlich bewiesen, weil der oder die Absender klug sind. Sie wissen genau, bleibt eine Sache ein Gerücht, bleibt sie auch im Gespräch, wie Noah sagte. Wütend schlage ich in mein Kopfkissen. Schöner Mist! Diese Idioten sind Steffi und mir wahrscheinlich noch dankbar. Wir haben mit unseren Beiträgen geholfen, das Ding am Laufen zu halten und zu verbreiten. Auch wenn Steffi das vermutlich nie einsehen würde. Sie ist nicht gut darin, eigene Fehler zuzugeben.

Total erledigt gehe ich runter in die Küche, um was zu trinken. Auf der Anrichte entdecke ich Mamas Tasche, ihre Schuhe liegen da, als wären sie ihr im Gehen von den Füßen gefallen. Wahrscheinlich sitzt sie draußen. Ich mache mir eine Apfelschorle und gehe Richtung Terrasse. Ich will jetzt nicht allein sein und vielleicht will Mama ja auch Gesellschaft. Schon im

Wohnzimmer höre ich, dass sie bereits jemanden zum Reden hat. Die andere Stimme gehört Beate. Ich war noch nie ein großer Fan von ihr, die Art, wie sie sich dauernd einmischt und unbedingt die Gute sein und von allen gemocht werden will, ist manchmal too much für mich. Und seit ich das von ihr und Noah weiß, gehe ich ihr lieber aus dem Weg. Ich überlege mir schon, wo ich mir eine eigene Chill-Area einrichte, da ruft Mama herein: »Bist du das, Leah? Komm doch zu uns!«

Weil mir auf die Schnelle keine Ausrede einfällt, folge ich dem Ruf.

Mama liegt in einem der beiden superbequemen Liegestühle, in denen Noah und ich die letzten Sommer praktisch gewohnt haben. Der andere ist frei, weil Beate auf einem der Rattan-Gartenstühle sitzt.

»Hi«, sage ich nur.

Mama richtet sich auf. »Wir reden gerade über dich. Über dich und Steffi.«

Alles klar. Es geht um unseren Feldzug gegen die Rechten. Vor ein paar Tagen fand Mama es noch gut, dass wir Noah verteidigen, aber mittlerweile hört sie sich ein wenig anders an.

»Ihr solltet das lassen«, warnt Beate in sorgenvollem Ton. »Bloß weil ihr unter einem Pseudonym auftretet, seid ihr noch lange nicht sicher. Die finden ganz schnell raus, wer dahintersteckt.«

Ich zucke mit den Schultern.

»Die machen Listen«, bohrt Beate weiter, und dieses Wort versetzt mir einen leichten Schlag, davon hat Noah auch geredet.

»Listen«, fährt Beate fort, »mit den Namen ihrer Gegner.«

»Schon klar«, sage ich mit einem zunehmend mulmigen Gefühl im Bauch.

»Erzähl ihr von dem Kerl, der dich verfolgt hat«, fordert Mama Beate auf. »Damit sie weiß, womit sie es zu tun hat.«

Ich räuspere mich. Glaub mir, Mama, das weiß ich längst.

»Ich will dir keine Angst machen«, beginnt Beate, »aber mich hat eine Weile so ein Typ verfolgt. Ist schon etwas her. Jedes Mal, wenn ich nach dem Yoga das Studio verlassen hab, war er da. Ist mir nachgegangen. Immer auf Abstand, aber so, dass ich wusste, ich werde verfolgt. Und einmal stand er direkt vor mir. Er hatte eine schwarze Maske über dem Kopf, wie ein Bankräuber, und die Alkoholfahne war deutlich zu riechen. Ich dachte, er hat sich Mut angetrunken und jetzt schlägt er mich. Aber er stand nur da und hat gestarrt. Zum Glück ist er dann einfach abgehauen. Doch das hätte auch ganz anders ausgehen können.«

Während Beate das erzählt, muss ich an Noah denken, und eine Gänsehaut kriecht mir über den ganzen Körper: *Gewisse Leute müssen mal in die Schranken gewiesen werden. Ich weiß auch genau, bei wem ich anfange.*

Ob er damit Beate gemeint hat? Ob er der maskierte Stalker war?

»Hat der Typ irgendwas gesagt?«, frage ich.

»Kein Wort. Nur ein Zeichen hat er gemacht. So.« Sie fährt mit dem ausgestreckten Zeigefinger über ihren Hals.

»Grauenhaft, oder?«, sagt Mama und macht ein Gesicht, als wäre es ihr passiert.

»Und du meinst … das war, weil du dich für Flüchtlinge einsetzt?«, frage ich Beate.

»Was denn sonst?«, ruft Mama.

»Muss ja nicht politisch motiviert gewesen sein. Gibt doch genug Perverse.«

»Das war politisch motiviert«, versichert Beate. »Glasklar.«

»Danke für die Warnung«, sage ich, »aber es hat sich erübrigt. Wir sind eh durch mit der Nummer.«

»Wirklich?« Mama sieht mich erleichtert an.

»Es bringt nichts, sich mit Idioten rumzustreiten.«

Beate steht auf und kommt zu mir. »Eine gute Entscheidung. Ich hab trotzdem großen Respekt vor euch, dass ihr was unternommen habt. Das war mutig. Noah wäre sicher stolz auf euch.«

Da hab ich so meine Zweifel.

Sie schaut zu Mama. »Ich muss leider langsam los.«

Während Mama sie zur Tür begleitet, sinke ich auf einen Liegestuhl und blicke in den Garten. Unter der Hecke lauert die Nachbarskatze auf einen der Vögel im Gras. Ich klatsche in die Hände, die Vögel flattern erschrocken auf. Und die Katze starrt mich böse an.

Noah ist also Platon. Der rechte Troll. Und vermutlich hat er auch noch Beate gestalkt und bedroht. Obwohl ich mir nicht vorstellen kann, dass er ihr wirklich was antun wollte. Wahrscheinlich ging es ihm darum, ihr Angst zu machen. Was schlimm genug ist. Und wenn ich ehrlich bin: Sicher kann ich mir nicht sein. Mit gar nichts. Es hat keinen Sinn es zu leugnen. Die Wahrheit verschwindet nicht einfach, wenn man die Augen vor ihr verschließt. Man muss ihr ins Gesicht blicken. Und das werde ich auch machen. Ich will wissen, wie aus meinem geliebten Bruder der hasserfüllte Mensch geworden ist, der er jetzt zu sein scheint. Das ist nicht bloß aus Liebesfrust passiert, da muss mehr dahinterstecken, und ich will wissen, was.

# Die Gruppe

Friedhof, hat er gesagt. Wir treffen uns auf dem Friedhof. Also radle ich diesmal eben über eine Straße, die eigentlich mehr eine Aneinanderreihung von Schlaglöchern ist, dorthin. Letztes Mal war es die Kirche. Passt ja irgendwie. Torsten ist anscheinend noch merkwürdiger drauf, als ich immer dachte. Oder er mag einfach nur Orte, an denen es still ist. Egal. Viel wichtiger ist, ob er was rausgefunden hat. Er schrieb nur: Friedhof. In einer Stunde. Mein Nachfragen blieb ohne Antwort. Während ich mir noch Gedanken mache, was das zu bedeuten hat, fällt mir das Auto auf, das langsam hinter mir herfährt, obwohl es locker überholen könnte, denn die Straße vor mir ist komplett frei. Irgendwann rollt es neben mich und bleibt auf gleicher Höhe. Das Fenster steht offen. Ich blicke stur geradeaus.

»Hey«, ruft ein Mädchen vom Beifahrersitz. »Du bist doch Leah, oder? Noahs Schwester?«

Ich schaue rüber und erkenne das rothaarige Mädchen wieder, das mir in der Bahnhofstraße die Unterschriftenliste hingehalten hat. Sonja, wenn ich mich nicht irre. Der bullige Typ hinter dem Steuer mit seinen kurz geschorenen Haaren und dem fetten Tattoo am Hals wirkt irgendwie unheimlich.

»Das ist die Schlampe«, sagt Sonja zu ihm. »Garantiert!« Dann redet sie wieder mit mir: »Wir wissen übrigens, wo du wohnst. Und deine Handynummer kennen wir auch. Also nicht wundern, wenn du bald Besuch kriegst. Oder ein paar Anrufe. Von besorgten Bürgern.«

Ich presse die Lippen fest aufeinander und schaue wieder stur geradeaus.

Der Fahrer gibt Gas und zieht an mir vorbei und gleich wieder nach rechts rüber, ich muss voll abbremsen, damit der Stoßfänger mein Vorderrad nicht touchiert. Sonja verabschiedet sich mit einem ausgestreckten Mittelfinger. Dann sind sie weg.

Ich stehe noch eine Weile da. Mit bibbernden Knien. Und mein Herz schlägt bis in den Hals hinauf. Solange man mich nur im Internet auf irgendwelchen Plattformen beschimpft hat, bin ich mit den Angriffen klargekommen. Aber wenn es plötzlich direkt und sogar körperlich wird …

Ich schüttle den Schreck so gut wie möglich ab und fahre mit immer noch weichen Knien weiter. Es dauert ein wenig, bis mein Herz wieder ruhiger schlägt. Erst als der Friedhof vor mir auftaucht und ich anfange, nach Torsten Ausschau zu halten, höre ich auf, an Sonja und ihren Typen zu denken.

Nur ein Friedhofsparkplatz ist besetzt. Der Lieferwagen einer Gärtnerei. Von Torsten keine Spur. Ich lasse meine Bremsen quietschen, steige ab und stelle mein Rad in den am wenigsten verbogenen Ständer. Torsten sehe ich noch immer nicht. Erst als ich um den Lieferwagen herum gehe, finde ich ihn. Er lehnt im Schatten am Auto, knabbert an seinem Daumennagel und schaut auf sein Handy. Trotz der Hitze trägt er eine Jacke. Eine Art Blouson. Seine Outfits sind echt gruselig. Als würde er die Sachen von irgendwelchen längst toten Leuten auftragen. Dabei ist Beate immer stylish. Vielleicht ist das seine Art von Protest.

»Hey«, sage ich, weil er kein Anzeichen macht, dass er mich gesehen hat.

»Gleich«, antwortet er.

Es dauert noch ein paar Sekunden, bis er sein Handy einsteckt und zu mir kommt. Kein Hallo oder sonst etwas, dafür übernimmt er gleich wieder die Führung. Das schmiedeeiserne Tor quietscht laut, als wir reingehen. Bis auf ein paar ältere Leute, die den Blumenschmuck auf dem Grab ihrer Angehörigen gießen, und die Leute von der Gärtnerei sind wir allein.

»Hat es einen Grund, warum du immer solche Orte aussuchst?«, frage ich Torsten. »Erst die Kirche, jetzt den Friedhof.«

Er zuckt mit den Schultern, sagt aber nichts.

»Was ist los?«, frage ich ungeduldig. »Hast du was rausgekriegt über diese Leute, die Noah getroffen hat?«

»Ich weiß nicht mehr als das, was ich dir schon gesagt hab.«

»Und warum sind wir dann hier?«

»Weil ich dir was zeigen will.«

Ich rolle mit den Augen. Jetzt will er mir schon wieder was zeigen. Ich brauche aber keine Antworten auf Fragen, die ich gar nicht gestellt hab. Ich will wissen, was mit Noah passiert ist!

Torsten schweigt. Stumm gehen wir zwischen den Gräbern hindurch. Erst als er vor einem großen Stein mit einer Tafel darauf stehen bleibt, macht er wieder den Mund auf. »Schau mal«, sagt er und deutet auf einen von ganz vielen eingravierten Namen. Es ist jemand mit meinem Nachnamen. »Und hier.« Er deutet auf einen zweiten, der ebenfalls meinen Nachnamen trägt. Erst jetzt sehe ich, dass das hier ein Kriegerdenkmal ist. Oben auf der Tafel, über den Namen, steht: *Den Gefallenen zu Ehren, den Lebenden zur Mahnung.*

»Der eine ist dein Großonkel«, erklärt Torsten, »der andere dein Urgroßonkel. Gefallen. Fürs Vaterland. In zwei Weltkriegen.«

Ich hab die Namen natürlich erkannt. Aber außer den Namen weiß ich nichts über diese toten Verwandten. Papa hat mir nie von ihnen erzählt. Allmählich dämmert mir was.

»Hier warst du mit Noah auch, oder?«, frage ich.

Torsten nickt. »Er wollte wissen, wofür ich bereit wäre zu sterben.«

»Was hast du gesagt?«

Er zuckt bloß mit den Schultern. Dann schaut er mich an und zum ersten Mal bleibt sein Blick länger auf mir. »Wie ist es mit dir? Wofür würdest du sterben?«

»Sicher nicht für Hitler«, antworte ich. »Oder für einen Kaiser. Oder sonst einen Politiker.«

»Ich auch nicht. Aber wenn für eine gute Sache Opfer gebracht werden müssten, wären wir bereit dafür? Unsere Generation, meine ich. Das frage ich mich oft.«

Da ist er unter allen Leuten, die ich kenne, der Einzige. Mein Blick bleibt auf dem Namen meines Großonkels hängen, wandert zu dem meines Urgroßonkels. Wir haben andere Sorgen als diese mir völlig fremden Menschen. Zum Beispiel, wo wir unterwegs unser Handy aufladen können. Wo wir überhaupt Empfang haben. Oder freies WLAN. Ich will den Joke gerade machen, weil mir das hier sonst ein bisschen zu pathetisch wird, aber dann muss ich an die vielen Kerzen und Blumen und an die Zettel mit den Widmungen denken, die in der Bahnhofstraße für Noah liegen, und plötzlich hab ich einen Kloß im Hals.

»Oder andersherum«, redet dafür Torsten weiter, »wofür bist du bereit zu töten? Ich meine, für welche Prinzipien oder Überzeugungen?«

Nur zu gerne lasse ich mich von einer Krähe, die auf einem Grabstein gelandet ist, ablenken. Doch sie sieht mich nur an, als würde sie mir dieselbe Frage stellen. Ich habe keine Ahnung, warum dies wichtig sein sollte. Und ich hab auch keine Antwort darauf. Klar, um mich selbst, meine Familie und meine Freunde zu beschützen, würde ich töten. Vielleicht. Wenn ich müsste. In einer Extremsituation. Aber Prinzipien? Überzeugungen? Was hab ich denn überhaupt für Prinzipien und Überzeugungen?

Ich spüre, wie mir heiß wird, und nicht nur, weil wir in der Sonne stehen. Ich würde gerne etwas sagen, doch mir fällt nicht ein, was.

»Die Leute, die Noah getroffen hat, kenne ich wirklich nicht«, sagt Torsten nach einer Weile. »Aber ich kann dir sagen, wo einige von denen abhängen.«

X

Durch das große Fenster kann ich das *Leopold* schon von der Straße aus abchecken. Ein großer Raum, bis auf halbe Höhe mit Holz vertäfelt, schlichte Tische, Stühle und Bänke. Als ich eintrete, dringt mir ein leichter Biergeruch in die Nase. An der Wand über dem Tresen hängt eine riesige Tafel mit Gerichten. In einer Theke sind aber auch verschiedene Kuchen ausgestellt. Ich gebe mich cool. Nur keine Nervosität zeigen. Ich bin nur ganz zufällig hier. Natürlich habe ich im Internet recherchiert, was das hier für ein Laden ist, aber ich habe fast nichts dazu gefunden. Die paar Rezensionen, die es gibt, lassen keine Rückschlüsse darauf zu, was für Leute sich hier treffen. Nicht mal darauf, ob es sich um ein Café, eine Kneipe oder ein Restaurant handelt. Das weiß ich selbst jetzt noch nicht. Ich hab mir Noahs Anhänger umgehängt, und zwar so, dass man ihn auch gut erkennen kann, und setze mich an einen Platz direkt beim Eingang, unübersehbar. Vielleicht spricht mich ja jemand an. Allzu viel los ist nicht. Keine Ahnung, ob das im Verlauf des Abends noch mehr wird. Die hauptsächlich jungen Leute, die vereinzelt an Tischen sitzen, sehen alle völlig normal aus. Nichts, was darauf hindeutet, dass sich hier Rechte treffen. Zumindest wenn das stimmt, was Torsten gesagt hat.

Eine Bedienung, ungefähr in meinem Alter, kommt an meinen Tisch. »Hi, ich bin Milena«, sagt sie, »was darf ich dir bringen?« Ich bestelle eine Cola, die sie mir ein paar Minuten später hinstellt, ohne mich weiter zu beachten. Damit ich nicht ganz so verloren wirke, zücke ich mein Handy und spiele darauf herum.

Der Erste, der überhaupt Notiz von mir nimmt, ist ein junger

Typ, der gegen zehn Uhr zur Tür reinschneit. Undercut, modische Kleidung, federnder Gang. Sein Blick fällt auf mich, und mir scheint, dass er auch den Anhänger registriert. Doch er sagt nichts, grüßt die Bedienung hinter dem Tresen und verschwindet durch eine Tür aus dem Gastraum. Und kommt dann eine ganze Weile nicht zurück. Wo ist er hingegangen? Kein Mensch sitzt so lange auf dem Klo. Also was ist da hinten noch, außer den Toiletten?

Ich gehe durch dieselbe Tür und komme in einen schmalen, schlecht beleuchteten Gang, in dem es ein wenig modrig riecht. Weiter hinten befinden sich die Toiletten, vorne sind zwei Türen. Auf beiden steht: *Privat*. Hinter der einen höre ich Stimmen. Ich bleibe stehen und überlege. Natürlich könnte ich einfach reingehen und so tun, als hätte ich mich verlaufen. Was sollte schon Schreckliches passieren? Die werden da drinnen schon kein Crystal Meth kochen. Oder eine Leiche zerteilen. Aber was könnte ich auf diese Weise rauskriegen? Vermutlich nicht viel. Andererseits, wenn ich es nicht ausprobiere, werde ich es nie erfahren.

Ich halte den Atem an, drücke die Klinke herunter und schiebe die Tür auf. Die Gespräche verstummen. Vor mir sitzen zwei junge Männer, die offenbar zum Küchenpersonal gehören. Der Undercut ist keiner von ihnen.

»Kannst du nicht lesen!«, fährt der eine mich schroff an. »Hier vorn ist privat. Die Klos sind am Ende des Gangs.«

»Sorry.«

Schöner Flopp.

Ich mache die Tür wieder zu, kehre zurück in den Gastraum, bestelle einen Milchkaffee und setzte mich wieder an meinen Tisch. Nachdem ich fast eine weitere halbe Stunde gewartet habe, komme ich zu dem Schluss, dass der Undercut wohl nicht zurückkehrt. Sicherheitshalber gehe ich noch mal raus, diesmal wirklich auf die Toilette. Nirgends irgendwas Auffälliges. Auf dem Weg an meinen Tisch rufe ich Milena zu, dass ich zahlen will. Frustriert stürze ich den Rest meines Milchkaffees hinunter. Ich hatte gehofft, dass jemand mich auf meinen Anhänger anspricht oder irgendetwas passiert, aber das wird wohl nichts. Erst dann bemerke ich, dass schon etwas passiert ist. Auf meinem Tisch, eingeklemmt unter dem Halter, in dem die Speise- und Getränkekarte stecken, liegt ein kleines Stück dünner Karton, das vorher nicht da war. Darauf ist etwas mit Filzstift geschrieben, das größtenteils vom Halter verdeckt wird. Nur ein Wort kann ich erkennen: *Komm*. Ich ziehe den Karton heraus und lese:

*Sonntag 14 Uhr*
*Warte vor dem Leopold*
*Komm allein!*
*Und erzähl keinem davon!*
*AD*

Das klingt ja mächtig geheimnisvoll. Das A steht bestimmt für Alex. Ich schaue mich um, wer in diesem Raum so aussieht, als würde er oder sie geheime Botschaften auf fremden Tischen hinterlassen. Irgendwie sehen alle und keiner so aus.

»Du wolltest zahlen?«, fragt Milena und legt mir den Kassenzettel hin.

Ich krame meine Geldbörse heraus und gebe großzügig Trinkgeld.

»Hast du zufällig gesehen«, frage ich sie dann, »wie jemand das hier auf meinen Tisch gelegt hat?«

Milena sieht das Stück Karton kaum an und schüttelt den Kopf. »Ich war eben hinten in der Küche und hab zwei Essen geholt.«

»Sagt dir zufällig die Abkürzung AD was? Und kennst du Alex?«

»Nee. Ich bin neu hier und kenne noch nicht mal die Stammgäste. Sorry.«

Den Karton fest in der Hand verlasse ich das *Leopold*. Bestimmt war es der Typ mit dem Undercut, der mir die Einladung hingelegt hat. Er hat den Anhänger erkannt und dann einen passenden Moment abgewartet. Wahrscheinlich weiß er auch, wer ich bin. Weil mein Name inzwischen auf allen möglichen Listen steht. Mit Foto. Und Adresse. Ich schließe das Auto auf, steige ein und stecke den Schlüssel ins Schloss. Doch ich lasse den Motor nicht gleich an, sondern beobachte noch ein wenig das Lokal. Nichts tut sich. Was soll diese ganze Geheimnistuerei? Diese Nummer mit der mysteriösen Botschaft; wieso kommt der Typ nicht einfach an meinen Tisch und spricht mit mir?

Oder rühre ich gerade an etwas, an das ich besser nicht gerührt hätte? Mir fällt wieder ein, was mir im Internet alles angedroht wurde. Könnte sein, dass da jemand eine Falle für mich aufgestellt hat und ich gerade dabei bin, mitten rein zu tappen.

Die haben mich ordentlich vermöbelt. Aber damit musste ich rechnen. Du kannst von solchen Typen nicht einfach die Mutter beleidigen und Allah noch dazu. Wenigstens sieht Alex jetzt, dass ich zu allem entschlossen bin. Man kann nicht immer nur quatschen. Es muss auch mal was passieren. Zum Glück sieht es schlimmer aus, als es ist. Überall blaue Flecken, das hier musste genäht werden, aber nichts gebrochen. Und alle denken, es wären Neonazis gewesen, die mich aufgemischt hätten. Die Story haben sie natürlich sofort und bereitwillig geschluckt. Weil man den bösen Neonazis ja alles zutraut.

Alle denken immer, dass diese Radikalen und überhaupt die Rechten, dass die zu blöd sind, um die tollen linken Ideen zu kapieren. Oder dass sie einfach schlechte Menschen sind. Natürlich laufen bei politischen Bewegungen wie dieser immer auch ein Haufen Hohlköpfe und fiese Typen mit. Die checken auch nicht, worum es wirklich geht. Aber sie haben ein Gespür dafür, wenn was falsch läuft. Oder auf ihre Kosten. Da kann man doch nicht einfach drüber weggehen und so tun, als hätten diese Leute keine Rechte. Als wären die praktisch gar nicht da. Oder wären nur Müll. White trash. Wo bleibt denn da das Gefühl für Gerechtigkeit?

Nee, was ich eigentlich sagen will: Es geht gar nicht um Ideen. Oder … nee, es geht schon um Ideen. Klar. Ich fang noch mal an.

Es sind nicht alle und alles gleich. Es gibt immer die einen und die anderen. Das ist ein ewiger Gegensatz. Ich meine jetzt zum Beispiel die Leute, die zu uns kommen. Aus Afrika oder Syrien oder sonst wo. Nicht jeden einzelnen Menschen, da sind viele Nette drunter, ich kenne ja ein paar, sondern so als Ganzes gesehen. Obwohl auch die Netten oft nur nach außen nett sind. Wenn man sie mal fragt, was sie so denken über dies und das, dann ist das oft weniger nett. Und wahrscheinlich lachen die über uns doofe Kartoffeln, weil wir ihnen alle Türen aufmachen. Und uns halten sie wiederum für Menschen zweiter Klasse, weil wir mit Allah nix am Hut haben und die Frauen hier anziehen, was sie wollen. Daran sieht man, dass eben nicht alles gleich ist. Weil, die und wir … das ist total verschieden. Ganz verschiedene Kulturen. Überhaupt nicht vereinbar.

Warum sind die anderen, also die Gutmenschen, warum sind die denn immer so geil darauf, gut zu sein? Das angeblich Richtige zu tun. Total selbstlos natürlich. Sie setzen sich ein für die angeblich Benachteiligten und Schwachen. Für die Opfer von dies und das. Das tun sie doch nicht, weil sie es gern machen. Oder weil sie die besseren Menschen sind, auch wenn sie das glauben und der ganzen Welt weismachen wollen. In Wirklichkeit tun sie es, weil sie ein schlechtes Gewissen haben. Ich weiß das, weil es bei mir ganz genauso war. Wenn man dauernd gezeigt kriegt, wie schlecht es anderen geht, während man selbst alles hat, da muss man sich doch schuldig fühlen. Und weil alle sagen, dass wir hier schuld sind am Elend im Rest der Welt, bloß weil wir uns eben schneller entwickelt haben.

Eigentlich sind sogar wir die Opfer. Und zwar von diesem Gequatsche. Von dieser Gehirnwäsche. Aber wenn du endlich mal dahintersteigst und checkst, was hier wirklich läuft, dann ist das wie eine Befreiung. Dann bist du kein Opfer mehr, sondern fängst an, was zu tun, und sei es nur, dass du deine Wut rausbrüllst. Es fühlt sich einfach nur geil an, Sachen zu denken und zu sagen, die man sich früher nie zu denken und zu sagen getraut hat. Das ist, wie wenn jemand ein Fenster aufgemacht hat, und der ganze Mief wird rausgeweht. Endlich hat man Luft zu atmen, endlich merkt man, dass man eigentlich frei ist!

▶ Einem freien Menschen macht es nichts aus, wenn er auch mal eins auf die Schnauze kriegt. Im Gegenteil. Das gehört zum Kampf dazu. Selbst wenn man verliert, ist man kein Opfer, weil man den Kampf selbst gewählt hat. So wie die Spartaner in *300*, die zwar im Kampf untergehen, sich aber nicht vor den versifften Persern beugen. Der Film bringt es wirklich genau auf den Punkt.

▶ Alex sagt, ich bin noch in der Entwicklung. In mir ist noch zu viel Altes. Ich soll mich deshalb noch bedeckt halten. Nicht offen auftreten. Stattdessen U-Boot sein in feindlichen Gewässern. Ich freue mich schon auf den Tag, wenn ich allen offen sagen kann, was ich denke. Auf die Gesichter. Und dann muss ich unbedingt Beate einen Besuch abstatten. Um ihr zu danken. Denn bei ihr hab ich am lebenden Beispiel erfahren, wie verlogen und heuchlerisch dieses ganze Gutmenschentum ist. Ohne das wäre ich immer noch einer von denen und würde glauben, dass es mir dabei super geht.

X

Ich schaue nach der Zeit. Es ist gleich vierzehn Uhr. Noahs Anhänger trage ich wieder so, dass man ihn sofort sieht. Außerdem halte ich das Stück Karton in der Hand, wie einen Ausweis, den ich gleich vorzeigen muss. Durch die Scheibe sehe ich Milena, die Bedienung vom letzten Mal, wie sie einen Tisch abwischt, an dem eben noch Gäste saßen. Sie schaut kurz zu mir, ich bin mir nicht sicher, ob sie mich erkennt.

Ich beiße mir auf die Unterlippe, gehe ein paar Schritte. Noahs letztes Video geht mir nicht aus dem Kopf. Das meiste von dem, was er abgelassen hat, hab ich gar nicht richtig kapiert. Es war alles so wirr. Und war auch zusammengestückelt aus mehreren Videos. Es hat sich fast angehört wie ein total durchgeknallter Rap. Na ja, nicht ganz, aber in der Art. Er hat so schnell gesprochen, als müssten alle Gedanken in seinem Kopf gleichzeitig raus. Und was für Gedanken! Eigentlich bin ich ganz froh, dass ich nicht alles gecheckt hab. Aber allein schon der Sound war derart krass. So klingt totale Verachtung. So klingt Hass. Und wie er dabei ausgesehen hat. Seine Augen aufgerissen und das ganze Gesicht verzerrt. Wie kann es sein, dass keiner von uns gemerkt hat, wie er drauf ist? Nicht mal ich! Das werde ich nie begreifen. Ich muss rausfinden, wie es so weit kommen konnte. Und wer die Leute sind, die ihm den ganzen Scheiß eingeflüstert haben.

Ich bin wieder an der Stelle, an der ich vorher stand, und schwitze vor mich hin. Schaue die Straße hinab, in der sich wenig tut. Und sehe auf einmal Noah vor mir, so wie er damals nach Hause kam, nachdem ihn die angeblichen Skins zusammengeschlagen haben. Einfach so, wie er gesagt hat, weil sie ihn für einen Linken hielten oder eben Lust hatten, jemanden zu verprügeln. Platzwunde, blaue Flecken, zerrissenes Shirt. Nur seine alte Jacke, die er immer trägt, war heil, und ich erinnere mich noch gut, dass ich dachte: Ausgerechnet das alte Ding hat nichts abgekriegt! Das müsste längst in den Müll. Wir waren außer uns, Papa hat getobt, wollte zur Polizei. *Aber du hast dich geweigert, weil angeblich die Bullen zu den Rechten halten. Dabei hattest du bloß Angst, dass die deine Lüge sofort durchschauen. Anders als wir, deine dumme Familie, die dich verdammt noch mal liebt! Sag mal, Noah, hast du dich innerlich gekringelt vor Lachen über uns, die du nach Strich und Faden verarscht hast? Weil du der Nazi warst, Täter und Opfer in einer Person? Wie bist du bloß zu diesem bescheuerten Idioten geworden? Und glaub ja nicht, dass ich dich denen überlasse. Ich hol dich zurück, und das Erste, was ich dann tue, ich schwör's, ist, dir eine zu knallen, die du nie mehr vergisst!*

Die Wut heizt mich noch ein bisschen mehr auf, aber sie ist gut, jetzt bin ich in der richtigen Stimmung, um Alex zu begegnen. Ich schaue auf die Uhr. Noch eine Minute. Mein Herz schlägt ein bisschen schneller.

Um Punkt vierzehn Uhr fährt ein schwarzer Sportwagen heran, betätigt die Lichthupe und hält vor mir. Ich habe erwartet, den Typ mit dem Undercut zu sehen, und auch wenn der Haarschnitt ähnlich ist, so ist es doch ein anderer. Gefährlich sieht der Kerl eigentlich nicht aus, in seinem Hemd und mit dem gepflegten Bart. Er wirkt eher wie ein reicher Schnösel mit einer Premium-Mitgliedschaft in einem Fitnessstudio. Ist das Alex?

Trotzdem wird mir ein wenig mulmig. Der Typ macht von drinnen die Tür auf, dreht die Musik runter – irgendein Rapper, könnte *50 Cent* sein – und sagt pseudolustig: »Die Dame hat ein Taxi bestellt?«

»Eigentlich nicht«, antworte ich. »Wo müssen wir denn hin?«

»Siehst du dann ja.«

»Kann ich nicht einfach hinterherfahren? Ich bin auch mit dem Auto da.«

»Braves Mädchen. Steig nicht zu fremden Männern in den Wagen. Wo steht dein Auto?«

»Gleich hier.«

Ich steige in mein, das heißt in Mamas, Auto. Dann fährt er auch schon los und ich hinterher. Wir fahren durch die Stadt, biegen dann auf die Bundesstraße ab. Es geht vorbei an Einfamilienhäusern und am Gewerbegebiet. Bis nur noch Felder um uns herum sind, auf manchen ziehen gerade Mähdrescher ihre Bahnen. Die ganze Fahrt über schaue ich immer wieder in den Rückspiegel. Auch wenn ich in meinem eigenen Auto sitze, bin ich nicht völlig sicher. Doch ich entdecke nichts Verdächtiges.

Da leuchten die Bremslichter des Sportwagens vor mir auf.

Neben uns ist ein Kiefernwäldchen, in das ein Kiesweg abzweigt. Wo will er denn mit mir hin? Wir biegen in den Weg ein, er ist ziemlich gut ausgebaut. Mein Lotse beschleunigt, lässt Kies hinter sich aufspritzen. Ich folge ihm. Nach einer Weile lichtet sich der Wald wieder und gibt den Blick frei auf flache Wiesen. Weiter hinten sehe ich Gebäude, eine Art Hof. Ich schaue mich um und entdecke eine Koppel, auf der ein paar Pferde friedlich grasen.

In hohem Tempo fahren wir auf unser Ziel zu, ziehen dabei eine riesige Staubwolke hinter uns her. Schließlich rollen wir auf den Hof, mein Lotse hält an und auch ich bleibe stehen. Er steigt aus und latscht an mein Fenster. Ich lasse es ein Stück herunter.

»Es kommt gleich jemand«, sagt er.

Dann steigt er wieder in sein Auto und fährt davon.

Mit einem mulmigen Gefühl im Bauch steige ich aus. Da steh ich nun. Ganz allein. In der Hosentasche habe ich das Pfefferspray, das Mama mir vor Jahren gegeben hat, als ich anfing, abends länger wegzugehen. Wirklich gefährlich sieht es hier allerdings nicht aus. Das Haupthaus ist riesig, mit den hellblauen Fensterläden sieht es genau so aus, wie es sich jemand vorstellt, der wie ich in seiner Kindheit massenhaft Pferdebücher gelesen hat. Die breite Treppe, die große Eingangstür mit zwei Flügeln passen auch ins Bild. Beide Flügel sind weit offen.

»Hey!«, ruft hinter mir jemand über den Hof.

Ich wende mich um. Aus einem Stall kommt eine Frau, ungefähr mein Alter, schlanke Figur, die in den Reiterhosen und den

Reitstiefeln, die sie trägt, super zur Geltung kommt. Dazu eine olivgrüne Bluse und in der Hand eine Gerte. Bald ist sie so nah, dass ich ihre großen meerblauen Augen nicht mehr übersehen kann. Etwas Faszinierendes geht von ihnen aus. Falls das Alex ist, könnte ich verstehen, wenn Noah sich auf den ersten Blick in sie verknallt hat.

»Du bist bestimmt Leah, oder?«, fragt sie mich. »Noahs Schwester.«

»Stimmt.«

Sie macht plötzlich ein total mitfühlendes Gesicht. »Schlimm, was die mit ihm gemacht haben. Und für dich und deine Eltern sicher auch. Ihr geht gerade durch die Hölle, oder? Komm her!«

Ehe ich es verhindern kann, hat sie mich auch schon an sich gedrückt und hält mich so fest, dass ihr Geruch mich einhüllt: frisches Heu, staubiges Pferd, blumiges Deo. Mir geht das eigentlich zu schnell, doch zu meiner Überraschung fühlt es sich gut an. Sie lässt mich wieder los, läuft sofort die Treppe hinauf ins Haus und ruft über die Schulter: »Komm mit. Was willst du trinken?«

Wir gehen in eine geräumige Küche mit schweren Möbeln und einem Holzofen. Es gibt aber auch einen Elektroherd. Die Schränke und die Anrichte, der Tisch mit der Eckbank – alles wirkt wie neu und alt zugleich. Total Vintage. Die Schrammen und Gebrauchsspuren passen so gut dazu, als wären sie Teil des Designs.

»Wie heißt du eigentlich?«, frage ich.

»Oh, hab ich dir das nicht gesagt?« Sie lächelt mich verlegen an. »Sandra. Was magst du?« Sie zieht den mannshohen Kühlschrank auf.

»Was du hast«, sage ich.

Also keine Alex.

»Ich hab Apfelsaft«, sagte Sandra, »aus eigenen Äpfeln. Richtig öko. Ich mach uns eine Schorle. Okay?«

Während sie die Getränke mixt, hole ich die Karte aus meiner Hosentasche und halte sie ihr hin. »Ist die von dir?«

Sie schaut nur kurz darauf. »Nee. Das war die Idee von Alexander.«

Alex! »Wer ist Alexander?«

»Mein Bruder. Der guckt einfach zu viel von diesem Mystery-Kram.« Sie rollt mit den Augen. »Diese Anhänger«, sie deutet auf meine Münze, »das war auch seine Idee. Alexander musste kurz weg. Er kommt gleich wieder.«

Ich nehme den Anhänger, betrachte die Adler auf Vorder- und Rückseite. »Wofür steht eigentlich AD?«

»Advocatus Diaboli.«

*Der Anwalt des Teufels.* So viel Latein ist bei mir hängen geblieben. »Bin ich hier unter Satanisten geraten?«, frage ich, nur halb im Scherz.

Sandra lacht auf. »Nee, keine Sorge, wir sind keine Teufelsanbeter. Aber das erklärt dir besser Alexander.«

»Kannst du mir dann erklären, wie du Noah getroffen hast? Wie ging das zu?«

»Fast so wie du. Er hatte gehört, dass es unsere Gruppe gibt, ist eines Tages im *Leopold* aufgetaucht und hat nach uns gefragt.«

»Und ihr habt ihn gleich aufgenommen?«

»Nicht sofort. Wir mussten uns erst kennenlernen. Er war zu der Zeit in einer schweren Krise. Fühlte sich verlassen, war von allem enttäuscht und voller Zweifel. Offenbar hatten wir ein paar gute Antworten auf seine Fragen, sonst wäre er nicht so lange geblieben.«

»Wie lange ist er denn geblieben?«

Sie lächelt. »Darüber solltest du auch besser mit Alexander reden. Er weiß das besser als ich.«

In meinen Ohren klingt noch der Vorwurf nach, dass wir Noah im Stich gelassen hätten. Das ist wie Salz in meiner Wunde. Am liebsten würde ich zurückschießen: Und wegen euren Antworten liegt er jetzt im Koma! Doch ich verkneife es mir. Ich will diese Leute nicht verprellen, sondern kennenlernen. Nur so werde ich verstehen, was sie Noah bedeutet haben. Und wie in aller Welt er so abdriften konnte.

X

Wir sitzen im Obstgarten hinter dem Haus, in einem Wald aus Apfelbäumen, unter denen sich ein Netz aus Lichtflecken über den Boden zieht. Fliegen und Wespen fühlen sich von unseren Getränken angezogen, summen um uns herum. Wenn es zu schlimm wird, scheucht Sandra sie weg, sie will jedoch keine Wespe erschlagen. »Sie haben das gleiche Recht wie wir, hier zu sein«, sagt sie. »Vielleicht sind ihre Rechte sogar noch älter. Und es gibt eh zu wenig Insekten.« So ähnlich, wie die Wespen sich von unserem Öko-Apfelsaft-Mischgetränk angezogen fühlen, so fühle ich mich von Sandra angezogen. Ich will das gar nicht, es passiert einfach, und ich muss aufpassen, dass ich mich davon nicht einlullen lasse. Sie hat inzwischen ihre Reitstiefel ausgezogen und ist barfuß. Ihre Füße sind lässig auf einem Stuhl abgelegt, während sie total entspannt zurückgelehnt dasitzt. Wenn sie mich ansieht, ist ihr Blick klar, ihre Augen sind weit offen, und ich ertappe mich dabei, wie ich lächle. Nicht aufgesetzt, es kommt ganz von selbst aus mir heraus. Alles an ihr wirkt zugewandt, auf Empfang. Ihr Lachen klingt echt und heiter. Trotzdem ist sie eine von denen. Das darf ich nicht vergessen.

Alexander kommt spät und doch irgendwie zu früh. Und vor allem überraschend. Steht wie aus dem Nichts hinter mir. Ich höre ihn nur und sehe, wie sich Sandras Miene aufhellt.

»Na, ihr«, sagt er. »Sorry, hat doch länger gedauert als erwartet. Unterhaltet ihr euch gut?«

Sandras Gesicht hellt sich noch ein wenig mehr auf. Ich drehe mich um.

*Oh!*

Das ist er also. Steht da und genießt es offensichtlich, wie ich ihn mit einem Blick abchecke.

Er ist wohl ein paar Jahre älter als Sandra, aber die Ähnlichkeit ist nicht zu übersehen. Vor allem die blauen Augen, nur sein Haar ist noch ein wenig dunkler und dadurch der Kontrast stärker, dazu hat er einen gepflegten Vollbart. Lässig hat er eine Hand in der Hosentasche seiner hellen Leinenhose, an seinem strahlend weißen Hemd steht der oberste Knopf offen. Ich schaue auf das Stückchen nackter Haut, ein bisschen zu lange vielleicht. Hoffentlich hat er es nicht bemerkt.

Sandra und ich stehen auf. »Das ist Leah, Noahs Schwester«, stellt sie mich vor, obwohl er natürlich weiß, wer ich bin, schließlich hat er mich eingeladen. »Sie ist total nett.«

»Wie könnte Noahs Schwester etwas anderes sein als nett?« Er lächelt.

»Ich lass euch dann mal allein.« Sandra berührt meinen Unterarm. »Du bleibst auf jeden Fall zum Essen, ja?«

Sie verschwindet ins Haus. Kaum sind Alexander und ich allein, ist es, als hätte irgendwo jemand einen Knopf gedrückt und die Luft zwischen uns unter Spannung gesetzt. Er kommt näher und der Mann am Stromknopf schiebt den Regler ein bisschen weiter nach oben. Alexander lächelt mit leicht schief gelegtem Kopf. Alles klar. Der Typ kennt wohl seine Wirkung auf Frauen. Aber an mir soll er sich die Zähne ausbeißen. Ich verschränke die Arme, weiche dem Blick aus den strahlend blauen Augen aus.

»Wie geht es Noah?«, fragt Alexander.

»Er ist stabil. Das ist das Beste, was man sagen kann.«

»Schrecklich, was da passiert ist.«

Er könnte jetzt was gegen die Täter sagen. Gegen Ausländer und Flüchtlinge. Doch er fragt stattdessen: »Woher weißt du eigentlich, dass du uns übers *Leopold* finden kannst?«

»Gegenfrage: Wer hat mir im *Leopold* die Karte auf den Tisch gelegt?«

»Milena. Die Bedienung. Sie gehört zu uns und hat angerufen, als sie deinen Anhänger sah.«

»Ach so. Da war noch so ein Typ, der gleich wieder verschwunden ist. Ich dachte, der war's, weil er mich so seltsam abgecheckt hat.«

»Der war auch von uns. Milena kann noch keine Einladung aussprechen. Dafür ist sie noch zu neu.« Er kommt einen Schritt näher. Mein Puls schlägt ein bisschen schneller. »Ich bin froh, dass du hier bist. Noah hat uns viel von dir erzählt. Von der engen Beziehung, die ihr habt. Das ist wie bei Sandra und mir. Deshalb wollte ich dich schon lange kennenlernen. Noah war immer dagegen. Er hat gesagt: Sie würde uns nicht verstehen. Sie würde uns bloß verurteilen.«

Dazu gibt es ja wohl genügend Gründe! Und das, was mit Noah passiert ist, ist der wichtigste. Mein Herz schlägt immer noch laut in meiner Brust, aber jetzt vor Zorn. Trotzdem bleibe ich ruhig. Ich will mehr erfahren.

»Mit *uns* meinst du die Advocatus Diaboli? Was bedeutet das?«

»Erzähl ich dir gleich. Du musst mir nur eines versprechen. Urteile nicht zu schnell.«

»Das mach ich nie.«

»Lust, ein paar Schritte zu gehen?«

Seite an Seite spazieren wir unter Apfelbäumen in diesem schier endlosen Garten herum, neben, unter und über uns summen Bienen, Wespen, Hummeln und was sonst noch so herumfliegt. Dieser verdammte Abend ist so einlullend friedlich, dass er eigentlich zu schade für so ein Gespräch mit so einem Menschen ist.

»Wir sind eine Gruppe von jungen Leuten, die es sich zur Aufgabe gemacht haben, über viele Dinge neu nachzudenken. Ohne Denkverbote. Aus einer radikal anderen Sicht als der, die uns heutzutage als die einzig wahre verkauft wird. Echte Freiheit beginnt im Denken. Man kann nicht unfrei denken, aber frei handeln. Das ist ein Widerspruch. Es geht uns nicht um bloße Meinungen, sondern um die Wahrheit. In unserer Gesellschaft sind die Meinungen vielleicht frei, doch die Wahrheit ist verboten. Denn da sind wir uns doch einig: Es kann nur eine Wahrheit geben.«

Er sieht mich an, lächelt schief. Dieses Lächeln ist wie ein Köder an einer Angelschnur, die er nach mir auswirft, aber egal, wie verlockend der Köder aussieht, ich werde nicht anbeißen. Und sein Gerede von Denken und Freiheit und Wahrheit ist mir egal. Trotzdem höre ich es mir erst mal an. Soll er ruhig reden. Aber wenn er mein Schweigen für Zustimmung hält, hat er sich getäuscht. Er soll sich sicher fühlen, und dann sagt er hoffentlich irgendwann Dinge, die mir zeigen, wer er wirklich ist.

»Advocatus Diaboli ist ein Begriff aus der Rhetorik«, erklärt er, und seine Stimme klingt total entspannt, angenehm, ganz und gar nicht so wie jemand, der einen um jeden Preis von was überzeugen will. »Er bedeutet, dass man bewusst die extrem andere Position einnimmt, um die eigene daran zu messen. Wir wollen für die Gesellschaft diese Anwälte des Teufels sein und die andere Position einnehmen und diskutieren. Und wir üben das bewusst von Angesicht zu Angesicht und nicht anonym in einem Internetforum. Jeder soll für das, was er sagt, einstehen. Ist vielleicht altmodisch, aber dadurch bekommt jedes Wort eine viel tiefere Bedeutung.«

Das Letzte könnte sogar Steffi unterschreiben. Aber eine extrem andere Position einnehmen würde sie nie. Und ich weiß auch nicht, wofür das gut sein soll.

»Das heißt, ihr redet nur?«, frage ich.

»Unterschätz das nicht. Worte können Waffen sein.«

»Wenn ihr nur redet«, frage ich, »warum liegt Noah dann bewusstlos auf der Intensivstation?«

Er bleibt stehen. »Du denkst, jemand von uns hat ihn beauftragt, allein eine Handvoll Ausländer aufzumischen?« Er klingt eher überrascht als empört, wie ich auf so eine Idee komme. Dass die Überraschung kein bisschen gespielt wirkt, irritiert mich. Er muss doch Bescheid wissen.

»Vielleicht sollte es eine Mutprobe sein«, sage ich vorsichtig.

»Du meinst, Ausländer verkloppen als Mutprobe? Nee, das gibt's bei uns nicht. Das würden wir nie verlangen.«

So leicht kommt er mir nicht davon. »Es gibt viele Wege, jemanden auf eine Idee zu bringen.«

»Das ist aber nicht unser Weg. Wir brauchen keine Märtyrer oder PR-Aktionen. Wir sind an philosophischen Gesprächen interessiert, an klugen Gedanken, nicht an dummen, unnützen Taten. Wir denken langfristig. Die jetzige Generation tritt irgendwann ab. Was kommt dann? Wir!«

Er lächelt siegesgewiss. So als sei das schon beschlossene Sache. So als gäbe es keine Leute wie mich oder Steffi, die etwas dagegen haben könnten. Ich spüre Groll in mir. »Sei dir da mal bloß nicht zu sicher«, sage ich. »Wir sind mehr.«

Er lacht in sich hinein, zum ersten Mal gibt er sich von oben herab und ich würde ihm dafür zu gerne auf die Zehen treten.

»Die Parole kenne ich auch«, reizt er mich weiter, »aber es kommt überhaupt nicht darauf an, wer zahlenmäßig mehr ist, sondern darauf, wer das Sagen hat.«

Ich fürchte, da hat er leider gar nicht so unrecht.

»Eines möchte ich klarstellen«, fährt er nach kurzem Schweigen fort, »weil ich den Eindruck hab, dass du uns die Schuld für das gibst, was mit Noah passiert ist.«

Okay, denke ich, jetzt kommen die faulen Ausreden, sage aber nur: »Ich höre.«

»Noah hat sich zuletzt von uns zurückgezogen. Er fand uns zu lahm, weil wir nur reden. Man muss doch was tun, hat er immer gesagt. Ich hatte immer einen guten Draht zu ihm, aber irgendwann hab selbst ich ihn nicht mehr erreicht.«

Das überrascht mich wirklich. »Soll das heißen, er hat sich eine radikalere Gruppe gesucht?«

»Weiß ich nicht. Nee, eigentlich glaube ich es nicht. Er hat sich vor allen verschlossen. Hat Verbindungen gekappt. Ohne dass man es so richtig gemerkt hat.«

Stimmt, muss ich zugeben, das konnte er offenbar besser, als ich gedacht hätte. Wir haben ja auch nichts von seiner Verwandlung gemerkt.

Wenn Alexander allerdings glaubt, dass ich ihn damit aus der Verantwortung entlasse, hat er sich getäuscht. Zumal ich ja nicht mal weiß, ob das, was er mir erzählt, wahr ist. Trotzdem bin ich ein bisschen erleichtert. Ich gestehe es mir ungern ein, aber ich würde ihn und seine Schwester zu gerne besser kennenlernen. Sie sind einfach zu interessant und einnehmend.

»Und wie läuft das so ab, wenn ihr das Diskutieren übt?«, frage ich.

»Du kannst gerne zu einem unserer Treffen kommen und dir alles ansehen. Wir treffen uns hier oder im *Leopold* in einem Nebenraum. Du wirst sehen: Niemand wird mit einem Sprengstoffgürtel in eine Moschee geschickt.« Er lächelt milde. »Und jetzt genug von diesen Dingen. Lass uns nachsehen, wie weit Sandra mit dem Essen ist.«

Seine Hand berührt sachte meinen Arm, als er stehen bleibt und mir den Vortritt lässt. Ich spüre die Stelle noch Minuten später, ein warmes Pulsieren, das feine Wellen in meinen ganzen Körper schickt. Mein Körper, dieser miese Verräter …

X

Als hätte jemand in meinem Kopf einen Schalter umgelegt, bin ich auf einen Schlag hellwach. Vor meinem Fenster lärmen die Vögel um die Wette, wer von ihnen der größte Schreihals ist. Ein Blick auf meinen Wecker sagt mir, dass ich nur drei Stunden geschlafen habe. Es ist spät geworden letzte Nacht. Und die Erinnerung an den Abend mit Sandra und Alexander ist zugleich seltsam klar und verschwommen, wie an einen Traum, von dem nur eine Mischung aus Bildern und Gefühlen zurückbleibt. Wir haben lange gequatscht, über alles Mögliche außer Politik, die beiden haben von ihren Eltern erzählt, vom Vater, der einen kleinen Verlag leitet, nicht um Geld zu verdienen, davon haben sie genug, sondern aus Leidenschaft für die Sache. Ich hab nicht gefragt, welche Sache er meint, ahne aber nichts Gutes. Die Mutter macht wohl Charity. Beide Eltern sind viel unterwegs, Sandra und Alexander oft allein zu Hause und haben alle Freiheiten. Wenn ich jetzt dran denke, hab ich das Gefühl, als hätte ich den Abend in einer riesigen Seifenblase verbracht. In der Familie scheint alles so perfekt zu laufen, dass ich nicht weiß, ob ich neidisch sein oder mich gruseln soll.

Weil ich beim Heimkommen viel zu müde war, um zu recherchieren, was das Netz über diese Musterfamilie weiß, schnappe ich mir jetzt meinen Laptop und googele erst Alexander Bornheim, dann Sandra Bornheim, und dabei fällt mir auf, dass das praktisch zweimal derselbe Name ist: Sandra ist ja die Kurzform von Alexandra. Nicht besonders fantasievoll, die Eltern, würde ich sagen. Ich finde ein paar Einträge. Sie waren beide auf demselben Reiche-Leute-Internat in der Schweiz, Alexander hat mit einem Rugby-Team irgendeinen Pokal gewonnen, Sandra nimmt an Reitturnieren teil und hat im Jugendbereich auch schon ein paar Bronze- und Silbermedaillen eingesammelt. Sie ist zwanzig, Alexander dreiundzwanzig. Sie sind beide nicht bei Facebook oder Instagram zu finden, zumindest nicht unter ihren richtigen Namen.

Danach suche ich nach dem Verlag, den der Vater der beiden führt, und er lässt sich auch schnell finden, obwohl er nicht so heißt wie sein Verleger, sondern *Lambda Verlag*. Ich schau mir das Programm an und finde Titel wie: *Der große Austausch – er passiert!*, *Alle Gewalt geht vom Volke aus!*, *Identität vs. Rassismus*. Ziemlich klar, in welcher Ecke der Verlag steht.

Mein Magen knurrt. Zeit fürs Frühstück. In meinem Pyjama gehe ich runter in die Küche, schnappe mir einen Joghurt und einen Apfel und gehe auf die Terrasse. Es ist immer noch früh, die Kühle ist angenehm und die Welt wirkt erfrischt und ein bisschen neu. Ich beiße in den Apfel, sein Krachen kommt mir viel zu laut vor.

Der Apfelduft versetzt mich wieder in Alexanders und Sandras Obstgarten, ich spüre die Wärme des gestrigen Sommerabends in mir, sehe Alexander und Sandra vor mir, wie sie sich in der Küche zur Hand gehen, dabei miteinander herumalbern, und auch wenn sie ganz anders sind als wir, sehe ich in ihnen doch auch etwas von Noah und mir und von der Nähe, die wir einmal hatten.

Barfuß trete ich auf den Rasen, Tau befeuchtet meine Füße, die Halme kitzeln zwischen den Zehen. Ich stelle mir vor, wie es gewesen wäre, wenn Noah gestern auch dabei gewesen wäre. Doch Noah wollte nicht, dass ich dabei bin. Ich hätte es nicht verstanden, hat er zu Alexander gesagt. Wahrscheinlich hat er recht. *Aber vielleicht hätte ich dich retten können, Noah. Abfangen auf deinem Sturzflug, bevor du am Boden aufschlägst.*

*Oder du wärst mit mir gefallen*, höre ich ihn sagen.

*Noah, nicht nur ich habe dich, du hast auch mich ausgeschlossen. Ich sehe dich vor mir, dieses leicht beleidigte Lächeln in den*

*Mundwinkeln, wenn du dich unverstanden oder vernachlässigt gefühlt hast, und höre dich dein übliches Wie-auch-immer sagen.*

Ein Schmerz durchfährt meinen Fuß. Ich zucke heftig zusammen.

»Aua!« Ich humple rüber zur Terrasse, setze mich auf einen der Stühle und schaue nach. Ein kleiner Schnitt, es blutet ein wenig, nicht schlimm. Wenn Noah jetzt da wäre, würde er sofort Jod holen und ein Pflaster, und ich würde sagen, dass das total überzogen ist. Ich unternehme nichts, sehe nur zu, wie das Blut in dicker werdenden Tropfen aus der Wunde quillt und auf den Boden fällt.

Ich werde Alexander und Sandra wiedersehen. Ich werde zu einem ihrer Treffen gehen. *Denn ich habe noch eine andere Wunde, tief in mir drin, und die blutet auch, und diese Wunde, Noah, bist du! Und wenn es überhaupt eine Heilung gibt, dann erst, wenn ich weiß, wieso das mit dir passiert ist. Und ich hab so ein Gefühl, dass ich auf dem Weg auch erfahre, wer mir dauernd diese Videos schickt.*

X

Mittags holt mich Steffi ab. Wir radeln ins Schwimmbad, treffen dort ein paar Freunde. Ich hab erst gezögert, hab behauptet, dass es sich für mich falsch anfühlt, mit ausgelassenem Gebrüll eine Wasserrutsche runterzuschießen, während Noah zwischen Leben und Tod hängt. Doch Mama hat mich ermuntert. »Noah würde wollen, dass du Spaß hast.« Wahrscheinlich hat sie recht.

Unwohl fühle ich mich trotzdem. Nicht nur wegen Noah, sondern wegen Steffi. Ich bin ihr in den letzten Tagen aus dem Weg gegangen. Es wurmt mich, dass ich mich von ihr dazu überreden lassen hab, die Rechten in ihren Foren zu provozieren. Wir hätten auf meine Eltern hören und diese Honks ignorieren sollen. So haben wir die Sache nur am Laufen gehalten und uns und auch Noah geschadet. Trotzdem hält Steffi unsere Aktion noch immer für die beste Idee aller Zeiten, und wer das nicht einsieht, ist halt feige. Dass sie meine Angst nicht versteht und auch nicht verstehen will, kränkt mich. Aber das sag ich ihr nicht, es gäbe nur Streit und am Ende wäre sie eingeschnappt. Und weil sie immer im Recht ist, wäre doch bloß ich wieder die, die auf sie zugehen müsste, und ich weiß gerade nicht, ob ich das könnte.

Das Schwimmbad ist zum Bersten voll. Ein paar von uns sind schon seit dem Morgen da und haben uns mit Decken und Luftmatratzen eine Ecke abgesteckt und gesichert. Großes Hallo, Luftküsse, Abklatschen. Wir gehen alle ins Wasser, ich verzichte allerdings auf die Wasserrutschen-Action. Steffi zieht solidarisch mit mir ein paar Bahnen, obwohl ich ihr gesagt hab, dass sie ruhig mit den anderen gehen kann. Es ist so voll im Schwimmbecken, dass wir nicht lange bleiben. Wieder zurück fallen wir auf unsere Badetücher und lassen uns von der Sonne trocknen.

Steffi zündet sich eine Zigarette an und lässt mich ziehen. Ich mache nur einen Zug. Auf mehr hab ich nie Lust, ich bin zum Rauchen eigentlich ungeeignet. Obwohl Steffi sagt, dass ich mit Zigarette ziemlich gut aussehe. Verwegen. Wie in den alten französischen Filmen, die sie so gerne sieht. Voll Côte-d'Azur-mäßig.

Ein Mädchen fällt mir auf, das bei ihrer Familie sitzt und ein Eis isst. Dreizehn oder vierzehn Jahre alt, sie trägt einen Burkini, während ihre kleineren Brüder in Badehosen um sie herum rennen und sich mit Wasserpistolen jagen. Die Mutter sitzt angezogen und mit Kopftuch bei ihren Kindern und schneidet eine Nektarine in mundgerechte Stückchen.

»Irgendwie schon fies, oder?«, sage ich.

»Was?«, fragt Steffi.

»Das Mädchen da drüben. Ihre Brüder dürfen halb nackt rumrennen und sie muss sich voll einpacken.«

»Sieht sie für dich unglücklich aus?«

Eigentlich nicht. Alles, was sie im Moment interessiert, ist das Eis in ihrer Hand.

»Trotzdem«, sage ich, ich weiß auch nicht, warum. Ich spüre plötzlich einen Groll in mir, der mich zum Widerspruch anspornt.

Steffi setzt sich auf. »Was meinst du mit: trotzdem?«

»Ich meine nur, dass sie sich nicht so anzieht, weil es ihr gefällt, sondern weil jemand anders das für sie bestimmt hat.«

»Kann man ja so sehen. Aber ich glaube nicht, dass wir das Recht haben, das zu kritisieren. Mit unserem Hintergrund können wir doch gar nicht beurteilen, was so etwas bedeutet.«

»Ich finde schon, dass ich als Frau das beurteilen kann«, gebe ich schnippisch zurück.

Sie schaut mich misstrauisch an, so als wittere sie Verrat. »Was ist denn auf einmal mit dir los? Seit wann ist das ein Thema für dich?«

»Ich meine, dann könnte man auch sagen, dass wir so einen Neonazi nicht beurteilen können, weil wir ja nicht wissen, wie er dazu geworden ist, und aus seiner Sicht ist das ja vielleicht konsequent, irgendwie.«

Sie zieht ihre Brauen zusammen. »Der Vergleich ist kompletter Quatsch! Und das weißt du auch.«

Natürlich weiß ich das! Ich bin kurz davor, ihr an den Kopf zu schmeißen, worum es wirklich geht, nämlich dass sie manchmal ganz schön besserwisserisch und selbstgerecht ist, aber da rutscht sie plötzlich näher, tätschelt meine Hand und sagt: »Alles klar, du bist wegen Noah und allem total durch den Wind. Schon okay. Hey, du hast doch mich!« Sie schlingt ihre schlaksigen Arme um mich und drückt mich.

Ich lasse es zu und schweige. Aber so ganz fallen lassen kann ich mich bei ihr gerade nicht. Irgendwas zwischen uns verändert sich gerade. Vielleicht ist es auch nur, dass mir plötzlich bewusst wird, wie sie über Noah reden würde, wenn sie wüsste, was ich weiß. Er wäre für sie gestorben. Sie würde ihn sogar hassen. Weil sie nie nur falsche Ansichten verdammt, sondern immer auch die Menschen, die sie vertreten.

Mein Handy macht *Pling*. Eine WhatsApp-Nachricht. Ich löse mich aus der Umarmung und schau nach, von wem. Sandra.

Schön, dass du zum Treffen kommst! Freitagabend 21 Uhr, im Leopold. Freu mich auf dich!

»Wer ist Sandra?«, fragt Steffi, die ungeniert auf mein Handy geguckt hat.

»Niemand.« Ich stecke das Handy in meine Basttasche. »Hab sie vor Kurzem kennengelernt und seitdem schreibt sie mir dauernd.«

Steffi wedelt mit dem Zeigefinger vor mir rum. »Dass du mir ja nicht fremdgehst. Ich bin total eifersüchtig, das weißt du.«

»Keine Sorge, die ist nicht mein Typ.«

X

Das Treffen der *Advocati Diaboli* findet in einer kleinen Kammer zwischen ausgemusterten Stühlen und Tischen statt. Die Gruppe spricht von sich selbst als den Adlern, deshalb auch die Abbildung von einem auf dem Anhänger. Wenn man A-D-ler nämlich als ein Wort liest, wird daraus Adler. Ich war unschlüssig, was ich zu dem Treffen anziehen soll. Gibt es eigentlich so was wie ein rechtes Outfit? Vielleicht Faltenrock und Rüschenbluse? Obwohl einige von denen sich ja total hipp geben. Ich hab mich für ein Outfit entschieden, das in meinen Augen eher nicht nach rechts aussieht: eine zerrissene Jeans und ein knallrotes Shirt. Die anderen tragen hauptsächlich schwarze Hosen und weiße Hemden oder Shirts. Ihre Anhänger baumeln deutlich sichtbar auf ihrer Brust. Ich hab meinen – oder besser, den von Noah – zwar mitgebracht, aber absichtlich in der Hosentasche stecken lassen. Damit klar ist: Ich bin keine von euch.

Außer mir sind sieben Leute hier, fünf Männer – zwei kenne

ich schon: den Typ mit Undercut, den ich im Lokal gesehen hab, und meinen obercoolen Lotsen –, Sandra und Milena sind die einzigen Frauen. Milena hat ihr blondes Haar zu zwei dicken Zöpfen geflochten, sie sieht damit aus, als müsste sie gleich zurück auf die Alm zum Ziegenmelken. Die ganze Szenerie wirkt auf mich derart strange, dass ich schon bereue, überhaupt gekommen zu sein. Und Noah kann ich mir hier erst recht nicht vorstellen.

Alexander ist eindeutig der Mittelpunkt der Gruppe, wie eine Sonne, um die die anderen kreisen. Außer Sandra nennen ihn alle hier Alex, so wie Noah es in den Videos auch getan hat. Immer wieder sehen die anderen zu ihm, ich mache das auch, es passiert ganz automatisch. Manchmal schaut er im gleichen Moment zurück, unsere Blicke treffen sich, und für diesen einen Moment freu ich mich, dass er nur mich ansieht. Dann ist es vorbei, er wendet sich weg und die Freude verpufft. Und ich bin mir schlagartig bewusst, wie albern das ist. Wer ist er, dass ich mich durch ein bisschen Aufmerksamkeit von ihm geadelt fühle? Ich muss an den Abend bei Alexander zu Hause denken, an den Moment, als wir aus dem Obstgarten nach drinnen gingen und er mich kurz berührt hat … an das Gefühl, das die Berührung in mir ausgelöst hat. Und während ich daran denke, stellt sich dieses Gefühl wieder ein, so als habe mein Körper es sich aufgehoben, jederzeit bereit, es für mich herauszuholen. Wie ein Geschenk, das ich eigentlich gar nicht wollte.

»Verzaubert er dich gerade?«, spricht jemand mich von der Seite an.

Ich schrecke auf. Es ist Sandra. Sie kümmert sich die ganze Zeit schon um mich, ich soll mich wohl wie unter Freunden fühlen.

»Äh … was?«, stammle ich und spüre, wie ich dabei rot werde.

»Nichts«, sagt sie nur und lächelt.

Ich fühle mich ertappt.

»Setzen wir uns da hin«, sagt sie und zieht mich auf einen Stuhl.

Nachdem alle noch ein wenig gequatscht haben und Alexander auf seinem Handy herumgetippt hat, wendet er sich an die Gruppe und bittet um Ruhe. Es wird sofort still. Die Anspannung in mir wird stärker.

»Wie schon angekündigt«, sagt Alexander, »haben wir heute einen Gast unter uns. Das ist Leah, Noahs Schwester. Ein paar von euch hatten ja schon das Vergnügen.«

»Hi«, sage ich in die Runde und heb meine Hand.

»Hi«, hallt ein mehrstimmiges Echo zurück.

Jetzt werden mir noch mal alle namentlich vorgestellt: Milena, Undercut, der Friedrich heißt, mein Lotse Kurt, ein Typ mit Mondgesicht namens Baldur und ein Klaus, der unübersehbar in seiner Freizeit Hanteln stemmt. Ich wundere mich ein wenig über die altmodischen Namen.

Ich bin gespannt auf alles, was kommt. Es geht aber erst mal damit los, dass alle mir sagen, wie tief betroffen sie von dem sind, was Noah passiert ist, und wie leid es ihnen tut. Ich bedanke mich und wiegle ab.

Dann ergreift wieder Alexander das Wort.

»Ich hab dir ja schon erklärt, Leah, was wir hier tun. Wir diskutieren an jedem unserer Termine über ein Thema, und zwar von allen erdenklichen Seiten, das heißt ohne auf Political Correctness zu achten, immer radikal anders, ohne Scheuklappen und Denkverbote. Weil du heute unser Gast bist, darfst du das erste Thema vorgeben. Du wirst dann gleich sehen, wie die Diskussion hier läuft.«

Das kommt unerwartet. Ich hatte gedacht, ich sehe und höre erst mal zu, und nicht, dass ich gleich mitmachen muss. Nun fühle ich mich wie die Schülerin, die ihre Hausaufgaben nicht gemacht hat. Ein leiser Groll erwacht in mir. Will er mich etwa vorführen? Da fällt mir zum Glück doch etwas ein. Ich drücke den Rücken durch und sage mit möglichst fester Stimme: »Was ist ein guter Mensch? Oder anders gefragt: Was ist das Gute?«

»Wow«, sagt Alexander, »du gehst ja gleich auf die ganz großen Themen. Eine ausgezeichnete Frage. Was wäre deine eigene Antwort darauf?«

Ich überlege, dann sage ich: »Gut ist das, was den Menschen nützt. Was ihnen hilft. Sowohl dem Einzelnen wie auch der Gemeinschaft.«

»Advocatus Diaboli!«, ruft Alexander und deutet auf Undercut-Friedrich.

»Das Gute als solches gibt es überhaupt nicht«, sagt der wie aus der Pistole geschossen. »Was man darunter versteht, verändert sich, je nach Zeit und Gesellschaft. Für die Spartaner im alten Griechenland zum Beispiel war es gut, Krieg zu führen, weil ein Volk nur überlebt, wenn es seine Feinde erstens kennt und zweitens bekämpft. Bei ihnen durften deshalb nur die Starken überleben, die Schwachen wurden ausgemerzt. Unnütze Esser konnte man sich nicht leisten. So wie es die Natur auch macht, für die es weder gut noch böse gibt, sondern nur nützlich, stark, durchsetzungsfähig oder schwach, unnütz, schädlich für die Gemeinschaft. Gut ist daher keine Sache der Moral, Menschlichkeit bedeutet nicht Mitleid oder dass man die Schwachen aufpäppelt, so wie es die Gutmenschen meinen. Manchmal kann das Gute auch darin bestehen, dass man das Schwache absterben lässt und ausmerzt. Letzten Endes verwirklicht sich das Gute also weniger im Kleinen, Privaten, sondern immer im großen Ganzen, das heißt im Volk. Denn das Volk kann sich keine Schwäche erlauben, weil es sich ständig zwischen anderen Völkern behaupten muss.«

Okay, das widerspricht so ziemlich allem, was ich bisher gedacht habe. Klar ist mir allerdings eines: Undercut-Friedrich hat diesen Vortrag sicher nicht zum ersten Mal gehalten. Das kam so präzise, als hätte er seine Sätze irgendwo abgelesen. Oder einstudiert.

Alexander hat die ganze Zeit weiter mit ausgestrecktem Arm auf Friedrich gedeutet. Nun fährt sein anderer Arm hoch, er deutet auf mich und fragt: »Was erwiderst du?«

*Hey*, denke ich und schaue Alexander ärgerlich an, *wieso immer auf mich? Das ist total unfair! Ihr übt das seit einer Ewigkeit, ich bin nur Gast.* Alexander zwinkert mir frech zu. Und sein Finger zeigt so bedrohlich auf mich, als wollte er damit gleich mein Herz durchbohren. Nee, ich gebe nicht klein bei. Den Triumph gönne ich ihm nicht! Nur bin ich leider nicht so schlagfertig wie Friedrich.

»Keine Ahnung …«, nuschle ich erst, bis mir doch was einfällt: »Es gibt auch noch so was wie ein Gewissen. Und das Gewissen sagt einem, dass es richtig ist, Menschen in Not zu helfen. Egal, wer sie sind und woher sie kommen. Oder ob sie für irgendwas nützlich sind.«

Friedrich grinst überheblich, sein streberhaftes Getue geht mir langsam auf den Keks. »Das gute alte Gewissen ist formbar wie Kuchenteig. Glaubst du, die Spartaner hatten ein schlechtes Gewissen, wenn sie ein schwächliches Baby ausgesetzt haben?«

»Jetzt hör mal mit deinen Spartanern auf«, blaffe ich zurück, »das war vor zweitausend und noch mehr Jahren. Wir leben aber heute!«

»Eben.« Meine heftige Reaktion scheint ihm zu gefallen, jedenfalls grinst er gleich noch breiter. »Unsere Moral und unsere Gewissen sind uns nur von den Herrschenden eingeimpft, das sind die Stricke, mit denen sie uns wie die Schafe zur Schlachtbank führen. Lies mal Nietzsches *Jenseits von Gut und Böse* und *Der Wille zur Macht*.«

Jetzt kommt er mir auch noch mit Nietzsche!

»Ich wette, dass das alles Männer waren, die diese Gesetze gemacht haben. Eine Mutter wird zu keiner Zeit ihr Kind mit einem guten Gewissen weggeben oder sogar aussetzen, damit es stirbt.«

»Advocatus Diaboli!«, ruft Alexander, und der Arm, der eben noch auf Friedrich wies, wandert zu Milena.

»Gefühle sind Privatsache«, antwortet Milena. »Ein Volk muss überleben, und das kann es nur, wenn es gesund und stark ist. Es ist auch eine Frage der Gerechtigkeit. Ein krankes Kind beansprucht sehr viele Ressourcen, die dem gesunden fehlen. So wird auch das gesunde Kind geschwächt und mit ihm die ganze Gesellschaft. Es ist daher auch eine Frage der Gerechtigkeit. Und ist Gerechtigkeit nicht der Inbegriff des Guten?«

*Schön aufgesagt!*, denke ich.

»Und wenn es dein Kind wäre? Würdest du dann auch so reden?«

Mir wird erst im Nachhinein bewusst, dass ich laut geworden bin. Und ich schwitze wie in der Sauna.

»Darum geht es nicht«, kontert Milena. Sie ist die Ruhe selbst. »Das hab ich eben erklärt. Der Einzelne muss Opfer bringen, wenn es dem großen Ganzen dient.«

Bevor ich antworten könnte, grätscht Alexander rein. Er hat die Arme noch immer ausgestreckt, doch nun zeigt er seine Handflächen. »Lassen wir das mal so stehen.« Er lässt die Arme sinken, lächelt mich an und zwinkert mir sogar zu. »War ein bisschen unfair von mir, dich gleich ins kalte Wasser zu schubsen, Leah, aber jetzt hast du wenigstens gesehen, wie das bei uns läuft. Und du hast dich hervorragend geschlagen. Ich bin beeindruckt.«

Alexander klatscht und alle anderen fallen in den Applaus ein.

Keine Ahnung, wieso, aber die Anerkennung freut mich, ja, sie macht mich sogar ein bisschen stolz. Genau wie Sandras hochgereckter Daumen. Ich selbst hatte nicht den Eindruck, dass ich mich gut geschlagen hab. Ich hab mich eher wie unter einer Dampfwalze gefühlt. Aber jetzt fühlt es sich gut an.

»Du siehst aus, als könntest du was zu trinken gebrauchen«, sagt Sandra neben mir.

»Allerdings.« Ich wische mir den Schweiß von der Stirn.

Sie steht auf. »Komm.«

Ich hatte nicht gedacht, dass wir gleich jetzt gehen. Alle anderen offenbar schon, denn sie sehen uns abwartend an. Auf dem Weg nach draußen komme ich an Friedrich vorbei. »Ich hoffe, du nimmst es nicht persönlich, dass ich dich eben derart überrollt hab«, sagt er. »Es war nur in der Sache, nicht gegen dich persönlich.«

»Schon okay«, sag ich und frage mich gleichzeitig, ob das auch für sein höhnisches Grinsen gilt. »Ich bin nicht aus Zucker, ich halt schon was aus.«

»Das hab ich gesehen.«

Als wir draußen sind und an einem Tisch Platz genommen haben, merke ich erst, dass Milena auch gegangen ist. Da wird mir klar, was das Ganze zu bedeuten hat.

»Müssen die Frauen bei den Diskussionen immer raus?«, frage ich, und im gleichen Moment geht mir nicht nur ein zweites Licht auf, sondern ein ganzer Kronleuchter. »Seid ihr normalerweise bei den Diskussionen gar nicht dabei? Und nur heute wegen mir da?«

Sandra winkt ab, doch ich sehe ihr an, dass ihr das peinlich ist. Sie kann mir ja kaum in die Augen schauen. »Ach«, sagt sie, »wer will sich das schon antun: Typen, die sich am liebsten selbst reden hören.«

Die vornehme Zurückhaltung ist überhaupt nicht ihr Ding. Ich hätte nicht gedacht, dass sie sich so einfach fügt.

»Du musst ja nicht bloß zuhören«, gebe ich zurück. »Du kannst ja auch was dagegen sagen.«

»Wir haben sehr wohl was zu sagen«, fällt Milena ein. »Wir machen zum Beispiel viel Organisatorisches.«

»Schon klar«, sage ich sarkastisch. »Den Laden am Laufen halten, das war schon immer Frauensache. Damit die Herren der Schöpfung sich ums Wesentliche kümmern können.«

»Du verstehst das völlig falsch!« Während Sandra immer leiser wird, dreht Milena auf. »Wir haben das so beschlossen. Alle zusammen. Einstimmig.«

Umso schlimmer.

»Und wieso durfte ich dann dabei sein? Ich bin eine Frau und noch nicht mal eine von euch.«

»Alexander wollte das«, meldet sich Sandra wieder zu Wort. »Noah zuliebe. Damit du siehst, wer wir sind. Aber ich habe ihn gewarnt, dass du nichts von allem verstehen wirst.«

»Oder ich verstehe besser, als ihr denkt.«

»Tust du nicht.« Zum ersten Mal sieht Sandra mir wieder ins Gesicht. »Du hast da drinnen etwas sehr Richtiges gesagt: Eine Frau würde ihr Kind niemals opfern, auch nicht für das Wohl einer Gemeinschaft. Genau deshalb müssen Männer führen und die Entscheidungen treffen. Wir Frauen sind zu sehr mit dem Leben verbunden.«

»Das denkst du nicht wirklich, oder?«, frage ich sie zurück.

Doch bevor Sandra antworten kann, ruft Milena dazwischen: »Advocatus diaboli! Und damit gut jetzt!«

X

Am nächsten Morgen ruft Alexander an. Wir haben uns gestern nicht mehr gesehen, ich hab mich kurz nach der Diskussion mit Sandra verabschiedet. Ich kann nur schwer verstehen, dass eine so kluge Frau sich freiwillig so klein macht. Und Alexander muss das wohl auch gut und richtig finden. Schließlich wurde es *einstimmig* beschlossen, dass Frauen nichts zu sagen haben. Aber was habe ich erwartet? Was ich definitiv nicht erwartet habe: dass der Anruf wieder dieses Kribbeln in mir auslöst.

Nachdem ich es ein paarmal läuten lassen habe, nehme ich ab. Mein Herz pocht wie wild. Gegen meinen Willen. Verdammtes Herz!

»Hab gehört, ihr hattet gestern noch eine kleine Diskussion«, sagt Alexander mit dieser Stimme, die wie süßes Gift in mein Ohr fließt.

»Und du willst jetzt mit mir weiterdiskutieren?«, frage ich schnippisch.

Er lässt sich nicht aus der Ruhe bringen. »Wenn du möchtest, gerne.«

»Eher nicht.«

Wir schweigen. Ich könnte auflegen. Mich nie wieder bei ihm

melden. Seine weiteren Anrufe und Nachrichten, falls es überhaupt welche geben würde, einfach ignorieren.

»Auch wenn unsere Beschlüsse am Ende immer einstimmig sind«, bricht er die Stille, »heißt das nicht, dass wir alle dieselbe Meinung zu einer Sache haben.«

»Aber du bist doch der Chef bei euch. Der Führer, sozusagen.«

»Hey«, widerspricht er heftig, »wir sind keine Nazis! Mit Hitler haben wir nichts am Hut!«

Da ist er offensichtlich empfindlich. »Wie auch immer«, sage ich nur, erleichtert, dass er sich wenigstens davon distanziert, aber auch nicht zu sehr, denn da ist noch ein ganz großer Rest an Ansichten, die mich genauso abstoßen.

»Ich wollte dich fragen, ob du Lust hast, am Freitagabend zu uns zu kommen«, setzt er wieder ein, »zum Essen. Meine Eltern werden auch da sein. Sie haben Noah sehr gemocht und wollen dich kennenlernen. Keine Angst, sie beißen nicht. Du kannst das ganze Wochenende bleiben. Sandra möchte unbedingt mit dir ausreiten.«

Ich schäme mich ein wenig vor mir selbst, dass mich die Aussicht, mit einem Menschen, der in so vielen Dingen völlig anders denkt und fühlt als ich, in eine leichte Hochstimmung versetzt. Wo kommt das her? Und sollte das nicht ein Warnsignal sein? Dafür, dass ich mich schon viel zu sehr auf ihn eingelassen habe? Oder etwas in mir, ohne dass ich es so richtig gemerkt hab?

»Okay«, sag ich und versuche, es so beiläufig wie möglich klingen zu lassen. »Wann soll ich da sein?«

»Um sieben, wenn's geht.«

»Bis dann.«

Kaum hab ich das Handy weggelegt, da klingelt es gleich wieder. Diesmal ist es Eva. Hoffentlich nicht wieder irgendwas Schreckliches über Noah. Am liebsten würde ich gar nicht rangehen, tue es aber doch. Sie kann ja nichts dafür, wenn sie schlechte Botschaften überbringen muss, und meint es gut.

»Hi«, sagt sie. »Ich hoffe, ich störe nicht.«

»Nee, gar nicht. Was ist los?«

»Also … in der Redaktion sind sie auf die Idee gekommen …«, druckst sie herum, »na ja, weil Noah und ich und du natürlich auch … weil wir zusammen zur Schule gegangen sind … also, ob ich nicht so was wie ein persönliches Porträt über ihn schreiben könnte.«

»Gib zu, dass es deine Idee war«, sage ich im scherzhaften Ton.

»Okay. Ja. Stimmt.« Wir lachen beide. »Du klingst total relaxt. Gute Nachrichten von Noah?«

Dass sie Noah erwähnt, holt mich sofort wieder runter. Mir wird bewusst, dass mich die Aussicht auf ein Treffen mit dem Menschen beschwingt, der mindestens mitverantwortlich dafür ist, dass Noah seit Wochen auf der Intensivstation liegt.

»Nee, leider nichts Neues«, sage ich.

»Können wir uns mal treffen?«, fragt sie. »Wegen dem Artikel über Noah, meine ich.«

»Klar«, sage ich. »Allerdings hab ich die nächsten Tage einiges zu tun. Ich melde mich bei dir.«

»Super! Bis dann!«

Nachdenklich lege ich auf. Erst jetzt kommen mir Zweifel, ob Eva wirklich nur einen harmlosen Artikel über Noah schreiben will. Oder sucht sie vielleicht nach der letzten fehlenden Verbindung zwischen ihm und Platon?

X

Um kurz vor sieben erreiche ich den Pferdehof. Ich bin kaum ausgestiegen, da kommt Sandra schon zur Tür heraus und empfängt mich mit offenen Armen. So als hätte es unser Streitgespräch im *Leopold* nie gegeben.

Im Flur begegnet uns Alexander. Auf sein Gesicht tritt ein Lächeln, als er mich sieht. In mir macht ein kleiner Glücksfrosch einen Hüpfer. Die beiden bringen mich ins Esszimmer, wo mich ihr Vater erwartet: Günther Bornheim. Ein Mann mit grau meliertem Haar, obwohl er nicht viel älter als Papa sein dürfte, und auch der Dreitagebart sieht aus wie Salz und Pfeffer. Er trägt ein einfaches Leinenhemd und eine Cordhose. Sein Händedruck ist weich, fast ein wenig zaghaft. »Ich hoffe, Sie sind keiner von diesen Vegetariern«, sagt er. »Es gibt Hirschragout. Selbst geschossen, den Hirsch.«

»Ich esse Fleisch«, sage ich, »in Maßen.«

Nun kommt Frau Bornheim herein, mit einem freudigen, offenen Lächeln. Die Ähnlichkeit zwischen ihr und Sandra ist nicht zu übersehen. Sie ist anscheinend um einiges jünger als ihr Mann. Wir setzen uns alle, Frau Bornheim trägt das Essen auf,

Herr Bornheim schenkt den Wein ein. Wir stoßen an und trinken. Hirschragout, Rotwein – und ich mit einer weißen Bluse. Das geht normalerweise nicht gut. Muss es diesmal aber, ich will mich auf keinen Fall blamieren.

»Sie sind also die Schwester dieses tapferen jungen Mannes, den sie zusammengeschlagen haben«, sagt Herr Bornheim. »Schrecklich. Wie geht es ihm überhaupt?«

»Unverändert«, sage ich. »Zumindest keine Verschlechterung.«

Er schüttelt den Kopf. »Und da gibt es Leute, die noch immer nicht sehen wollen, was in diesem Land los ist. Dass wir im Krieg sind. Noch ist es ein Krieg in Zeitlupe. Weil die Bevölkerungsbombe sehr langsam explodiert. Dafür wird ihre Wirkung verheerender sein als die einer Atombombe.«

»Papa«, mahnt Alexander.

Sandra zuckt entschuldigend mit den Schultern. Ich lächle nur verlegen.

»Angeblich sind Sie auch eine von denen«, fährt Herr Bornheim unverdrossen fort und deutet mit seinem Messer auf mich.

»Von wem?«

»Die nicht sehen wollen, was in diesem Land passiert. Oder in ganz Europa. Zum Glück wachen viele Leute allmählich auf. Das sollten Sie auch, junge Dame. Machen Sie die Augen auf und schauen Sie sich um. Dann wird Ihnen keiner mehr was erklären müssen. Außer, Sie sind blind oder dumm. Oder beides.«

Ich esse stumm mein Ragout, obwohl mir allein schon der Ton von Herrn Bornheim gehörig gegen den Strich geht, von dem, was er sagt, ganz zu schweigen. Aber ich bin hier nur Gast und will mich nicht mit dem Hausherrn streiten. Diskussionen mit Leuten wie ihm sind sowieso die reinste Zeitverschwendung. Soll er glauben, was er will. Deshalb sage ich nur: »Das Essen schmeckt ausgezeichnet, Frau Bornheim. Und der Wein ist auch toll.«

Frau Bornheim bedankt sich mit einem Lächeln für mein Kompliment.

»Nehmen Sie es nicht persönlich, Leah.« Herr Bornheim neigt sich mir zu und zwinkert versöhnlich. »Ich glaube keineswegs, dass Sie dumm sind. Ihre Ansichten sind nur das Ergebnis einer verordneten Manipulation, durch die das Volk ruhig gehalten wird, damit die sogenannten Eliten machen können, was sie wollen. Aber diese Leute in der Politik und den herrschenden Medien haben ihr Blatt überreizt. Die Leute lassen sich das nicht länger gefallen. Die Wahrheit kommt ans Licht. Und die Menschen erheben sich.«

»Jetzt hör schon auf mit deiner Politik«, tadelt Frau Bornheim ihren Mann und wendet sich an mich. »Sandra hat mir erzählt, dass Sie gerade Ihr Abitur gemacht haben. Was haben Sie für Pläne?«

X

»Ich hab gesehen, wie du dich vorhin beim Essen beherrschen musstest«, sagt Alexander zu mir. Wir machen einen kleinen Spaziergang, während Sandra ihrer Mutter in der Küche hilft und Herr Bornheim noch ein Manuskript durchsehen muss, das bald in Druck gehen soll.

»Ich weiß nicht, was du meinst«, spiele ich auf sehr durchschaubare Weise die Ahnungslose.

»Du musst ihn entschuldigen. Er hat all das, was jetzt geschieht, schon vorhergesehen, als noch niemand daran dachte und man ihn deshalb als Spinner oder sogar Nazi abgestempelt hat. Jetzt gibt ihm das, was mit Noah passiert ist, einmal mehr recht, und er findet kein anderes Thema mehr.«

»Und ihr, du und Sandra, ihr seht das auch so wie er?«

»Nicht alles! Ich fürchte, mein Vater ist ein kleiner Rassist. Aber das sind wir nicht. Also, wir ADler. Jedes Volk hat seinen Wert. Seine Eigenart. Seine Identität. Eine Vermischung schadet allen. Deshalb ist es ja auch so, dass jedes Volk sein eigenes Land hat. Was ich so schrecklich finde, ist diese Gleichmacherei von aller Verschiedenheit. Am Ende weiß niemand mehr, wer er eigentlich ist. Für gewisse Kreise ist das natürlich von Vorteil. Ein entwurzeltes Volk ist wie Knetmasse in der Hand. Es lässt sich alles daraus formen, was man will: dumme Konsumzombies, Billigarbeiter, Stimmvieh bei sogenannten Wahlen.« Er bleibt stehen. »Na super! Eben entschuldige ich mich noch für meinen Alten und jetzt quatsch ich dich selbst mit Politikkram zu. Sorry!«

»Schon gut.«

Ich sage das, obwohl natürlich gar nichts gut ist. Zumindest nichts von dem, was er sagt. Das alles ist so weit weg von allem, was ich bisher gedacht habe, dass ich ihm gar nicht zuhören dürfte. Ich müsste ihn mit Gegenargumenten bombardieren, die er alle schon gehört und auf die er Antworten parat hat. Steffi würde wahrscheinlich explodieren vor Wut. Aber ich bin nicht Steffi. Ich mag nicht, was Alexander sagt. Doch ich mag ihn irgendwie. Zu meinem eigenen Erstaunen geht das.

Und was ist mit Noah? Er hat sich von den ADlern gelöst, hat Alexander behauptet. Weil er Taten statt Worte wollte. Ich glaube Alexander das. Vielleicht will ich es auch nur glauben. Alexander, die ADler, sie waren vielleicht nur eine Station auf Noahs Weg. So wie ich auch zu einer wurde, der ersten vielleicht, als ich ihm das Gefühl gab, dass er für mich nicht mehr so wichtig sei.

»Warum bist du so still?«, fragt Alexander. »Was geht dir im Kopf rum?«

»Warst du mit Noah eigentlich auch hier?«, frage ich.

»Waren wir. Und du wirst lachen, wir sind genau wie du und ich hier im Garten rumspaziert und haben exakt dasselbe Gespräch geführt. Es ist für mich das reinste Déjà-vu. Ich schwör's dir!«

»Ich kann mir schon vorstellen, was Noah gesagt hat.«

»So? Dann lass mal hören.«

»Er hat wahrscheinlich so argumentiert: Es gibt kulturelle Unterschiede zwischen den Menschen, doch alle sollten trotzdem gleiche Rechte haben. Alle Menschen sind gleich. Steht ja auch im Grundgesetz.«

Ich habe versucht, Noahs Art zu reden nachzuahmen. Alexander muss lachen, dann antwortet er ganz ernst: »Vor dem

Gesetz sind alle Menschen gleich, heißt es. Aber ist es wirklich so? Schau dich doch um. Ein Bankmanager kann mit windigen Geschäften den Leuten Milliarden aus der Tasche ziehen, ihm passiert nichts, er kriegt sogar noch einen fetten Bonus auf sein sowieso schon fettes Gehalt obendrauf. Doch wehe, du klaust in einem Laden ein Stück Brot. Dann rücken sofort die Bullen an.«

»Okay, ich behaupte nicht, dass es immer gerecht zugeht. Trotzdem ist es im Prinzip richtig, wenn alle Menschen als gleich angesehen werden.«

»Advocatus Diaboli!«, ruft Alexander mit einem scherzhaften Unterton und fährt fort: »Schon von Natur aus sind die Menschen nicht alle gleich. Es gibt Männer und Frauen, Alte, Kinder, Jugendliche, Kluge und Dumme, Ehrliche und Verbrecher, Starke und Schwache. Ist es nicht sogar ungerecht, sie alle gleich zu behandeln? Sollen die Dummen über die Klugen regieren, die Verbrecher über die Gerechten? Na ja, wenn du mich fragst, passiert das bei uns gerade. Gleichmacherei ist Völkermord! Deshalb ist die Natur auch nicht demokratisch. Sie hat ein einfaches, klares Prinzip eingerichtet: Der Stärkere, Bessere, Schlauere setzt sich durch.«

»Und wo bleibt in deiner Rechnung das Mitgefühl?«, falle ich ihm, nun nicht mehr im Noah-Ton, hitzig ins Wort. »Die Hilfsbereitschaft? Die Liebe?«

Das Wort *Liebe* schwebt noch eine kleine Weile in der Stille, die Alexander lässt.

»Du hast recht«, sagt er schließlich. »Die Liebe darf man nie vergessen. Ohne die Liebe ist alles nichts.«

»Schön, dass wir uns wenigstens darin einig sind«, antworte ich.

»Kann ich dich was fragen?«, sage ich nach kurzem Schweigen.

»Klar. Alles.«

»Versteh mich nicht falsch. Aber ich kann mir nicht vorstellen, wie du zu dem geworden bist, der du bist. Ich meine, deine Ansichten und so. Du hast doch alles. Kein Grund, jemanden zu hassen. Oder unzufrieden zu sein. Weil … auf der anderen Seite spüre ich, dass du ein wunderbarer Mensch bist. Jemand, den ich mögen könnte. Ist es einfach die Erziehung, oder was ist es?«

Er bleibt eine Weile stumm, seine Miene ernst, so als müsse er ernsthaft überlegen, weil darauf keine seiner Antworten passt, die er sonst wie Asse aus dem Ärmel zieht.

»Klar ist es auch mein Vater«, sagt er schließlich. »Vor allem ist es aber Überzeugung. Ich plappere nicht nur nach, ich hab selbst nachgedacht. Außerdem hasse ich niemanden. Auch meine Gegner nicht. Sonst wärst du nicht hier. Und bei dir? Wie ist es bei dir? Wo kommen deine Überzeugungen her?«

Auch ich muss überlegen. Es ist ähnlich wie bei ihm. Eltern, Lehrer, Vorbilder. Noah natürlich. Steffi. Eigene Gedanken, Erfahrungen.

»Siehst du«, sagt er, noch bevor ich antworten kann.

»Das kann doch nicht heißen, dass je nach Blickwinkel alles richtig und wahr sein kann.«

»Nein. Es kann nur eine Wahrheit geben.«

Wir sehen uns tief in die Augen. Mein Herz schlägt auf einmal wild. Wir stehen da, eingehüllt in tiefes Schweigen. Bis Alexander schließlich sagt: »Gehen wir ins Haus zurück. Sandra wartet bestimmt schon auf uns. Sie will auch noch was von dir haben.«

Ein Teil von mir ist enttäuscht, dass er die Magie zerstört. Ein anderer Teil ist erleichtert.

X

Der nächste Tag soll Sandra und mir gehören. Zumindest der Vormittag, wenn wir ausreiten. Alexander kommt später vielleicht dazu. Nach dem Frühstück gehen wir in den Stall, Sandra hat mir ein Pferd ausgesucht, das meinen ungeübten Reitfähigkeiten entspricht. Als Mädchen hatte ich Reitstunden, aber nur für zwei Jahre, danach hab ich auf keinem Pferd mehr gesessen. »Mila ist total friedlich«, versichert Sandra mir angesichts der braunen Stute mit den großen, sanften Augen. »Neben der könnte eine Bombe explodieren, das rührt sie kein bisschen.«

Sandra borgt mir Reitstiefel. Sie passen ziemlich gut, nur der linke drückt ein wenig.

Sandra hilft mir beim Aufsteigen. Mila bewegt sich ein bisschen unter mir, bleibt aber ruhig. Als ich fest im Sattel sitze, weiß ich wieder, warum mir das Reiten früher so viel Spaß gemacht hat. Vielleicht sollte ich es künftig öfter machen.

Als Sandra losreitet, setzt Mila sich auch in Bewegung, ich muss gar nicht viel machen. Sandra lobt meine Haltung. Scheint, als hätte ich nicht viel vergessen.

»Du und Alexander«, beginnt Sandra, nachdem der Hof ein gutes Stück hinter uns liegt, »ihr wart gestern nach dem Essen lange spazieren. Spannende Themen?«

Sie schaut mich verschwörerisch an.

»Wir hatten eine kleine Diskussion«, antworte ich vage. »Advocatus-Diaboli-mäßig, wenn du verstehst.«

Sie nickt. »Ich glaube, Alexander mag dich. Er ist schon ziemlich lange allein, weißt du. Es würde ihm guttun, mal wieder mit jemandem zusammen zu sein.« Sie dreht sich zu mir und lacht. »Sorry. Ich sollte mich nicht einmischen. Wollte ich auch nicht. Vergiss einfach, was ich gesagt hab.«

Das wird schwer möglich sein. Und das weiß sie ganz genau. Also lieber Themenwechsel, bevor es peinlich für mich wird.

»Darf ich dich mal was fragen, Sandra?«

»Klar.«

»Eure Namen. Alexander und Alexandra. Ist das nicht komisch, wenn ihr praktisch gleich heißt?«

Sandra lacht auf. »Ich heiße nicht Alexandra, sondern nur Sandra. Das ist mein Taufname. Aber klar, der Bezug zu Alexander ist trotzdem da. Papa ist halt total verliebt in diesen Namen. Er ist ein Fan von Alexander dem Großen und überhaupt der Antike. Wir haben aber beide noch weitere Namen. Ich: Elena Claudia. Und Alexander noch Philipp Marcus.« Sie sieht mich an. »Was meinst du? Sollen wir mal die Gangart wechseln und ein bisschen Tempo machen?«

Wir traben über eine Wiese, die von einem Kiefernwald begrenzt wird. Es geht ganz gut. Und weckt mein Reitfieber noch ein bisschen mehr. Am Wald kehren wir in den Schritt zurück und tauchen in den Schatten der Bäume ein. Hier ist es auch gleich angenehm kühl.

»Warst du mit Noah auch mal ausreiten?«, frage ich. Als ich mit dem Reiten angefangen habe, wollte Noah natürlich dabei sein. Wir haben alles zusammen gemacht.

»Nur zwei- oder dreimal«, antwortet Sandra knapp.

»Und sonst?«, bohre ich nach.

»Was sonst?«

»Wie ist euer Verhältnis? Wie gut kennt ihr euch?«

»Wir sind Freunde«, sagt sie in einem Ton, als wäre alles andere völlig abwegig. »Nicht so eng wie er und Alexander.« Sie zögert und fügt dann hinzu: »Obwohl es zwischen den beiden zuletzt ein bisschen abgekühlt ist.«

»Das hat Alexander erwähnt. Hat Noah die Gruppe wieder verlassen?«

»Nicht offiziell. Er kam nur nicht mehr regelmäßig zu den Treffen und irgendwann haben wir ihn gar nicht mehr gesehen.«

»Wusstest du, dass er ein Videotagebuch führt?«

»Wirklich? Nein, wusste ich nicht. Das ist ja auch etwas sehr Intimes. So was erzählt man nicht unbedingt rum.«

»Stimmt. Ich wusste auch nichts davon. Bis mir jemand einen Auszug daraus geschickt hat. Anonym.«

»Echt?« Sie wirkt ehrlich überrascht, als sie mich jetzt ansieht. »Ist ja krass. Ich hoffe, du warst schon bei der Polizei. Die können den Absender vielleicht feststellen, mit ihren technischen Möglichkeiten.«

»Klar war ich dort. Aber sie haben nichts rausgefunden. Es war auch nur einmal.« Sie muss nicht alles wissen.

»Ein Videotagebuch, sagst du? Dann hat bestimmt jemand seinen Computer gehackt. Anders kommt man ja nicht an so was ran.«

Computer. Sie hat Computer gesagt, nicht Handy. Kein Beweis, aber ein Indiz, dass sie wirklich nichts von Noahs Vlog weiß.

»Und was wollte der, der dir das geschickt hat?«

»Gar nichts. Das ist ja das Komische.«

»Dann war es wahrscheinlich nur eine Machtdemonstration. Oder es kommt noch was. Man fragt sich, was in solchen Leuten vorgeht. Du solltest es ignorieren.«

»Mach ich auch. Du behältst das aber für dich, ja? Außer dir hab ich noch niemandem davon erzählt.«

»Oh, dein Vertrauen ehrt mich. Keine Sorge, von mir erfährt keiner was.«

Dass ich eigentlich nur ihre Reaktion testen wollte, muss sie ja nicht wissen. Jetzt kann ich feststellen: Entweder sie ist eine sehr überzeugende Schauspielerin, oder sie weiß wirklich nichts von Noahs Vlog und den Auszügen, die ich krieg. Ihre Überraschung wirkte echt.

»Lust auf ein kleines Rennen?«, fragt Sandra da. »Wer zuerst an der Wiese ist!«

Sie wartet meine Antwort nicht ab, sondern tritt ihrem Pferd in die Flanken und schießt davon. Offenbar ist sie nicht daran interessiert, unser Gespräch über Noah fortzusetzen.

# X

Am Abend kommen die anderen ADler zum Filmgucken. Ich werde begrüßt, als wäre ich schon eine von ihnen, dabei bin ich weiterhin nur Gast. Heute sind keine Schwarz-Weiß-Klamotten angesagt, alle erscheinen in lässigen Outfits, genau richtig zum Chillen: Shorts, Shirts, Flipflops oder Sneakers. Sie riechen nach Badesee und Grillparty. Milena trägt ihr Haar offen, auf der Nase und auf den Wangen hat sie einen leichten Sonnenbrand. Ich habe nach dem Ausritt geduscht und passe im luftigen Shirt und Rock zumindest outfitmäßig zu den anderen.

Alexander fragt mich gleich mehrmals, ob es mir gut geht, und ich muss zugeben, dass es mir gefällt, wie er sich einerseits um mich bemüht, mir aber andererseits den Freiraum lässt, Abstand zu den anderen zu wahren.

Ich folge der Gruppe in einen Raum, an dem mehrere Türen zu einer Terrasse hin offen stehen, sodass es angenehm kühl ist. Während sich die Jungs munter quatschend in bequeme Sessel und auf ein Sofa fallen lassen, bleibe ich stehen. Sandra geht zur Hausbar und ruft: »Wer will ein Bier?« Alle Hände schießen hoch, nur ich behalte meine unten. Sandra holt so viele Flaschen, wie sie tragen kann, aus einem Kühlschrank, und eine nach der anderen geht zischend auf. Ein Glas braucht hier offenbar niemand. Alexander wirft Chipstüten wie Bälle durch den Raum. Ich stelle mir Noah zwischen ihnen vor, doch ich krieg es nicht zusammen. Noah war nie der Gruppentyp. All das Abklatschen, Witzereißen, Zuprosten – das ist er nicht.

*Oder bist du hier dazu geworden? Haben sie dich auf diesem Weg gekriegt?*

»Was ist mit dir?«, fragt Milena, hält mir eine Flasche hin und klopft mit der Hand auf den freien Platz neben sich.

Ich zögere. Mich kriegen sie auf die Weise nicht. Dann fällt mein Blick auf Alexander. Er schaut auch gerade zu mir, lächelt und sofort ist die Spannung wieder da.

»Na, komm«, sagt Milena, »nicht so schüchtern.«

Sie nimmt meine Hand und zieht mich runter auf den Platz neben sich. Ich will keine Spaßbremse sein, nehme die Flasche, wir stoßen an und trinken.

»Film ab!«, ruft Undercut-Friedrich, und alle folgen im Chor: »Film ab! Film ab! Film ab!«

Alexander geht hinter die Bar. Ein Beamer an der Decke geht an und wirft grelles Licht auf die weiße Wand gegenüber.

»Was sehen wir uns an?«, frage ich Milena.

»Was wir immer ansehen. *300.*«

Wieso wundert es mich nicht, dass es ausgerechnet der sein muss? Zumindest verstehe ich jetzt, warum Friedrich in der Diskussion dauernd Spartaner als Beispiel gebracht hat. Ich hab den Film vor langer Zeit gesehen. Dreihundert Spartaner gegen eine Übermacht von Persern, wenn ich mich nicht irre. Ansonsten lediglich viel Blut, viel muskelstrotzendes Heldentum, viel todessehnsüchtiges Pathos und am Ende sind alle Spartaner tot. In cooler Graphic-Novel-Optik, das muss ich zugeben. Trotzdem nicht mein Ding. Zu viel Testosteron und Gewalt.

Alexander startet den Film und macht das Licht aus.

Je mehr ich sehe, desto mehr fällt mir wieder ein. Und dann kommt die berühmte Szene, in der Sparta sich unterwerfen soll, der Spartaner-König sich aber verweigert und der persische Gesandte antwortet: *This is madness*. Daraufhin gibt der König dem Gesandten einen Tritt, sodass der in einen unendlich tiefen Schacht fällt, und im gleichen Moment reißen alle ADler ihre Bierflaschen hoch und rufen mit dem König: »*THIS IS SPARTA!*«

Ich hab genug gesehen, zupfe Milena am Ärmel und klinke mich mit der Entschuldigung aus, dass ich an die frische Luft muss, weil mir flau im Magen ist. Ich verschwinde leise nach draußen auf die Terrasse, gehe ein Stück in den sich nun rasch verdunkelnden Obstgarten hinein. Die Grillen sind so laut, dass ihr Zirpen die Geräusche aus dem Haus fast überdeckt.

»Alles okay?«, fragt plötzlich jemand aus dem Dunkel hinter mir.

Ich bleibe stehen und drehe mich um. Es ist Alexander. Bin ich überrascht? Nicht wirklich. Bin ich erfreut? Ja! Irgendwie.

»Alles gut«, sage ich. »Ist nur nicht die Art Film, auf die ich steh.«

»Ich hatte heute eigentlich auch keine Lust drauf. Ich bin viel lieber hier mit dir.«

Wir stehen einander schweigend gegenüber. Die Dunkelheit hüllt uns mehr und mehr ein. Zieht sich um uns immer enger zusammen. Ohne seine Augen von mir zu lassen, kommt Alexander einen Schritt näher. Dann noch einen. Und noch einen. Bis er so dicht vor mir steht, dass zwischen unsere Körper keine

Hand mehr passt. Die ganze Zeit will ich etwas sagen, ich weiß bloß nicht, was. Soll er gehen? Oder bleiben? Irgendwann erübrigt sich die Frage, die Dinge nehmen ihren Lauf, einfach so, wie sie es wollen, scheinbar ohne unser Zutun. Er berührt mit seinen Fingerspitzen meine Wangen, streicht mir eine Haarsträhne aus dem Gesicht. Seine Lippen nähern sich den meinen. Ich weiß, dass ich es nicht zulassen sollte. Aber das, was ich will, ist etwas ganz anderes. Ich will, dass er noch näher kommt, dass er mich küsst und an sich drückt, und genau das tut er dann auch, und es ist einfach nur schön und intensiv und überwältigend. Und ich vergesse alles Sollen und Wollen, öffne mich ganz diesem Moment und lasse mich hineinfallen wie in einen tiefen Abgrund.

X

»Du bist mir ja vielleicht eine«, sagt Sandra. Ihre Stimme ist irgendwo über mir, ganz nah und gleichzeitig ganz weit weg.

Verschlafen zwinkere ich in das schon helle Zimmer. Ich bringe kein Wort raus, nur ein tiefes Stöhnen, weil ich am liebsten noch weiterschlafen möchte. Die letzte Nacht war leider ziemlich kurz. Zu vieles, das mich wach hielt.

Sandra stupst mich an. »Was andere Mädels in wochenlangen Bemühungen nicht geschafft haben, machst du an nicht mal einem ganzen Wochenende klar.«

Wieso geht sie nicht einfach weg und lässt mich in Ruhe?

Sandra kennt kein Mitleid. Wie festgetackert steht sie neben meinem Bett. Mühevoll rapple ich mich ein wenig auf, wische mir die Haare aus dem Gesicht und schaue sie aus kleinen Augen an. »Ich weiß nicht, was du meinst.«

»Oh, bitte! Es war doch so was von offensichtlich, was ihr da draußen im Garten gemacht habt!« Sie zieht mir die Decke weg. »Außerdem hat Alexander mir alles erzählt. Und jetzt bitte schön deine Version der Ereignisse. In allen Einzelheiten!«

In diesem Moment hasse ich sie! Fürs Aufwecken. Fürs Deckewegziehen! Und für dieses Grinsen, mit dem sie mich ansieht, als gäbe es schon irgendwas zu verkünden oder gar zu feiern. Was will sie von mir? Es gibt nichts, was ich ihr sagen möchte. Alexander und ich haben uns geküsst, ziemlich lange, und das war richtig gut, und ja, es hat Lust auf mehr gemacht. Aber nicht das hat mich die halbe Nacht wach gehalten, sondern der andere Alexander, der all diese Dinge sagt und tut, die ich nicht gutheißen kann, und ich habe keine Ahnung, wie sich der eine mit dem anderen jemals zu einem Ganzen verbinden lassen könnte. Darüber kann und will ich mit Sandra nicht reden, deshalb sage ich nur: »Sorry, eine echte Lady schweigt und genießt.«

»Gute Antwort.« Zufrieden mit mir, lächelt sie. »Komm, frühstücken wir. Die Pferde warten schon.«

Wenigstens bin ich jetzt halbwegs wach. Und kann ihr mitteilen, was ich in der Nacht beschlossen habe. »Nee du«, sage ich, »heute lieber nicht. Mir tut von gestern noch der Hintern weh. Außerdem muss ich nach Hause. Mama braucht heute ihr Auto.« Das Letzte ist gelogen. Ich will nur weg, weil mir das alles zu viel wird. Will für mich sein und in Ruhe nachdenken.

Sandra macht ein enttäuschtes Gesicht. »Du frühstückst doch hoffentlich noch mit uns?«

»Okay.«

Sie verschwindet, damit ich duschen kann. Während das Wasser auf mich herabregnet, spüre ich auf einmal wieder Alexanders Lippen auf den meinen und seine Hände an meinem Körper, und allein die Vorstellung wühlt mein Innerstes auf. Ich hätte es nicht zulassen dürfen. Weil es doch von Anfang an klar war, dass es so sein würde. Seit dem ersten Blick in diese blauen Augen. Und nun stehe ich hier und weiß nicht weiter. Alles spricht dagegen, sich auf so einen Typen einzulassen. Einen mit solchen Ansichten. Solchen Einstellungen. So einer Familie und solchen Freunden. Ja, alles, wirklich alles spricht dagegen. Bis auf dieses Gefühl in mir, dieses Verlangen nach mehr.

Ich trockne mich rasch ab und ziehe mich an.

Am Frühstückstisch werde ich schon von der Familie erwartet. Nur Alexander fehlt. Halb bin ich erleichtert, halb enttäuscht.

»Wenn er gewusst hätte, dass du gleich fährst, wäre er sicher geblieben«, sagt Sandra und zwinkert mir zu, während ihre ahnungslosen Eltern Brötchen schmieren und Kaffee schlürfen.

»Wo ist er denn?«, frage ich.

»Irgendwas erledigen«, antwortet Sandra vage.

»Ich habe etwas für Sie vorbereitet«, sagt Herr Bornheim nach einer Weile und deutet auf eine Kommode hinter sich. Dort liegt ein Stapel Bücher und Broschüren. »Sie scheinen mir eine kluge junge Frau zu sein, der es bislang nur an den richtigen

Informationsquellen mangelt. In diesen Büchern steht alles, was Sie wissen müssen, um zu verstehen, was vorgeht. Lesen Sie, verstehen Sie – und dann handeln Sie entsprechend. Es geht schließlich um Ihre Zukunft.«

Der Typ geht mir mit seiner oberlehrerhaften Art heute noch mehr auf die Nerven als gestern. »Schon klar«, murmle ich nur.

»Papa«, kommt Sandra mir zu Hilfe, »keine Predigt beim Frühstück. Auch nicht am Sonntag.«

»Ja, ja«, sagt er nur, »ich bin schon wieder still.«

X

Meine Sachen sind gepackt und im Kofferraum von Mamas Auto. Die Hoffnung, ich könnte die Bücher auf der Kommode *vergessen*, hat sich leider zerschlagen, Herr Bornheim persönlich hat sie mir in eine Jutetasche gepackt und hinterhergetragen. Nun liegen sie auf dem Rücksitz, und ich weiß noch nicht, ob ich sie mit nach Hause nehme oder nicht noch einen Zwischenstopp an einem Altpapiercontainer einlege.

Ich bedanke mich bei Herrn und Frau Bornheim, will mich von beiden per Handschlag verabschieden, doch Frau Bornheim umarmt mich. »Das war wirklich schön«, sagt sie, »komm recht bald wieder.«

Sie verschwinden ins Haus, Sandra und ich bleiben allein zurück. Ich hab ihr inzwischen verziehen, dass sie mich so unsanft geweckt hat. Im Nachhinein war es gut, so bin ich weg, bevor Alexander zurück ist.

»Wir sehen uns«, sagt sie, »entweder hier oder im *Leopold* oder wann immer du willst.«

Ich nicke. Es fällt mir schwer, was zu sagen, weil meine Gefühle zu widersprüchlich sind. Ich will zugleich bleiben und gehen, würde gern mehr Zeit mit Alexander verbringen und habe Angst davor, ihn wiederzusehen.

Wir umarmen uns lange und fest, wie alte Freundinnen, die sich ewig nicht sehen werden. Aber wir sind keine Freundinnen. So wenig, wie Alexander und ich ein Liebespaar sind. Das alles kommt mir total unwirklich vor. Ich selbst komme mir unwirklich vor, wie eine Schauspielerin, die sich selbst spielt. Sandra kommt mit bis ans Auto. Ich bin schon eingestiegen und hab den Motor angelassen, da klopft sie an die Scheibe.

»Eins noch«, sagt sie, nachdem ich das Fenster geöffnet habe. »Alexander verliebt sich nicht leicht, aber wenn, dann richtig. Ich fürchte, das könnte mit dir passieren. Wenn es dir nicht ernst ist, lass es lieber. Aber gib ihm eine Chance. Einen besseren, ehrlicheren, treueren Typen wirst du nicht finden.«

Ich bleibe stumm. Nicke nur.

Dann fahre ich los. Während ich mich entferne, schaue ich mehrmals in den Rückspiegel, bis der Hof nicht mehr zu sehen ist. Sandras Worte schwirren mir im Kopf herum. Sie meint also, Alexander könnte sich in mich verliebt haben. Das ist genau das, was ich gestern gespürt hab. Das macht es nicht leichter. Auch nicht, dass sie mich offenbar akzeptieren, ja dass sie sich freuen würde, wenn Alexander und ich ein Paar würden. Ich bereue schon, dass ich so plötzlich aufgebrochen bin. Alexander wird vermutlich denken, ich sei vor ihm geflüchtet. Bin ich das nicht auch? Nein, es war richtig, zu gehen. Die einzig mögliche Entscheidung. Ich drücke aufs Gas. Was sollte ich antworten, wenn er mich fragt, was das gestern zu bedeuten hatte? Ob es mir ernst ist?

Ich darf nicht vergessen, wer und was er ist. Wie viel Mitschuld er an Noahs Zustand trägt, weiß ich noch nicht, aber er ist auf keinen Fall unschuldig. Und das ist unverzeihlich. Und verzeihen müsste ich doch, um mehr zuzulassen. Dass sollte mein dummes Herz kapieren.

X

Ich biege auf den Parkplatz vor dem Krankenhaus ein. Obwohl es erst mittags ist, ist er schon gut gefüllt. Es war eine gute Entscheidung, hierherzukommen, denn ich gehöre an Noahs Seite, sollte ihm beistehen. Und vielleicht befreit mich das von meinen kranken Gefühlen und ich komme wieder auf den richtigen Weg zurück.

*Ich bin losgezogen, um zu verstehen, was mit dir passiert ist, Noah, nicht, damit ich mich verliebe. Ich darf dich nicht schon wieder vernachlässigen. Es soll mir nie wieder passieren.*

Doch dann sehe ich Papas Wagen. Mist! Ich hätte es mir denken können. Sie sind bis jetzt jeden Sonntag zu Noah gefahren, nur eigentlich erst am Nachmittag. Dabei wollte ich mit Noah allein sein. Wenn ich jetzt zu ihm gehe, bombardiert Mama mich bestimmt mit tausend Fragen, wo ich gewesen bin.

Während ich überlege, was ich tun soll, jagt mir das Klingeln meines Handys einen Riesenschreck ein. Alexander? Doch als ich nachschaue, steht dort ein anderer Name: *Eva*.

»Ich dachte, ich melde mich mal«, zwitschert sie in mein Ohr. »Du weißt schon, wir hatten ja ausgemacht, dass wir uns treffen.«

Ausgemacht war, dass ich mich melde, und unser Gespräch ist erst ein paar Tage her. Doch das lasse ich unerwähnt, irgendwie ist es mir sogar recht, dass sie anruft und mich ablenkt. »Was hältst du davon, wenn wir uns gleich treffen?«, schlage ich vor.

»Mensch, das wäre super!«

»Wieder im *Café Berlin*?«

»Bitte kein Café! Ich komme gerade von einem Brunch. Was hältst du von unserm Gymi? Ein kleiner Spaziergang in die Vergangenheit?« Sie lacht.

»Klingt nett. In einer halben Stunde?«

Während der Fahrt beschließe ich, dass ich Eva nur Sachen sage, die sie ohnehin schon weiß. Keine persönlichen Details. Nur langweiliges Zeug, das niemand veröffentlichen wird. Als ich vor meiner ehemaligen Schule anhalte, ist sie noch nicht da. Ich parke an der Straße und bleibe erst mal im Wagen sitzen. Plötzlich klopft es an mein Fenster. Ich zucke zusammen. Es ist Eva.

»Echt toll, dass du dir Zeit nimmst«, sagt sie, als ich aussteige.

»Kein Problem.«

Ohne dass jemand die Richtung vorgibt, schlendern wir auf den Pausenhof zu. Eingelaufene Wege, denen die Beine immer noch ganz von allein folgen.

»Nicht dass du denkst, ich will mich auf Kosten von Noah hervortun«, verkündet Eva, obwohl ich kein Wort gesagt hab. »Noah war immer was Besonderes für mich.«

»Inwiefern eigentlich?«

»Na ja …« Sie lacht und wird ein bisschen rot. »Eine Zeit lang hätte ich mir mehr vorstellen können. Wir haben sogar mal rumgeknutscht. Vor über einem Jahr auf 'ner Party. Wir hatten beide ziemlich was getrunken. Ich weiß noch, dass Noah ein guter Küsser ist.« Sie guckt mich von der Seite an und verzieht das Gesicht. »Autsch! Nicht die Art von Sache, die man über seinen Bruder wissen will, oder?«

*Ich hab in letzter Zeit Schlimmeres erfahren*, denke ich und winke ab. »Schon okay. Davon hat Noah mir gar nichts erzählt.«

»Kann ich mir denken. Er ist keiner, der mit so was rumprahlt. Vielleicht hatte er mehr Geheimnisse, als du ahnst.« Sie grinst, so als würde sie nicht nur dieses eine kennen. »Ich hab euch beide immer beneidet«, redet Eva weiter. »Ich bin Einzelkind. Hab nie was vermisst oder so, war echt okay. Aber wenn ich euch beide in der Schule gesehen hab, wie nah ihr euch seid …«

Es tut weh, das zu hören, weil es nicht mehr so ist und vielleicht nie mehr so sein wird. Meine Kehle wird eng, ich schlucke die Trauer runter, denn ich will nicht vor Eva anfangen zu heulen.

Wir kommen auf den Schulhof, meine Schulzeit ist noch nicht lange genug her, dass ich sentimental werden müsste, und trotzdem kommt es mir vor, als trenne mich eine Ewigkeit von den unbeschwerten Tagen hier. Wir setzen uns auf eine der Bänke unter den Ahornbäumen.

Eva zieht ihr Handy aus der Hosentasche. »Stört es dich, wenn ich unser Gespräch aufzeichne? Nur für später, als Erinnerungsstütze.«

»Äh …«, mache ich nur, weil ich so überrascht bin, und antworte, vielleicht ein wenig zu schnell: »Klar. Kein Problem.« Irgendwie ist das unangenehm, obwohl es eigentlich keinen Grund dafür gibt.

Die Fragen, die sie mir stellt, sind total unverfänglich. Ich erzähle ein paar Storys aus unserer Kindheit, aus der Schule, was Noah mochte und was nicht, wie er über dies und das dachte. Seine Pläne für die Zukunft.

»Er wollte Anwalt werden«, sage ich, »aber welche Zukunft er jetzt haben wird, weiß niemand. Hängt davon ab, ob er bleibende Schäden davonträgt.«

»Sorry«, sagt Eva und nimmt meine Hand. Wir sehen uns einen Moment schweigend an. Ihr Mitgefühl ist echt. Vielleicht ist Eva netter, als ich dachte. Ich hatte immer das Gefühl, dass sie gerne meine Freundin wäre, aber irgendwie hat es für mich nicht gepasst. Vielleicht sollte ich ihr eine Chance geben.

»Da ist etwas, was ich dir erzählen möchte«, sagt sie plötzlich. »Eine Sache, die schon eine Weile her ist. Ich hatte es schon vergessen.«

»Was denn?«

»Es geht um eine zufällige Begegnung mit Noah. Noch vorm

Abi. Da sind wir uns mal in der Stadt über den Weg gelaufen. Er kam aus einem Café. War gut drauf, und ich hab ihn gefragt, wie es ihm geht, was er treibt und so, und er meinte, er wäre gerade bei einem Meeting mit total interessanten Leuten gewesen. Leute, mit denen man ganz anders über Politik reden könne. Ich hab nicht weiter nachgefragt, ich dachte, wohl wieder was wegen Flüchtlingshilfe oder gegen Rechts oder so, ich musste auch gleich weiter. Jetzt ist mir wieder eingefallen, wie das Café hieß. *Café Leopold.*«

Sie macht eine Pause, erwartet eine Reaktion von mir. Ich hoffe, mein Pokerface hält, während mir gerade das Herz in die Hose rutscht. »Nie gehört«, lüge ich. »Und von irgendwelchen Treffen weiß ich auch nichts.«

»Ich hab ein wenig rumgefragt, und es heißt, dass sich dort anscheinend stark rechtslastige Typen treffen.«

Erwischt! Mir wird schlagartig heiß. Was soll ich antworten?

Aber ich komme gar nicht dazu, irgendwas zu erwidern, denn sie neigt sich ganz dicht zu mir und meint eindringlich: »Das muss nichts heißen. Und du musst dazu auch gar nichts sagen. Und selbst wenn Noah politisch die Seiten gewechselt hat, ist er immer noch derselbe Mensch, oder? Unser Noah.«

»Klar«, sage ich mit trockenem Mund. »Ist trotzdem … ein ziemlicher Schock. Du schreibst doch hoffentlich nicht –«

»In der Zeitung? Bist du verrückt? Natürlich nicht! Und keine Sorge, ich erzähl auch niemandem was davon.«

Ich atme durch. Auch wenn ein Rest Sorge bleibt. Aber es hilft nichts, ich muss ihr einfach vertrauen.

»Sorry, ich muss jetzt los«, beende ich unser Gespräch und stehe auf.

Erst als Eva ihr Handy nimmt, wird mir wieder bewusst, dass sie jedes Wort aufgezeichnet hat. Sofort überfallen mich Zweifel. Wie war meine Reaktion darauf, dass Noah ein Rechter geworden sein könnte? War ich überrascht genug? Hätte ich heftig widersprechen müssen? Eva schiebt ihr Handy in die Hosentasche. Ist es verdächtig, wenn ich sie bitte, die Aufnahme zu löschen? Besser, ich mache keinen zusätzlichen Wind um die Sache.

Eva ist mit dem Rad da. Stumm sehe ich zu, wie sie es aufschließt, dann sage ich: »Wenn du noch was wissen willst, melde dich einfach. Oder auch sonst.«

»Cool. Das mach ich vielleicht sogar.« Sie lächelt zufrieden.

Als sie weg ist, gehe ich zum Auto. Habe ich Eva gerade die Freundschaft angeboten? Irgendwie schon. Auf ihre Art ist sie ja nett. Und ich krieg besser mit, was sie so macht.

Mein Handy klingelt. *Alexander*, steht im Display. Mein Herz macht einen Sprung. Vor Freude, aber auch vor Angst. Ich will nicht rangehen und gleichzeitig unbedingt mit ihm reden.

»Hey«, sagt er. »Wieso hast du nicht gesagt, dass du heute so früh wegmusst?«

Der Klang seiner Stimme genügt und schon bin ich wieder angefixt von diesem Typen. Spüre seine Hände in meinem Haar und seine Lippen.

»Weil ich gestern nicht daran denken wollte«, sage ich leise.

»Puh! Ich dachte schon, du bereust es und bist abgehauen.«

Das eine schließt das andere nicht aus, denke ich, sage aber: »War schon alles etwas viel auf einmal.«

»Kann ich verstehen.«

Es bleibt für einen langen Moment still. Bis Alexander sagt: »Ich glaube, ich weiß, was mit dir los ist, Leah. Wie schwer das alles für dich ist. Noah hat sich verändert. Hat sich von dir entfernt. Du vermisst ihn, den alten Noah. Willst ihn zurück.«

Volltreffer. Zumindest der Noah-Teil Dass er dafür verantwortlich ist und was das für uns bedeutet, darüber schweigt er. Tränen treten in meine Augen. Ich möchte etwas sagen, doch ich kann nicht. Ich finde keine Worte dafür. Weil es dafür keine Worte gibt.

»Wenn du Noah wieder nahekommen willst«, sagt Alexander, »dann musst du anfangen, dich mit den Sachen zu beschäftigen, die ihn beschäftigt haben. Du musst nicht alles okay finden, aber sei offen für Gedanken, die anders sind als das, was du bisher gedacht hast.«

»Wir werden sehen«, flüstere ich.

»Okay. Ich ruf dich nicht wieder an. Ich warte auf deinen Anruf. Du sollst entscheiden, wie es weitergeht.«

Dann legt er auf.

Die Entscheidung liegt also bei mir. Macht er es mir damit schwer? Oder leicht?

Auf dem Rücksitz liegt die Jutetasche mit den Büchern, die Herr Bornheim mir mitgegeben hat. Vielleicht hat Alexander ja recht.

*Ich dachte, ich verstehe, was mit dir passiert ist, Noah, wenn ich mir die Leute ansehe, die dich zu dem gemacht haben. Es sind nicht die Monster, die ich erwartet habe. Nein, nicht sie haben dich verändert. Das hast du selbst getan.*

Mein Handy piept. Snapchat.

# Gefühle

Gestern hätte ich mich vor Leah am liebsten geoutet. Sie wollte, dass ich eine Petition unterschreibe, die einer aus der Nachbarschaft gestartet hat – so ein Typ, der ernsthaft Pastor werden will – und bei der die Abschiebung einer albanischen Familie verhindert werden soll. Ich hab gesagt, dass es halt Gesetze gibt, und wenn man glaubt, die gelten nur, wenn es einem passt, dann kann man es gleich lassen. Entweder die Leute haben eine Aufenthaltserlaubnis oder nicht. Sie meinte daraufhin, dass das eben ein dummes Gesetz ist und dass man sich gegen dumme Gesetze wehren muss. Aber wer bestimmt, ob ein Gesetz dumm ist? Etwa sie? Reichen etwa die traurigen Augen eines kleinen Mädchens, damit ein Gesetz nicht mehr gilt? Sie hat mich angestarrt und gefragt, wie ich denn drauf wäre. Ob das mein Ernst ist. Da hab ich gelacht und gesagt: Nee, natürlich nicht, war bloß Training, falls du mal an den Falschen kommst. Hast dich super geschlagen. Und dann hab ich die blöde Petition unterschrieben. Dem angehenden Herrn Pastor werde ich bei nächster Gelegenheit allerdings mal ein Briefchen schreiben, das ihn künftig von solchem volksverräterischen Engagement abhält. Mit lieben Grüßen von Platon.

Manchmal, wenn ich mir Leah so anschaue, tut sie mir fast

ein bisschen leid. Kaum zu glauben, dass ich sie mal bewundert hab, weil ich dachte, sie macht ihr Ding und lässt sich von keinem abbringen. Aber das stimmt gar nicht. Eigentlich schwimmt sie nur mit dem Strom, sie hat keinen einzigen eigenen Gedanken. Wirklich schade um sie, ich liebe sie ja schließlich. Ich wünschte, ich könnte sie einweihen und ihr klarmachen, was wirklich Sache ist. Wir könnten eine Menge Spaß haben, so wie früher. Irgendwann kommt vielleicht der Tag, wenn sie von selbst merkt, dass sie nur verarscht wird. So lange muss ich warten. Und kann ich auch noch warten. Ehrlich gesagt fühlt es sich gut an, wenn man viel mehr weiß als die anderen. Man hört sich ihre angeblich freie Meinung an, die in Wahrheit die Meinung von jemand anderem ist. Und zwar von demjenigen, der steuert, wer was zu hören und zu sehen kriegt. Die wenigsten Leute durchschauen das Spiel der Mächtigen. Dabei ist es gar nicht kompliziert. Man muss sich nur anschauen, wem es nützt, dass die Dinge so sind und so gehandhabt werden, wie es gerade passiert. Hat man die Scheuklappen erst einmal abgelegt, macht einen das total frei im Kopf. Die meisten Leute sind einfach naiv. Das wird auch immer so sein. Dabei muss nur ein Prozent der Menschen in diesem Land checken, was abgeht. Sagt Alex. Es muss halt nur das richtige Prozent sein. Leute, die an den entscheidenden Stellen sitzen und die was zu sagen haben. Die die öffentliche Meinung steuern. So funktioniert Macht. Die restlichen neunundneunzig Prozent sind nur Nullchecker, die nachplappern, was ihnen vorgekaut wird. Heute das Gutmenschengeschwätz, morgen vielleicht was anderes. Das hat der alte Platon schon gewusst. Drum wollte er, dass nur kluge Leute den Staat führen, Philosophen, weil die sich von allen die meisten Gedanken machen und am ehesten wissen, was gut und richtig ist. Und zwar nicht nur für ein paar Privilegierte, sondern für ein ganzes Volk.

X

Die Schuhe in der Hand schleiche ich die Treppe hinab. Fühlt sich komisch an, mich heimlich aus dem Haus zu stehlen, so wie früher, als ich noch nicht volljährig war und unbedingt zu einer Party wollte. Jetzt will ich nur unangenehmen Fragen aus dem Weg gehen. Zu dumm, dass Papa ausgerechnet in diesem Moment aus dem Keller kommt. Er bleibt stehen, ich bleib stehen, wir schauen einander an.

»Wo willst du denn noch hin?«

»Zu Eva«, sage ich, »bloß quatschen.«

»Seit wann bist du mit dieser Eva so dick befreundet?«

»Wir sind nicht dick befreundet. Wir sehen uns in letzter Zeit nur öfter.«

»Und was ist mit Steffi?«

»Was soll mit ihr sein? Kann man nicht mit zwei Menschen befreundet sein?«

Papa brummt nur und geht weiter ins Wohnzimmer. Sein Verdacht ist berechtigt. Steffi und ich haben gerade eine Auszeit. Ihre Besserwisserei über jede Kleinigkeit nervt, ich bin nicht mehr bereit, alles, was sie sagt, als die Wahrheit hinzunehmen, will mich aber auch nicht dauernd mit ihr streiten. Weil wir also gerade nicht so harmonieren, nehme ich sie auch ungern als Alibi. Außerdem stellt sie immer so viele Fragen und ich will sie nicht dauernd anlügen müssen. Eva ist da anders. Total unkompliziert. Keine Fragen, keine Lügen nötig. Genau das, was ich im Moment brauche. Schließlich ist der Rest meines Lebens kompliziert genug.

Ich schlüpfe in meine Schuhe und bin weg. Auf der Straße ist außer mir kein Mensch. Um diese Zeit werden hier die Bürgersteige hochgeklappt. Es ist so still um mich rum, dass es mir vorkommt, als würde ich meinen eigenen Herzschlag von den Häuserwänden widerhallen hören.

Das letzte Video von Noah hängt mir immer noch nach. Es macht mich wütend und zugleich deprimiert es mich. *Hast du immer schon so abfällig von mir gedacht, lieber Bruder? Mich hinstellen, als wäre ich ein dummes Mädchen! Und wenn du schon so oberschlau daherlaberst, wieso hast du mir deine Sicht der Dinge nie erklärt? Stattdessen hast du dich lieber in deinem Überlegenheitsgefühl gesuhlt. Ich dachte, du wärst besser, und früher warst du das mal! Ich bin sehr wohl bereit, mir andere Argumente und Standpunkte anzuhören. Hab ich schon getan. Hab viel gelesen in letzter Zeit. Ich glaub nicht mehr alles, was in den Medien läuft. Und manche Gefahren, die ich früher nicht sehen wollte, sehe ich jetzt auch.*

Wie auf Autopilot bin ich an mein Ziel gekommen: eine Straße, an der ein Spielplatz liegt. Die Gedanken verstummen, dafür wird mein Herzschlag lauter und gleich noch ein wenig mehr, als ich Alexanders Auto bereits dort stehen sehe. Ich gehe ruhig auf ihn zu und genieße die steigende Spannung. Das Kribbeln unter der Bauchdecke. Das jagende Herz. Die weichen Knie. Seltsam. Wir sehen uns ja jetzt schon eine ganze Weile, aber es ist jedes Mal wieder irgendwie neu und aufregend. Hoffentlich bleibt das auch noch lange so.

Ich steige ins Auto.

»Hi«, sage ich.

Alexander sagt nichts. Sieht mich nur an. Als könnte er nicht fassen, dass ich hier bin. Als wäre ich etwas Besonderes. Mir geht es genauso mit ihm. Dann endlich fallen wir uns in die Arme, vergessen alles andere, es gibt nur ihn und mich und dann nicht einmal mehr das, sondern nur noch uns, wie eine Einheit. Seine Berührungen, seine Küsse, die Worte, die er mir ins Ohr flüstert – alles fühlt sich richtig an. Wie kann das sein, wenn es doch eigentlich so falsch ist?

Nur ganz langsam verebbt der erste Rausch, wir lösen uns voneinander und verharren in benommenem Schweigen.

Alexander lässt den Motor an und fährt los.

»Irgendwas Neues zu Noah?«

»Unverändert«, sage ich. Ich frage mich schon seit einer Weile, ob Sandra ihm, ihrem Versprechen zum Trotz, von den Videos erzählt hat. Besser gesagt von dem einen Video, das ich ihr gestanden hab. Hätte ich Noah davon erzählt? Nicht auszuschließen. Egal, wenn ich es ihr erzählt habe, kann er es auch wissen.

»Ich muss dir was erzählen«, beginne ich, »über Noah. Vielleicht weißt du es auch schon von Sandra.« Ich mache eine kleine Pause, die er nur mit Schweigen füllt. Dann erzähle ich ihm von Noahs Vlog, den Snaps, den Internetadressen, den Videos. Auch, dass es keine einmalige Sache war. Und was Noah darauf von sich gibt und wie sehr mich das immer wieder erschreckt. »Ein paarmal fällt auch dein Name«, schließe ich ab.

»Ich kenne diese Videos nicht«, sagt Alexander, »ich kann aber mit gutem Gewissen behaupten, dass ich ihn zu nichts angestiftet habe. Wir haben diskutiert und wir waren nicht immer einer Meinung.«

Dieser Streit flammt von Zeit zu Zeit zwischen uns auf. Ich weiß, dass Noah für seine Taten selbst verantwortlich ist, aber ich erinnere Alexander trotzdem an seine eigene Verantwortung.

»Läuft das immer noch mit diesen Snap und den Videos?«, fragt er in die Stille hinein.

»Erst heute hab ich wieder eines gekriegt.«

»Und was will der Absender von dir?«

»Das ist es ja!«, platzt es aus mir heraus. »Ich hab keine Ahnung. Es gibt keine Forderungen, keine Drohungen. Nichts. Wahrscheinlich ist es jemand aus deiner Ecke.«

»Aus meiner Ecke«, wiederholt er, mit einem gewissen Unterton.

»Vielleicht ist es einer von den ADlern«, präzisiere ich.

»Dann könnte ja auch ich derjenige sein.«

Ich muss zugeben, dass mir der Gedanke schon durch den Kopf gegangen ist. Doch ich kann mir nicht mehr vorstellen, dass er es ist. Das ergäbe keinen Sinn. »Wenn ich dich verdächtigen würde, wäre ich nicht hier«, sage ich bestimmt, und ich spüre, wie zufrieden ihn diese Antwort macht. »Aber vielleicht hast du ja irgendwas gehört, eine Beobachtung gemacht … irgendwas, das weiterhilft …«

»Tut mir leid, da fällt mir nichts ein. Ich halte künftig Augen und Ohren offen.«

Ich lege meine Hand auf die seine. Es fühlt sich gut an, mit dieser Sache nicht mehr allein zu sein.

X

Bei Tag betrachtet ist der Baggersee alles andere als romantisch. Riesige Schaufelradungeheuer holen Sand und Kies aus dem glasklaren Wasser, werfen das Zeug auf Förderbänder, die es zu Bergen aufschütten. Den ganzen Tag fahren dröhnend Laster heran, werden beladen und fahren wieder ab. Weit und breit wächst hier nichts: kein Baum, kein Strauch, kein Grashalm. Die reinste Wüste. Doch in der Nacht, wenn das Licht des Vollmonds im Wasser glitzert und die Maschinen wie schlafende Riesen ausruhen, liegt ein Zauber über allem, wie man ihn wahrscheinlich nicht einmal an einem Südseestrand findet. Oder liegt es einfach nur daran, dass dieser Ort hier zu unserem Platz geworden ist? Aus dem der Rest der Welt ausgesperrt ist?

»Woran denkst du?«, fragt Alexander, nachdem wir für eine Ewigkeit schweigend nebeneinander auf der Decke gesessen haben.

»An nichts Besonderes. Nur, wie schön es hier ist.«

Ich lege mich auf den Rücken, bade meine nackte Haut im Mondschein und betrachte dabei die Sterne. Es ist unglaublich, wie viele man hier sieht. Noah hat mir mal erklärt, dass viele der Sterne, die wir sehen, längst verglüht sind, es hat nur so lange gedauert, bis ihr Licht uns erreicht. Manchmal wünschte ich, es gäbe einen Sternenhimmel, an dem ich die Zukunft sehen könnte. Das, was aus uns allen wird. Mit einem roten Licht, das uns vor unseren Irrtümern und Fehlern warnt. Aber wie viel Leben würde uns andererseits entgehen, wenn wir niemals irren und keine Fehler machen würden?

»Erzähl mir von Noah«, sage ich und füge rasch hinzu: »Was Schönes!«

Alexander überlegt kurz, dann sagt er: »Das Schönste, was ich dir erzählen kann, ist die Art, wie er von dir gesprochen hat.« Er lächelt mich an. »Er hat erzählt, wie nah ihr euch als Kinder wart. Und eigentlich euer ganzes Leben lang. Das hat mich ungemein berührt. Natürlich auch, weil es zwischen Sandra und mir ganz ähnlich ist.«

Nach dem, was Noah zuletzt auf diesen Videos über mich gesagt hat, hatte ich den Eindruck, er verachtet mich inzwischen.

»Noah ist ein Typ mit klaren Prinzipien«, fährt Alexander fort. »Wenn er etwas als richtig anerkennt, handelt er konsequent danach. Und für die, die er liebt, würde er alles tun und jedes Opfer bringen. Vor allem für dich.«

Ja, das ist Noah. So war er schon immer. Plötzlich fühle ich mich ihm wieder näher.

»Ich würde für ihn auch alles tun«, sage ich.

»Das weiß er.«

In diesem Moment meldet mein Handy eine WhatsApp-Nachricht. Ich sehe nach. Es ist Eva.

Wo bist du? Dein Dad hat eben angerufen. Hab gesagt, wir waren in der Kellerbar. Und dass du auf dem Weg nach Hause bist.

Mist! Erst jetzt sehe ich, dass Papa auch mich angerufen hat. Das muss vorhin gewesen sein, als wir schwimmen waren.

Ich fahre hoch. »Gibt mir meine Klamotten. Wir müssen sofort los.«

Noch bevor ich mich anziehe, rufe ich Papa an, damit er sich keine Sorgen macht.

Verdammt, wie ich diese ständige Lügerei satthabe.

X

Eva ist schon da, und sie hat sogar einen Tisch ergattert, obwohl der *Eispalast* zum Brechen voll ist. Kein Wunder, an einem so heißen Tag. Ich hab sie zu einem Rieseneisbecher eingeladen. Wegen dem Alibi, das sie mir gestern Nacht verschafft hat. Wir tauschen Luftküsse, dann setze ich mich ihr gegenüber.

»Du hast mir gestern das Leben gerettet«, sage ich.

Sie winkt ab. »Jetzt ist aber gut. War echt keine große Sache.«

Enzo, der nette italienische Junge, auf den alle Mädchen stehen, nimmt unsere Bestellung auf.

»Interessiert es dich überhaupt nicht, wo ich war?« Steffi hätte mir längst ein Loch in den Bauch gefragt.

Eva zuckt nur mit den Schultern. »Natürlich. Du wirst es mir schon erzählen, wenn du willst.« Sie zwinkert mir zu. »Außerdem ist es nicht so schwer zu erraten.«

Ich erschrecke. Was hat sie rausgefunden?

In diesem Moment kommen unsere Eisbecher. Enzo präsentiert sie mit einem breiten Lächeln und ist sofort wieder weg.

»Eine verbotene, heiße Liebe«, fährt Eva fort, als wir wieder unter uns sind. »Ein Junge, der eine Freundin hat. Oder – noch wahrscheinlicher – ein verheirateter Mann. Richtig?«

Ich grinse, sodass sie denkt, sie hat es erraten, sage aber weder Ja noch Nein. Lieber das als die Wahrheit.

In diesem Moment entdecke ich Steffi in der Schlange für ein Eis to go. Mist! Und keine Chance mehr, so zu tun, als hätte ich sie nicht gesehen – sie schaut mich an, als wolle sie mich mit ihrem Blick durchbohren. Als ich sie anlächle, dreht sie sich weg. Sie ist offenbar ziemlich angepisst.

»Da ist ja Steffi«, hat nun auch Eva bemerkt.

Was soll ich tun? Eigentlich hab ich keine Lust auf ein kompliziertes Gespräch, aber bloß, weil es momentan ein wenig zwischen uns knirscht, kann ich Steffi nicht stehen lassen, als wäre sie irgendjemand. Wir hatten ja schon öfter Phasen, in denen es zwischen uns nicht rundlief, und haben es immer wieder irgendwie hingekriegt. Ich überwinde mich und gehe zu ihr rüber.

»Hey«, sagt sie kühl, »lange nichts gehört.« Sie schaut zu unserem Tisch rüber. »Eva ist also deine neue Freundin, ja?«

»Was? Nein, Quatsch!«, wiegle ich ab und lüge weiter: »Sie will nur über Noah reden, für die Zeitung. So eine Art Hintergrundgeschichte.«

»Musst mir nichts erklären. Geht mich ja nichts an.« Sie lächelt gequält.

Solange wir uns nur auf WhatsApp angeschwiegen haben, hat mich das zwar auch nicht kaltgelassen, aber jetzt, da sie vor mir steht, tut es richtig weh. Sicher, ich bin zuerst auf Distanz gegangen, aber es gehören immer zwei dazu. Sie hat sich auch nicht sonderlich um mich bemüht, so als sei ihr unsere Freundschaft nicht mehr wichtig. Oder hat sie Angst, an dem Verdacht gegen Noah könnte doch was dran sein, und will deshalb nichts mehr mit uns zu tun haben? Wieso sagt sie mir das dann nicht? Sonst sagt sie auch immer sofort, was sie denkt. Aber ich könnte ihr die Wahrheit auch nicht erzählen. Dann wäre unsere Freundschaft erst recht vorbei.

Steffi ist an der Reihe, tut so, als müsse sie überlegen, und ordert dann doch die Sorten, die sie immer nimmt: Waldbeere und Mango. Und ich stehe daneben wie eine Fremde. Bis es mir zu viel wird.

»Tschüss«, sage ich, »wir schreiben.«

»Klar«, antwortet sie, ohne mich anzusehen.

Gehen uralte Freundschaften so zu Ende? Mir ist, als wandere in meinem Bauch ein Skalpell herum. Den Kloß im Hals, der nach oben drängt, würge ich wieder runter und tröste mich damit, dass es sich schon wieder einrenken wird, weil es das ja immer getan hat. Wahrscheinlich müsste ich den ersten Schritt tun. Aber dazu bin ich nicht bereit. Noch nicht. Erst muss ich die Sache mit Noah klären. Und Alexander.

X

Als ich wieder nach Hause komme, finde ich Mama in meinem Zimmer. Sie hält ein Buch in der Hand und blättert darin. Ich räuspere mich unüberhörbar laut. Sie schaut auf.

»Seit wann liest du so was?«, fragt sie und hält mir das Buch hin.

Es ist eines von denen, die mir Alexanders Vater mitgegeben hat und in die ich in letzter Zeit mehr oder weniger tief reingelesen habe.

»Seit wann schnüffelst du in meinen Sachen rum?«, kontere ich und nehme ihr das Buch weg.

»Ich schnüffle nicht in deinen Sachen«, verteidigt sie sich mit beleidigtem Unterton. »Ich mache deine Wäsche.«

Oh. Stimmt. Der Wäschekorb steht neben ihr. Und das Buch hab ich, wie mir wieder einfällt, selber auf dem Bett liegen gelassen.

»Sorry«, stammele ich, »ich will nur wissen, was diese Leute so denken. Das heißt nicht, dass ich das glaube.«

»Es ist richtig, sich von allem selbst ein Bild zu machen«, bestätigt mich Mama. »Aber die wissen, wie man Sachen verdreht. Also pass auf.« Sie nimmt den Wäschekorb und lässt mich allein.

Ich werfe mich in meinen Sessel und schaue mir das Buch

an. Der Typ auf dem Cover wirkt nicht wie ein Nazi oder überhaupt ein Rechter. Das ist er angeblich auch nicht. Ihm geht's laut Rückseitentext nur darum, die Wahrheit aufzudecken in einem Sumpf aus Lügen. Irgendwie halten alle gerade alle anderen für Lügner. Woher soll man da wissen, was wahr ist? Wie soll ich es entscheiden? Ist es bloß eine Frage, wem ich mehr vertraue? Oder wer mehr das sagt, was ich hören will? Und wo stehe ich in dem ganzen Hin und Her? Keine Ahnung. Seufzend lege ich das Buch weg.

Irgendwie scheint es dabei viel mehr um Gefühle als um Tatsachen zu gehen. Noah wurde von Beate zurückgewiesen, hat aus Scham und Wut alles infrage gestellt und die Seiten gewechselt. Ich habe mich in Alexander verliebt. Finde ich deshalb nicht mehr alles, was er sagt, total abwegig? Ist es wirklich so einfach? Hab ich wie Noah schon die Seiten gewechselt, ohne es so richtig zu merken? Oder bin ich gerade dabei?

Mein Handy piept. Eine WhatsApp-Nachricht. Von Sandra.

Brunch? Reiten? Samstag?

Sandra ist die Einzige, die von mir und Alexander weiß. Wir wollen erst mal sehen, wie es mit uns läuft, ehe wir es offiziell machen. Natürlich wissen die beiden, dass das nicht mein einziger, ja nicht mal mein wichtigster Grund ist. Für meine Familie und meine alten Freunde wäre es der totale Schock, wenn sie erfahren würden, dass ich mit dem Sohn eines bekannten rechten Verlegers zusammen bin. Aber wieso darf ich nicht lieben, wen ich will? Wieso erlauben sich sofort alle ein Urteil über mich? Denken, ich wäre übergelaufen. Was totaler Quatsch ist. Bloß weil ich jemanden mag, unterschreibe ich nicht alles, was er sagt und denkt.

Cool!, antworte ich Sandra. 11 Uhr?

👍

Sandra fährt für unseren Brunch alles auf, was sie hat: zig Sorten selbst gemachter Marmeladen, Rührei und Speck, Müsli, Wurst und Käse. Wir sind ganz unter uns. Alexander ist mit den *Jungs*, wie sie die anderen ADler immer nennt, das ganze Wochenende unterwegs.

»Aber keine Sorge«, verkündet Sandra. »Wir treffen sie noch und dann werden wir jede Menge roher Männlichkeit zu sehen kriegen.« Sie lacht und zwinkert mir zu.

»Was soll das denn bedeuten?«, frage ich irritiert.

»Das wirst du schon sehen.«

Nach dem Brunch geht es zu den Pferden. Ich bekomme wieder Mila, meine brave Stute vom letzten Mal, die mich mit einem liebevollen Stups an der Schulter begrüßt.

Nachdem wir eine Weile schweigend nebeneinanderher geritten sind und meine Gedanken dabei wie automatisch um Sandras seltsame Bemerkung über *rohe Männlichkeit* kreisen, sagt Sandra unvermittelt: »Alexander und ich würden Noah gerne besuchen. Glaubst du, das geht? Ich meine, würden deine Eltern das erlauben?«

»Keine Ahnung«, erwidere ich zögerlich. Wenn ich Mama

und Papa erzähle, wer Alexander und Sandra sind, würden sie einen Besuch sicher nicht toll finden. Andererseits waren die beiden Noahs Freunde. Menschen, bei denen er sich verstanden fühlte. Wäre er wach, würde er sich vielleicht über ihren Besuch freuen. Wer bin ich also, es ihnen zu verweigern?

»Kann ja mal fragen«, antworte ich dennoch ausweichend.

Zwei Stunden reiten wir durch eine wunderschöne Landschaft, über Wiesen und durch kleine Wäldchen, sehen Störche und Kraniche, Feldhasen und Rehe und immer wieder auch aus der Ferne verlassene, verfallende Höfe und aussterbende Dörfer. So schön die Natur ist und so gut mir die Stille tut, der Verfall macht mich zugleich traurig. Wo sind all die Menschen hin, die hier gelebt haben?

»Die Leute hier sehen keine Zukunft«, sagt Sandra bitter, »sie sind überflüssig geworden. Dafür holen wir Fremde ins Land und kümmern uns um das Leid von denen. Das macht die Leute wütend.«

»Das eine hat doch mit dem anderen nichts zu tun«, halte ich dagegen. »Außerdem ist Wut auch keine Lösung.«

So wie Sandras Augen blitzen, kommt es mir vor, als habe sie genau auf diese Antwort gewartet, denn sie schießt wie aus der Pistole zurück: »Doch. Wut ist eine Lösung. Oder zumindest gibt es keine Lösung ohne Wut. Und deshalb wundere ich mich die ganze Zeit schon, warum ich bei dir so wenig davon spüre.«

»Bei mir? Wieso?«

»Na, wegen Noah. Wenn ich an deiner Stelle wäre und Alexander würde auf der Intensivstation liegen, dann würde ich Amok laufen.«

Es klingt wie ein Vorwurf. Als wäre Noah mir nicht wichtig genug. Aber ich merke dadurch nur, dass Sandra keine Ahnung hat, wie es einem in so einer Situation wirklich geht.

»Das denkt man«, sage ich ruhig. »Aber wenn es tatsächlich passiert, bist du erst mal total gelähmt. Du kannst gar nichts machen. Du kannst nicht mal richtig denken. Schon gar nicht an die Täter. Du denkst nur an den Menschen, der vielleicht stirbt.«

Sandra zuckt mit den Schultern. »Klar, irgendwie schon. Aber ich könnte das nicht einfach hinnehmen. Da bin ich wohl anders gestrickt.«

»Wir wissen außerdem gar nicht, wer das getan hat«, antworte ich, »und wo die sind.«

»Es gibt noch andere, die Schuld haben. Die, zum Beispiel, die solche Leute in unser Land gelassen haben. Die müsste man zur Verantwortung ziehen. Wenn ich sehe, wie vieles hier läuft, werde ich manchmal so wütend, dass ich alles kaputt schlagen möchte.«

Meint sie das ernst? Was will sie denn? Sie hat doch alles: reiche Eltern, mit denen sie sich super versteht, top Schulabschluss in der Schweiz. Ihr steht die ganze Welt offen.

Wir nähern uns einer schmalen Brücke, die einen Bach überquert und nur breit genug für ein Pferd ist. Nacheinander trotten wir drüber. Als wir auf der anderen Seite sind, ruft Sandra: »Schau mal da vorne! Da sind sie.«

Ich folge ihrem Wink. Ein großes Zelt und drum herum ein

paar Typen mit nacktem Oberkörper in Jeans. Ist das etwa die versprochene *rohe Männlichkeit*?

»Ich glaube, wir kommen gerade rechtzeitig«, sagt sie.

»Rechtzeitig wofür?«

»Kennst du den Film *Fight Club*?«, fragt sie zurück.

»Klar.«

Hoffentlich nicht schon wieder ein Filmabend. Aber irgendwie hab ich das Gefühl, dass sie das nicht meint. Auch egal, ich beschwere mich nicht über einen halb nackten Alexander.

X

Die ADler begrüßen uns mit Johlen und Applaus.

»Ladies in the house«, ruft Undercut-Friedrich, der uns als Erster entdeckt, und dann kommen auch die anderen dazu. Jetzt sieht man erst, wie durchtrainiert und muskulös ihre Körper wirklich sind. Kein schlechter Anblick, muss ich zugeben. Zumindest, wenn man auf Muskelpakete steht.

Sandra hat meinen Blick bemerkt, stößt mich in die Seite und meint: »Der Süßigkeitenladen hat geöffnet.«

Das meint sie natürlich nicht ernst. Sie hat nie den Eindruck gemacht, als würde sie auch nur von einem der anderen was wollen. Alexander steht mit verschränkten Armen im Hintergrund und nickt nur in unsere Richtung. Mein Herz macht einen Sprung, als unsere Blicke sich für einen kurzen Moment treffen. Dass ich nicht mehr tun darf, als auch bloß zu nicken, ist nervig, aber turnt auch an. Die geheime, verbotene Liebe fand ich schon immer sehr romantisch. Aus dem Zelt, das groß genug ist, um darin aufrecht zu stehen, kommt Milena auf den Platz. Sie hat ihre Haare wieder zu Zöpfen geflochten, trägt eine Cargohose und ein Hemd im Military-Look. Sie grüßt und strahlt uns an. Sieht aus, als wäre sie froh, nicht mehr die einzige Frau hier zu sein. Wir steigen ab, machen die Pferde fest und gehen zu den anderen. Ich schaue rüber zu Alexander, doch er ist verschwunden. Wahrscheinlich ins Zelt. Ich bleibe bei Sandra.

Der Platz ist zum Campen gut gewählt. Ein paar Meter entfernt plätschert ein Bach, Trauerweiden, wie sie entlang des gesamten gewundenen Bachlaufs stehen, spenden Schatten. Vor dem Zelt ist mit Stangen ein kreisrunder Platz abgesteckt.

»Das ist die Kampfarena«, sagt jemand dicht hinter mir.

Alexander! Ich drehe mich zu ihm um. Er zwinkert mir zu, ein schelmisches Lächeln im Gesicht. Am liebsten würde ich meine Arme um seinen Hals werfen und ihn küssen. Doch ich bleibe cool und wahre mein Pokerface.

»Was denn für ein Kampf?«, frage ich.

»Ein Faustkampf. Ohne Regeln.«

Advocatus Diaboli ist also nicht nur ein Debattierclub, sondern auch ein Fight Club.

»Kämpfst du auch?«, frage ich Alexander.

»Klar. Aber nicht heute.«

Ich schüttle den Kopf. »Ihr seid verrückt.«

»Damit hast du vermutlich recht.«

»Männer halt«, sagt Sandra neben mir, mit einem zufriedenen Lächeln auf dem Gesicht, das keinen Zweifel daran lässt, dass ihr genau solche Männer gefallen.

Milena bringt Sandra und mir zwei Flaschen Bier aus einer Kühlbox, danach bedient sie auch die anderen. Als jeder eins hat, tritt Alexander in die Arena. Wir anderen bilden einen Kreis darum.

»Auf einen fairen Kampf!«, ruft er, und mit ihm reißen alle ihre Bierflaschen hoch, trinken in einem Zug aus und werfen die Flaschen hinter sich. Ich hab nur einen Schluck genommen, Bier ist eigentlich nicht mein Ding.

Klaus, der mir bei meinem ersten Treffen der ADler schon durch seinen durchtrainierten Body aufgefallen ist, tritt nun zu Alexander in die Mitte. Sein Gegner ist Mondgesicht Baldur. Als Alexander den Kampfplatz verlässt, umkreisen sich die beiden, dann geht Klaus auf Baldur los, versetzt ihm einen Magenschwinger und gleich noch einen. Autsch! Ich zucke heftig zusammen, als hätte mich auch was getroffen. Baldur torkelt, bleibt aber auf den Beinen, er holt aus und will Klaus wohl mit einem Kinnhaken treffen, doch der dreht sich geschickt zur Seite. Mit dem Kopf voran springt Baldur auf Klaus zu, rammt ihn regelrecht. Zack, zack, zack, drischt er ihm die Fäuste in die Seiten. Klaus tritt ihm in die Beine, Baldur stürzt, Klaus tritt einmal, zweimal, dreimal in seinen Bauch. Baldur windet sich. Haut platzt auf. Blut fließt. Ich will wegschauen. Kann nicht. Vor mir blitzt das Bild auf, wie Noah geschlagen und getreten wird. Mir wird fast schlecht. Dann ist es auch schon wieder weg. Dumpf trifft Faust auf Fleisch und Knochen. Bis Baldur das Zeichen gibt, dass er genug hat. Klaus hört sofort auf, und der wilde Stier, der er eben noch war, verwandelt sich in den besorgten Kumpel.

»Alles okay, Alter?«, fragt Klaus.

»Ging mir nie besser«, gibt Baldur schnaufend zurück.

Milena eilt mit Verbandszeug herbei. Sie ist anscheinend das Mädchen für alles. Mir wäre das zu blöd. Aber sie fühlt sich dadurch wohl gebraucht. Wichtig.

»Das war gar nichts«, sagt Sandra neben mir. »Baldur ist ein Weichei. Er beendet den Kampf sofort, wenn es anfängt wehzutun. Ein guter Kämpfer kann nicht nur austeilen, sondern auch einstecken. Ich geh mal und helfe Milena.«

»Soll ich mitkommen?«, frage ich.

»Nicht nötig.«

Erst da merke ich, warum sie wirklich geht. Alexander schlendert heran.

»Alles gut bei dir?«, fragt er.

»Klar. Wenn du denkst, dass ich so leicht in Ohnmacht falle, liegst du falsch. Ich steh nur nicht auf Prügeleien. Konnte ich schon auf dem Schulhof nie ausstehen.«

»Es geht uns nicht ums Prügeln. Es geht darum, herauszufinden, wer wir sind.«

Ja, ja, denke ich, ich hab *Fight Club* auch gesehen. Hat sich nicht am Ende rausgestellt, dass der Typ komplett verrückt war?

Wir gehen ein paar Schritte, weg von den anderen.

»Hat Noah auch mal gekämpft?«, frage ich.

»Nein.«

»Warum nicht?«

»Weil ich es nicht zugelassen hab. Noah ist nicht der Typ für so was. Dafür hat er mehr Verstand und Herz als die meisten hier. Das hab ich ihm auch gesagt.«

»Du wolltest es nicht«, hake ich nach, um sicherzugehen, dass ich richtig verstanden hab. »Aber Noah wollte schon?«

»Ja. Er war ziemlich angepisst, weil er dachte, dass ich ihn für ein Weichei halte. Doch das war nicht der Grund.«

In meinem Kopf fügen sich gerade zwei Puzzleteile zusammen und das versetzt mich in Aufregung. »Dann hat Noah sich vielleicht mit den Ausländern angelegt, um dir zu imponieren. Und damit er auch ja einen Beweis hat, hat er sich filmen lassen.«

Alexander nimmt mir die Bierflasche aus der Hand und trinkt einen kräftigen Schluck. Danach schaut er mich nicht an, sein Blick verliert sich irgendwo im Ungefähren.

»Ich wünschte, ich könnte sicher sagen, dass es nicht so war. Aber das kann ich nicht. Es hat ihn aber niemand dazu aufgefordert. Das schwöre ich dir. Zumindest niemand von uns.«

Wir bleiben stehen. Ich schaue ihn an. Das alles weiß ich. Aber ich habe trotzdem das Gefühl, dass es da noch mehr gibt.

»Noah war zuletzt komisch drauf. Hat sich mehr und mehr verschlossen. Er wollte immer, dass wir nicht bloß quatschen, sondern was machen.«

»Was meinte er mit *machen*?«

»Na, irgendwelche Aktionen. Zeichen setzen und so.«

Rufe dringen vom Zelt herüber. Alexander wird vermisst.

»Geh ruhig«, sage ich, »ich komme gleich nach.«

Ich will noch ein bisschen für mich sein. Auch wenn ich eigentlich nichts Neues erfahren habe, hat mich dieses Gespräch berührt. Wegen der tiefen Traurigkeit in Alexanders Stimme. Die Sache mit Noah geht ihm wirklich nahe. Er hatte Noah richtig gern.

Alexander wendet sich zum Gehen, dreht sich aber noch mal zu mir und sagt: »Das ist auch ein Grund, warum ich Noah sehen möchte: Wenn er diese dumme Aktion doch wegen mir unternommen hat, um mich zu beeindrucken, will ich ihn um Verzeihung bitte. Und dich bitte ich auch um Verzeihung.«

Auch wenn es nicht so aussieht, ich befinde mich hier in einem Kriegsgebiet. Dieser Krieg wird nicht mit Gewehren und Kanonen geführt, sondern mit der Geburtenrate. Manchmal sind Menschlichkeit und Nächstenliebe auch ein Verbrechen.

Das hier ist die Bahnhofstraße. Eine ziemlich runtergekommene Gegend. Früher war das mal eine Arbeitergegend. Hart arbeitende Männer und Frauen haben hier gewohnt, Menschen, die Deutschland nach dem Krieg wiederaufgebaut haben. Später kamen Türken zum Arbeiten. Ihre Kinder sind immer noch hier. Da hinten, da ist eine Moschee. Die Geschäfte hier führen bloß türkische und neuerdings arabische Waren. Deutsche leben hier auch noch, aber nur solche, die sonst nirgends hinkönnen. Sich nichts anderes leisten können. Wer die

Möglichkeit hat, der haut ab. Ich stehe auf verbrannter Erde. Hier geht die Bombe gerade hoch. In Zeitlupe.

Das Mädchen da. Klar ist die Kleine süß. Und der kleine Kerl da hinten auch. So waren wir auch in dem Alter. Aber so darf man die Dinge nicht sehen. Ich meine, individuell. Das verdeckt einem die Sicht. Ein Wassertropfen kühlt einem die Stirn. In einem Meer ertrinkt man. Die beiden werden erwachsen, und sie werden neue süße Mädchen und Jungs zur Welt bringen, und zwar viele. Und dann sind die schon bald mehr als wir. Wir verschwinden, sie übernehmen. Das hat nichts mit Rassismus zu tun. Oder mit Nationalismus. Das ist schlichte Mathematik.

▶ Das hier ist das aktuelle Zentrum des Angriffs in unserer Stadt. Von hier geht die feindliche Übernahme aus. Der Gerberblock. Voll belegt mit Menschen, die hier völlig fremd sind. Sie leben nicht nach unseren Regeln, sondern nach ihren. Und wenn sie dann die Mehrheit sind, wenn nichts geschieht, dann sind wir diejenigen, die sich anpassen müssen. Dann müssen wir nach deren Regeln tanzen. Oder wir können uns verziehen. Davor haben die Leute Angst. Und zwar zu Recht.

Es wird passieren.

Wenn wir uns nicht wehren.

Ich will mich wehren. Hier, an diesem Ort, im Zentrum – hier muss es passieren.

Hier wird es passieren.

# X

Das Video macht mir Angst. Noah, wie er durch die Bahnhofstraße schreitet und vor dem Gerberblock steht und dabei aufgeregt in sein Handy spricht, mal hierhin und mal dahin schwenkt – es ähnelt wirklich einem Kriegsbericht. Seine Aufgeregtheit, der gehetzte Ton, die verwackelten Bilder – das alles kommt mir so übertrieben vor, dass ich mich manchmal frage, ob er das wirklich ernst meint. Ich fürchte, er meint es ernst. Auch wenn ich nicht verstehe, wie er dazu kommt, sich so auszulassen. Ich kenne diese Orte doch auch. Ich habe das alles gesehen. Mag sein, dass ich mich dort unbehaglich gefühlt hab. Doch niemals bedroht. Noah würde wohl sagen, weil ich zu naiv bin. Weil ich nur die Oberfläche betrachte und das übersehe, was darunter liegt. Ich hab inzwischen noch mehr in den Büchern von Herrn Bornholm gelesen. Es steht genau das drin, was Noah sagt. Und was Alexander sagt. Und Sandra. Noahs Urteil hab ich bisher immer vertraut. Alexander und Sandra sind eigentlich auch keine bösen Menschen, die mit einem Schulterzucken zusehen würden, wenn junge Männer, Frauen und Kinder im Meer ertrinken oder ihnen sonst was Schlimmes passiert. Manchmal kann man sich Menschlichkeit nicht mehr leisten, sagen sie. Nur wenn jemand in einem Krieg unmittelbar bedroht ist oder flieht, weil er in seinem Land sonst gefoltert wird, solle man Schutz gewähren, aber auch nur solange die Bedrohung dauert. Aber all die, die kommen, um von unserem Wohlstand zu profitieren, gegen die müssen wir uns wehren. Diese Leute sollen in ihren

Ländern bleiben, um ihre Länder aufzubauen. Länder mit ihrer Sprache und ihrer Kultur. Haben sie nicht vielleicht doch alle recht und ich liege falsch? Aber Armut und Perspektivlosigkeit sind doch auch schrecklich. Und was kann man als Einzelner schon verändern? Wenn wir kein Mitgefühl mehr mit Menschen in Not haben, was macht das aus uns?

Es ist schon spät. Ich muss los, ich will Alexander und Sandra nicht warten lassen. Ich hab Mama gesagt, dass ich heute Nachmittag Noah besuche. Verschwiegen hab ich ihr allerdings, dass ich nicht allein hingehe, sondern Freunde mitbringe. Freunde von Noah.

Auf der Fahrt ins Krankenhaus schwirrt mir noch immer der Kopf. Die Bilder lassen mich nicht los. Noahs Stimme lässt mich nicht los. Die Angst lässt mich nicht los. Die Angst davor, dass ich mich schuldig mache, weil ich die Bedrohung ignoriere, genau wie all die Warnungen, und das nur aus moralischer Verblendung und Wunschdenken. Wir müssen unsere Feinde kennen, heißt es in den Büchern, und manchmal sind diese Feinde gut getarnt.

Alexander und Sandra warten schon vor dem Krankenhaus. Sie wirken beide nervös. Doch sicher sind sie nicht so nervös wie ich. Ich komme mir vor wie eine Verräterin. Im Moment, so scheint es mir, verrate ich alle. Familie, neue und alte Freunde. Noah. Sogar mich selbst.

Die Schwester auf der Intensivstation ist erstaunt, dass ich in Begleitung bin. »Freunde von Noah«, erkläre ich, obwohl ich nichts erklären muss. Es ist ja kein Gefängnisbesuch.

»Nur zehn Minuten«, sagt sie. Sie will nicht zu viele Leute auf einmal auf der Station haben.

Wir desinfizieren unsere Hände an einem der Spender, die hier überall an der Wand hängen. Es hat inzwischen etwas von einem Ritual. Alexander und Sandra sagen die ganze Zeit kein Wort. Unser Schweigen lässt die Geräusche der gedämpften Geschäftigkeit hier lauter erscheinen, als sie wirklich sind.

Die Schwester bringt uns an Noahs Bett. Alexander und Sandra bleiben hinter mir. Noah liegt da wie immer. Regungslos. Ich trete ans Bett und berühre seine Hand. Sie ist warm und weich. Fast wie eine Kinderhand fühlt sie sich an. Meine Kehle wird eng, eine Träne rollt über meine Wange.

*Noch nie in all der Zeit, die du nun schon hier bist, hab ich mir mehr gewünscht als jetzt, dass du die Augen aufschlägst und zu mir sprichst, Noah. Noch nie hätte ich deinen Rat so dringend gebraucht wie jetzt. Obwohl du ja immer wieder zu mir sprichst. In deinen verdammten Videos. Du sagst darin nur eben Dinge, die mich total verwirren. Dinge, in denen ich dich nicht wiedererkenne.*

Alexander und Sandra lösen sich von mir und gehen auf die andere Seite des Bettes. Reihen sich dort auf. Tränen kullern über Sandras Wange und auch Alexander hat feuchte Augen. Es rührt mich, dass ihnen die Begegnung so nahegeht. Und es erleichtert mich. Sie haben mir nichts vorgemacht, Noah bedeutet ihnen wirklich etwas. Erst jetzt merke ich, wie sehr ich bislang daran gezweifelt, wie wenig ich ihnen getraut habe. Selbst Alexander, den ich vermutlich liebe.

»Hey, Bruder«, flüstert er und berührt vorsichtig Noahs andere Hand.

»Wird er irgendwann wieder aufwachen?«, fragt Sandra, ebenfalls im Flüsterton.

»Alles ist möglich«, antworte ich.

»Wird er dann wieder so sein wie früher? Wird er sich an alles erinnern?«

Ich schweige. Wir wissen es nicht. Doch ich wünsche mir, dass er sich nicht erinnert. Dass er als der Noah aufwacht, der er früher war. Bevor ich ihn vernachlässigt, ja vergessen hab. Bevor Beate und Amir ihn enttäuscht und verletzt haben. Bevor er zu dem Noah auf den Videos wurde.

Die zehn Minuten sind im Nu um. Die Schwester, die uns empfangen hat, ist kaum gegangen, da taucht sie schon wieder auf und gibt mir wortlos zu verstehen, dass wir uns von Noah verabschieden sollen. Ich streichle und küsse seine Wange. »Wach bald auf. Ich brauch dich.«

Alexander und Sandra tätscheln seine Hand. »Mach's gut.«

»Halt durch.«

Stumm verlassen wir ihn.

Auf dem Flur ist es nicht Alexander, der mich in den Arm nimmt, sondern Sandra. Noahs Anblick in dieser schrecklich kalten Umgebung scheint sie ziemlich mitgenommen zu haben. Ging mir beim ersten Mal auch so. Und es setzt mir jedes Mal wieder zu. Alexander drückt mich nur kurz.

Schweigend gehen wir zum Aufzug. Ich bin froh, dass ich den Besuch mit den beiden hinter mir hab, denn irgendwas daran fühlt sich immer noch falsch an. Als hätte ich damit eine Grenze überschritten. Keine Ahnung, warum. Die zwei sind für Noah keine Fremden, sage ich mir wieder, er würde wollen, dass sie bei ihm sind.

»Danke, dass wir ihn sehen durften«, sagt Alexander im Aufzug, während ich auf der Anzeige über der Tür beobachte, wie wir Stockwerk für Stockwerk tiefer sinken.

»Ja, wirklich«, sagt Sandra. »Das bedeutet uns viel. Ich bin noch immer ganz …« Ihre Stimme bricht. Als wir unten ankommen und aus dem Fahrstuhl treten, verschwindet sie in die Damentoilette.

Alexander und ich bleiben zurück. Erst jetzt nimmt er mich richtig in den Arm und hält mich. Kurz kann ich mich in die Umarmung fallen lassen, doch dann lösen wir uns schon wieder voneinander. Ich will nicht mit ihm über Noahs Zustand sprechen, will auch nichts darüber hören, wie schrecklich das alles ist und wie leid es ihm tut. Er scheint das zu ahnen und sagt einfach – nichts.

Sandra kommt zurück. Ihre Augen sind gerötet, doch sonst wirkt sie wie immer. Die Frage steht im Raum, was wir jetzt machen. Bevor ich sie stellen kann, unterbricht Sandra die Stille: »Da wäre etwas, über das wir mit dir reden wollen.«

X

Das *Leopold* ist um diese Zeit gut gefüllt, doch es gibt noch freie Tische. Milena steht hinter dem Tresen und kommt gleich zu uns, fragt, wie es war und wie es Noah geht. Anscheinend wusste sie, dass wir ihn gemeinsam besuchen. Wer weiß noch davon? Obwohl wir nicht abgemacht hatten, dass der Besuch geheim bleiben soll, missfällt es mir, dass Alexander und Sandra es offenbar den ADlern erzählt haben. Aber ich bin jetzt nicht in der Stimmung für einen Streit und zu ändern ist es ohnehin nicht mehr.

»Es ist schrecklich«, antwortet Sandra. »Zum Heulen, wie er da so liegt.«

Ich sage nichts. Milena bringt unsere Getränke – hausgemachte Limonade für alle – und ist gleich wieder weg.

»Über was wolltet ihr reden?«, frage ich sofort, denn ich will hier nicht länger bleiben als unbedingt nötig.

»Wir möchten etwas für Noah tun«, sagt Alexander, und Sandra ergänzt: »Ein Zeichen für ihn setzen.«

Ein Zeichen setzen – das höre ich in letzter Zeit öfter. Zu oft, für meinen Geschmack.

»Und was soll das sein?«, will ich wissen und kann einen gereizten Unterton dabei nicht vermeiden.

Alexander neigt sich zu mir, sieht mich eindringlich an und sagt: »Ein Schweigemarsch. Von der Stelle in der Bahnhofstraße, wo es passiert ist, rüber zum Gerberblock.«

»Ich dachte, die ADler machen keine Aktionen«, sage ich. »Ihr seid nur ein Debattierclub.«

»Das bleibt auch so. Es soll nicht um Gruppierungen oder Parteien oder so was gehen, sondern nur um unsere Trauer und unseren Protest, weil nichts geschieht. Nur besorgte, betroffene

Menschen. Ohne Abzeichen oder Transparente und all so einen Kram. Keine Parolen, nichts. Nur Schweigen und Mitgefühl.«

Ich sehe Alexander an und weiß nicht mehr, wer vor mir sitzt: der, der mich liebt, oder der, dem es nur um sein politisches Programm geht. Nie habe ich deutlicher gespürt als jetzt, dass das zwei verschiedene Menschen sind.

»Das hat es schon gegeben«, wende ich ein. »Mit jeder Menge Krawall. Und ohne dass jemand auf meine Familie Rücksicht genommen hat.«

»Deswegen sind wir ja jetzt hier. Wobei … wir wollen nicht bloß dein Einverständnis«, sagt Sandra. »Wir wollen, dass du mit uns gehst. An der Spitze.«

»Das ist nicht euer Ernst«, entfährt es mir. Ich schaue von Alexander zu Sandra und wieder zurück.

Der entschlossene Ausdruck auf ihren Gesichtern lässt keinen Zweifel: Sie meinen es vollkommen ernst.

»Es soll ein Solidaritätsmarsch für Noah werden, sonst nichts«, sagt Alexander. »Für alle, denen Noahs Schicksal am Herzen liegt. Egal, welche politische Einstellung jeder einzelne hat. Das soll dabei keine Rolle spielen. Es wird Platz für alle sein. Du kannst ruhig deine Eltern und Freunde mitbringen.«

Das werde ich ganz bestimmt nicht tun! Papa und Mama wären empört und Steffi würde mich komplett für verrückt erklären und mir endgültig die Freundschaft kündigen. Politische Einstellung spielt keine Rolle? Meint er das ernst?

»Unpolitischer Schweigemarsch«, sage ich. »Solidaritätsmarsch. Das glaubt ihr doch selbst nicht. Nach allem, was gelaufen ist. Den Aufmärschen der Rechten, den Unterschriftenlisten, den Diskussionen im Internet. Und der Sache mit Noah als Platon.«

»Noah würde wollen, dass du mitgehst«, drängt Sandra. Mein Einwand ist anscheinend komplett an ihr vorbeigegangen.

»Ihm wäre es sicher zu lasch, dass du nur an seinem Bett stehst und seine Hand hältst. Er hat seine Verantwortung erkannt, er ist ihr gerecht geworden und hat das größte Opfer gebracht. Selbst wenn es ein Fehler war, was er getan hat, er hat zumindest was getan. Was riskiert. Und du willst einfach bloß dasitzen und zusehen?« Sie schaut mich vorwurfsvoll an. »Noah hatte schon recht. Meine Schwester, hat er mir einmal gesagt, ist politisch ein Schaf. Auf solche Leute kann man nicht zählen. Deshalb hat er dich aus allem rausgehalten.«

Mit offenem Mund sitze ich da. Wie gelähmt. Während Sandra erst richtig in Fahrt kommt.

»Was muss denn eigentlich noch alles passieren, bis du endlich aufwachst! Wie kannst du Noah daliegen sehen und ruhig bleiben? Wo ist deine Wut? Und erzählt mir jetzt bloß keinen politisch korrekten Scheiß! Liebst du deinen Bruder überhaupt? Oder ist deine Angst, bei anderen anzuecken, größer als deine Liebe? Oder ist dir das alles einfach egal, und du wartest nur, bis du nach Berlin abhauen und Noah wieder vergessen kannst? Dann hau doch ab!«

»Sandra!«, platzt Alexander dazwischen.

Doch es ist zu spät, um ihre giftigen Pfeile abzuwehren. Sie haben mich getroffen, tief ins Herz, und dort sitzen sie und reißen mich innerlich auf. Ich kann Sandras Grausamkeit nicht fassen. Tief verletzt wie ein angeschossenes Tier springe ich auf, renne aus dem Café auf die Straße. Will bloß noch weg. Es ist mir egal, dass alle Leute mich anstarren.

»Leah!«, ruft Alexander mir nach.

Ein Teil von mir hat gehofft, dass er mir folgt. Und doch will ich ihn nicht sehen. Nicht mit ihm sprechen.

Er holt mich ein und packt mich am Arm.

Ich kann ihn nicht ansehen. Möchte weglaufen. Und bleibe doch stehen.

»Sandra meint das nicht so«, sagt er. »Sie steht unter Schock. Noah so zu sehen – das war zu viel für sie. Sie ist sensibler, als man denkt.«

»Mir völlig egal, ob sie sensibel ist!«, platze ich heraus. »Ihre Gefühle gehen mir total am Arsch vorbei!«

»Aber deine Gefühle gehen mir nicht am Arsch vorbei«, sagt er. »Und meine dir nicht. Zumindest hoffe ich das.«

»Du denkst doch auch, dass ich Noah nicht genug liebe, weil ich nicht alle Ausländer hasse«, schreie ich ihn an. »Ich liebe ihn! Mehr als mein Leben!«

»Das weiß ich, Leah. Und Sandra weiß es auch.«

Mir geht es nicht im Geringsten darum, was Sandra von mir hält. Mich quält, dass sie die Wahrheit ausgesprochen hat: Ich bin mit schuld, dass Noah so geworden ist. Ich hab ihn im Stich gelassen, weshalb er sich andere Vertraute suchen musste. Wäre ich nicht so egoistisch gewesen, läge er wahrscheinlich nicht im Koma.

»Wenn du nicht mitgehen willst bei dem Marsch«, sagt Alexander in ruhigem Ton, »dann lass es. Ist okay.«

Ich schaue ihn an. Er denkt immer noch, es geht mir um diesen blöden Schweigemarsch. Er versteht es nicht. Hat er es je verstanden? Oder worum ging es ihm? Ich spüre, wie sich zwischen uns ein Riss auftut. Wie er mir von einer Sekunde auf die andere fremd wird. Alles Vertraute, alle Nähe verschwindet in diesem Riss. Ob nur für diesen Moment oder für immer, das weiß ich nicht.

Mir ist danach, laut loszuheulen. Aber ich tue es nicht. Noch nicht. Nicht vor ihm. Er soll mich nicht so schwach sehen, wie ich mich fühle.

»Komm her.«

Ich lasse zu, dass er mich an seine Brust zieht und festhält.

»Du hast schon recht«, sagt er, »natürlich ist ein Marsch auch ein politisches Statement. Und wenn du es für so falsch hältst, solltest du nicht mitgehen. Überleg einfach mal in Ruhe, ob es für dich wirklich falsch wäre. Ich meine, Noah war anfangs auch ziemlich ablehnend gegenüber uns. Bis er gemerkt hat, dass er tief im Innern schon längst Zweifel an seiner bisherigen Einstellung hatte.« Er lockert die Umarmung. »Komm, gehen wir zurück.«

Ich schüttle heftig den Kopf. »Ich will Sandra jetzt nicht sehen. Und auch sonst niemanden. Ich fahr nach Hause.«

Er lächelt aufmunternd. »Ist gut. Kann ich verstehen. Aber eines kann ich dir versprechen: Du wirst noch nicht beim Auto sein, da hat dir Sandra schon geschrieben, wie leid es ihr tut.«

Das kann sie machen. Oder es lassen. Mir total egal. Ich will bloß weg.

»Bevor du gehst, muss aber eines unbedingt noch sein«, sagt er.

Und dann will er mich küssen. Anscheinend hat er nicht verstanden, dass mit *sonst niemand* er gemeint war. Ich drehe mich weg und gehe davon.

X

Alexander hat recht gehabt. Sandra hat mir wirklich sofort eine Nachricht geschickt und sich tausendmal entschuldigt.

Noah ist etwas Besonderes. Er ist mir näher, als du glaubst. Ich wollte dich nicht verurteilen. Jeder geht anders mit so einer Situation um. Mich macht so was unendlich wütend. Verzeihst du mir?

Obwohl die Nachricht schon zwei Tage alt ist, hab ich noch nicht geantwortet. Und auch auf die anderen nicht, in denen sie schreibt, wie sehr mein Schweigen sie quält. Ein paarmal hat sie sogar angerufen. Ich bin nicht rangegangen. Auch zu Alexander halte ich Funkstille. Er bedrängt mich nicht, will warten, bis ich bereit bin, ihn wiederzusehen. Das ist genau die Art Rücksichtnahme, die mein Verlangen, ihn zu sehen, steigert. Ich vermisse ihn wirklich. Trotzdem bleibe ich stumm.

Wenn mir zu Hause die Decke auf den Kopf fällt, laufe ich wie ein Zombie durch die Stadt. In einem von Noahs Hoodies, mit aufgesetzter Kapuze, damit mich keiner erkennt. Ich hab mich noch nie in meinem Leben so allein gefühlt. Weit und breit ist niemand, dem ich mich anvertrauen kann. Papa und Mama würden mich mit tausend Fragen bombardieren und mir zu Recht Vorwürfe machen. Wieso ich nicht gleich zu ihnen gekommen bin. Ja, wieso eigentlich? Ich dachte, ich schütze Noah. Aber vielleicht wollte ich vor allem mich selbst schützen. Denn wie sollte ich erklären, dass mir all das, was ich inzwischen erfahren habe, entgangen ist? Obwohl Noah und ich doch angeblich immer so eng miteinander waren?

Vor einem Drogeriemarkt bleibe ich stehen, mein Herz kneift sich kurz zusammen. Ein Mädchen mit Dreadlocks steht in der Schlange an der Kasse. Sie sah auf den ersten Blick aus wie Steffi, ist es aber nicht. Ich bin zugleich erleichtert und traurig. Noch so eine peinliche Begegnung wie beim letzten Mal brauche ich nicht. Aber ich merke, wie sehr ich sie vermisse. Keine Ahnung, ob das, was im Moment zwischen uns steht, wieder vorübergeht oder ob unsere Freundschaft hier endet. Wenn es so wäre, woran ist sie zerbrochen? Daran, dass ich jetzt rechte Freunde habe, selbst eine Rechte geworden bin und mich von Steffi zurückgezogen hab, um nicht von ihr verurteilt und verstoßen zu werden? Aber ich bin doch überhaupt keine Rechte! Fühle mich kein bisschen so. Nach Steffi, für die schon Zweifel an ihren Prinzipien Verrat ist, bin ich es vermutlich schon. Es macht mich wütend, dass sie so engstirnig ist. Aber mehr noch vermisse ich sie.

Ich gehe weiter. Ziehe mir die Kapuze des Hoodies tiefer ins Gesicht, obwohl ich darunter schwitze wie verrückt. Auf dem

Rückweg nach Hause sehe ich Eva an einer Straßenecke. Auch eine neue Freundschaft, die ich nicht erwartet habe. Sie ist nicht allein, sondern quatscht mit jemandem. Auf den zweiten Blick erkenne ich Torsten. Ich wusste gar nicht, dass die beiden zusammen abhängen. In der Schule haben die nie miteinander geredet, soweit ich weiß. Hat Eva etwa Noahs Freundschaft mit Torsten rausbekommen? Kommt sie Noahs Doppelleben langsam auf die Spur? Na ja, wenn es so ist, kann ich jetzt auch nichts mehr machen. Ich wechsele die Straßenseite. Will nicht, dass die beiden mich erkennen.

Vielleicht hat Sandra recht. Ich setze mich für nichts ein. Und deshalb ist mir alles egal. Meine alten Freunde. Meine Eltern. Noah. Auch, wer mir diese Videos schickt, will ich gar nicht mehr wissen. Ich hab das alles so satt: die Schwierigkeiten, die Zweifel und Verunsicherungen. Im Moment will ich wirklich nur eines: weg von hier, und zwar so weit wie möglich.

Ich kann einfach nicht mehr.

Wann hört das endlich auf?

X

Es hört noch lange nicht auf. Schon, weil die Vorbereitungen für den Schweigemarsch anlaufen. Ich frage mich die ganze Zeit, ob ich nicht doch hingehen soll. Das heißt, eigentlich sage ich mir, dass ich nicht hingehe. Aber eine kleine, unüberhörbare Stimme in meinem Kopf fragt dauernd: Und wenn es Noah wirklich etwas bedeuten würde? Es kommt mir so vor, als hätte ich endlich die Möglichkeit, was für ihn zu tun. Ein kleines Zeichen zu setzen. Doch ich entscheide mich dafür, zu Hause zu bleiben und mich feige zu verkriechen. Obwohl eine zweite Stimme mir sagt, dass es nicht so ist, beschimpft mich die erste als eine Versagerin, nein, eine Verräterin.

Umso genauer verfolge ich die Ankündigung und Vorbereitung des Schweigemarsches im Internet. Die Stadtverwaltung hat wieder versucht, ihn zu verbieten, doch ein Gericht hat entschieden, dass der Marsch unter Auflagen stattfinden darf. Alexander und Sandra haben mir mehrfach über WhatsApp geschrieben und mich gebeten zu kommen. Ich hab Alexander nur ein einziges Mal geantwortet: Ich brauche Zeit und Ruhe. Das heißt nicht, dass es aus ist. Mit uns. Er hat mit einem tanzenden Emoji geantwortet.

Einschlägige rechte Foren im Internet summen und brummen seit dem positiven Gerichtsurteil wie Bienenstöcke. Alle wollen kommen. Selbst aus fernen Städten. Es könnten mehrere Tausend Menschen werden. Würde ich da überhaupt auffallen? Vielleicht wäre das ja ein Kompromiss: Ich gehe hin, allerdings ohne dass jemand mich erkennt. Irgendwo in der dichten Menge, sodass keiner mich sieht.

Der Tag ist da, und ich weiß noch immer nicht, was ich tun soll. Meine Uhr zählt Stunden, Minuten und Sekunden herunter, sie schmelzen weg wie eine Wand aus Eis, die mich von dem Ereignis und von einer Entscheidung trennt. Noah hat immer gesagt, er ist der Kopf, ich der Bauch. Welche Entscheidung triffst du also, lieber Bauch? Was soll ich tun?

Ach, was soll's! Wenn ich zu Hause bleibe, gehe ich in meinem Zimmer noch die Wände hoch!

Ich schnappe mir wieder Noahs Kapuzenshirt und schleiche mich aus dem Haus. Draußen schwinge ich mich auf mein Rad und trete heftig in die Pedale. Steffi wird auch da sein, fällt mir ein. Nur wird sie bei den Leuten stehen, die den Marsch verhindern wollen. Sie darf mich auf keinen Fall erkennen. Sonst ist jede Chance, unsere Freundschaft wieder zu kitten, verloren. Wenn ich an dem Marsch teilnehme, heißt das ja nicht, dass ich von jetzt an alles unterschreibe, was die Rechten von sich geben. Ich tue das für Noah und sonst niemanden.

Je näher ich der Bahnhofstraße komme, desto belebter wird es. Kleinbusse mit Kennzeichen, die eindeutig nicht hier aus der Gegend stammen, parken alles zu, die Gehwege sind so voll mit Leuten, dass die Fußgänger auf der Straße laufen. Mannschaftswagen der Polizei verstellen den Weg zum Bahnhof, die Polizisten stehen abwartend am Straßenrand und beobachten alles. Einige sind in voller Montur, wie vor einer Straßenschlacht. Mir wird klar, dass es vielleicht doch keine so gute Idee war, mit dem Rad zu kommen. Wenn es Krawall gibt, ist hier gar nichts mehr sicher. Ich steige ab, schiebe das Rad hinter einen Busch und kette es an einen Maschendrahtzaun. Wird schon keiner klauen, bei all der Polizei. Ich schalte mein Handy auf stumm, ziehe mir die Kapuze tief ins Gesicht und marschiere los.

Auch wenn ich stur auf den Boden vor mir starre, erkenne ich doch, dass hier nicht nur radikale Rechte und Neonazis unterwegs sind. Im Gegenteil. Viele könnten Nachbarn in unserem Viertel sein und manche kommen wahrscheinlich auch von dort. Versehentlich remple ich einen an, der mit dem Handy filmt, und bemerke erst dann, dass es Torsten ist.

»Was machst du denn hier?«, fragt er.

»Will nur sehen, was los ist«, antworte ich. »Und du?«

»Ebenso.«

Er verschwindet zwischen den Leuten. Erleichtert gehe ich weiter. Ich hab schon befürchtet, dass er sich mir anschließen will.

Sowohl ältere als auch viele jüngere Leute sind gekommen. Niemand trägt ein Abzeichen oder so was, das auf eine politische Gesinnung schließen ließe. Manche haben eine weiße Rose in der Hand. Und die Rosendichte nimmt zu, je näher ich dem Ort komme, an dem Noah ins Koma geprügelt wurde. Offenbar verteilt die da jemand. Besser, ich halte mich von dort fern.

»Hey, Leah!«, ruft ein Mädchen neben mir. »Bist du das? Bleib doch stehen!«

Shit! Jetzt hat mich doch jemand gesehen!

Ich gehe weiter, in der winzigen Hoffnung, dass nicht ich gemeint bin. Schließlich gibt es noch andere Leahs auf der Welt. Doch dann fasst mich eine Hand an der Schulter und hält mich fest. Ich hebe den Kopf und schaue in das Gesicht einer jungen Frau mit Zöpfen: Milena. Sie trägt die ADler-Uniform: weißes Hemd, schwarzer Rock. Vor Schreck über die Enttarnung bringe ich kein Wort raus. All die Menschen und ich laufe trotzdem schnurstracks in sie rein.

»Da werden Alexander und Sandra sich freuen«, sagt sie. »Wir haben nicht mehr mit dir gerechnet.«

Ehe ich mich wehren kann, hat sie mich schon am Arm gepackt und zieht mich fort.

»Schaut mal, wen ich gefunden hab!«, ruft sie.

Ein paar ebenfalls schwarz-weiß uniformierte Leute vor uns drehen sich um, eine ist Sandra, daneben Alexander. Schlagartig wird mir heiß, als würde ich von einer Hitzewelle gepackt. All die Gefühle, die ich aufgespart, all die Sehnsucht, die ich unterdrückt habe, bricht in diesem einen Moment auf und will mich forttragen. Ich möchte ihn umarmen, ihn küssen. Doch ich erinnere mich sofort wieder, wo wir sind. Dass er kein bisschen anders empfindet als ich, könnte nicht klarer in seinem Gesicht geschrieben stehen. Er tritt auf mich zu. »Wie schön, dass du da bist«, sagt er. Dann will er mir eine Rose in die Hand drücken, doch ich lehne ab.

»Was soll das mit den Rosen?«, frage ich. »Das ist doch keine Beerdigung.«

Sandra stellt sich neben mich. »Hey«, sagt sie vorsichtig. »So ist das gar nicht gemeint.«

Sie hakt sich auf der einen Seite unter, Alexander auf der anderen. Nun schafft es doch jemand, mir eine weiße Rose in die Hand zu drücken. Dann geht es auch schon los. Zu meiner Bestürzung sehe ich, dass wir uns fast in der vordersten Reihe befinden. Jeder wird mich sehen. Und Alexander und Sandra halten mich so fest, dass ich mich mit Gewalt losreißen müsste, um wegzukommen. Doch das tue ich nicht. Auch nicht, als mir jemand von hinten die Kapuze vom Kopf zieht, sodass mein Gesicht selbst aus der Ferne klar und deutlich zu erkennen ist.

X

Das Schweigen hält. Niemand sagt ein Wort. Nur die Schritte der vielen Schuhe auf dem Asphalt. Mir ist, als könne ich die Leute neben und hinter mir atmen hören. Als wäre es ein einziges Atmen. Etwas greift von einem auf den anderen über, bindet alle zusammen wie ein unsichtbares Band und formt eine Einheit. Meine Gedanken werden leiser und leiser und sind irgendwann wie auf stumm geschaltet. Was bleibt, sind meine Gefühle, und die quellen schier über, Tränen rinnen mir über das Gesicht. *Siehst du das, Noah? Das ist alles für dich!*

In den abgeriegelten Seitenstraßen, hinter den Absperrungen und den Polizisten ballen sich die Gegendemonstranten zusammen, sie rufen ihre Sprechchöre und blasen in Trillerpfeifen, doch das erreicht uns nicht. Zumindest dringt es nicht in die Einigkeit des Zugs ein, sondern perlt daran ab wie Wasser von einer Gummiwand. Einmal schaue ich doch zu denen hinüber, und ich bilde mir ein, dass ich Steffi dort erkenne, aber wahrscheinlich täusche ich mich, das wäre schon ein sehr großer Zufall.

Vor uns taucht der Gerberblock auf. Nun wird mir doch ein wenig mulmig. Um mich herum spüre ich eine Art nervöse Aufgekratztheit. So als würde gleich was passieren. Ich schaue mich um. Entdecke hinter mir diese Sonja, die erst meine Unterschrift gegen Ausländer wollte und mich später aus dem Auto heraus beschimpft hat. Der Typ, der dabei am Steuer saß, ist auch dabei. Ich erkenne das Tattoo an seinem Hals. Mein Blick bleibt aber auf dem Reichsadler hängen, der auf seinen Unterarm tätowiert ist. Sonja hat mich auch erkannt, sie grinst breit und hebt den Daumen. Rasch drehe ich mich weg.

Der Zug kommt nicht ganz bis zum Gerberblock, denn der ist von Polizisten abgeriegelt. Uns trennen noch etwa sechzig, siebzig Meter. Weiter, als ein Wurfgeschoss oder ein Molotowcocktail fliegen kann. Auch hier bleibt alles still. Wir stehen nur da. Nun wirkt die Stille eher gespenstisch. Wie die Ruhe vor dem Sturm. Und dieser Sturm sind wir. Ich schaue zum Gebäude hinüber. Am Fenster stehen Menschen und schauen auf uns herunter. Einer von ihnen könnte Amir sein. Plötzlich fühlt es sich falsch an, hier zu sein. Ich hab nichts gegen Amir. Er hat weder mir noch Noah was getan. Ich wollte ein Zeichen für Noah setzen, nicht gegen Amir.

Dann fällt mir wieder ein, was Noah in seinem letzten Video gesagt hat: Es geht nicht um Einzelne. Dies ist ein lautloser Krieg. Ein Krieg in Zeitlupe.

Von hinten rollt etwas auf mich zu. Ich weiß nicht, was es ist, ich höre nur eine Art Summen. Die Leute summen. Immer mehr stimmen ein, es wird immer lauter. Dann wieder leiser. Dann wieder lauter. An- und abschwellend wie Meeresrauschen. Ich schaue zu Alexander, der mich noch immer eingehakt hält, danach zu Sandra. Sie stimmen auch ein. Aber ich bleibe stumm.

Ein Polizist tritt aus der Reihe und auf die Straße. Er hält sich ein Megafon vor den Mund.

»Meine Damen und Herren, der Marsch ist hier zu Ende. Bitte lösen Sie die Versammlung auf. Gehen Sie nach Hause. Die Veranstaltung ist aus. Vielen Dank für Ihre Disziplin. Behalten Sie sie auf dem Heimweg bei, dann hatten wir alle einen guten Tag.«

Während er seine Ansage wiederholt, tauchen auf dem Dach des Gerberblocks plötzlich mehrere Gestalten auf. In wenigen Sekunden haben sie etwas vom Dach herunterstoßen. Es entpuppt sich als riesiges Transparent, das sich vor der Fassade des Blocks abrollt:

*#zeichensetzen-für-noah*

*#kampf-gegen-überfremdung*

Darunter befindet sich der Adlerkopf, wie ich ihn vom Medaillon der ADler kenne. Hinter mir klatschen und johlen einige Leute. Und noch bevor ich das ganz verdaut hab, sehe ich aus einem Fenster Rauch aufsteigen. Dort muss das Treppenhaus sein. Der Applaus wird noch lauter. Im Gerberblock geht der Feueralarm los. Voller Schrecken schaue ich Alexander an, bringe aber noch immer kein Wort heraus.

»Verschwinden wir«, sagt er. »Komm!«

Ich will wirklich weg, doch nicht mit ihm. Allerdings sind wir in dem Gedränge gefangen, das jetzt entsteht, weil die Polizei die Menschen zurückschiebt. Ich unterdrücke einen Anflug von Panik.

Die Polizei rückt vor, um die Menschenmenge zu zerstreuen.

Es kommt zu Rangeleien, und ein paar Leute fangen an, sich über die Polizei zu beschweren.

»Wir sind Bürger und mit unseren Steuern bezahlen wir euch!«, höre ich einen älteren Herrn neben mir schimpfen, »also erzähl du Bengel mir nicht, was ich zu tun hab!«

Aggressivität liegt in der Luft, ein Ellbogen trifft mich im Rücken. Die Panik kehrt zurück, diesmal stärker. Wieder gelingt es mir, sie wegzudrücken, bevor sie unbeherrschbar wird. Alexander nimmt mich an der Hand. »Komm mit«, sagt er und zieht mich fort. Eigentlich wollte ich nicht mit ihm gehen, doch jetzt ist mir alles recht, wenn er mich nur von hier wegbringt, bevor die aufgestaute Wut sich entlädt.

X

Das Sirenengeheul der Feuerwehr ist noch mehrere Straßen weiter zu hören, bis in unser Versteck im Hinterhof eines stillgelegten Geschäftsbaus. Ich muss schon sagen, für einen reichen Typen, der auf einem Pferdehof lebt, kennt Alexander sich hier ziemlich gut aus. Wobei … Na klar, die haben sich natürlich auch über den Fluchtweg, den sie nach der Aktion brauchen, ihre Gedanken gemacht. Die ganze Aktion ist von langer Hand geplant und vorbereitet und das macht mich stocksauer.

»Du hast mich voll verarscht!«, schreie ich Alexander an, kaum dass ich ein wenig zu Atem gekommen bin. »Von wegen Schweigemarsch. Von wegen ›Wir sind ein Debattierclub, wir reden nur‹. Das war euer Zeichen auf dem Transparent! Ihr seid

Brandstifter. In dem Haus leben Familien mit Kindern! Ist euch das egal? Oder sogar recht?«

»Hey«, sagt er und will mich an der Schulter anfassen, doch ich zucke zurück. »Das mit dem Feuer war keiner von uns. Zumindest war es nicht geplant. Und es sah bestimmt schlimmer aus, als es war. Die haben dort ja überall Feuerlöscher.«

Ich kann nur hoffen, dass es stimmt. Doch dass er mich beschwichtigen will, zieht nicht.

»Was war eigentlich noch alles gelogen?«, schreie ich ihn. »Oder ist die Liste kürzer, wenn ich frage: Was war nicht gelogen? Kennt ihr überhaupt noch den Unterschied?«

»Lass es mich erklären.«

»Ihr wolltet mich in eure Sache reinziehen, weil ihr dann besser ausseht, wenn jemand aus Noahs Familie dabei ist.« Ich hole Luft. »War das von Anfang an der Plan? Deshalb habt ihr so freundlich getan. Die Videos. Das ward ihr doch, oder?«

»Damit haben wir nichts zu tun! Ich schwöre!« Er hebt die Hand.

»Schwör lieber nicht!«

»Das hat voll eingeschlagen!«, erklingt Sandras Stimme.

Ich drehe mich um. Sie kommt mit stolzem Gang und erhobenem Haupt auf uns zu. Also tatsächlich ein abgemachter Treffpunkt. Das heißt, die anderen ADler kreuzen bestimmt auch gleich auf.

»Und wie das eingeschlagen hat«, sage ich sarkastisch.

»Überraschung geglückt?«, fragt Sandra grinsend.

»Oh ja, total. Ein Schweigemarsch sollte es werden. Mit einer

Prise Feuer. Wer von euch hat sich das ausgedacht? Ihr beide zusammen? Wie konntet ihr das tun?!«

Alexander und Sandra tauschen einen Blick, dann sagt Alexander: »Das Ganze war Noahs Idee.«

Das verschlägt mir glatt die Sprache. Jetzt schieben sie die Schuld auch noch auf Noah! Aber schon mischt sich in meine Wut hilflose Verzweiflung. Ist das möglich?! Kann das wirklich Noahs Idee gewesen sein?

»Er wollte immer, dass wir nicht bloß reden, sondern handeln. Zeichen setzen. Und die Bude abbrennen.« Sandra grinst immer noch triumphierend und allein dafür würde ich sie am liebsten ohrfeigen. Doch mir fehlt die Kraft. Ich kann kaum klar denken. Wenn ich Noah nur verteidigen könnte! Wenn ich nur selbst überzeugt wäre, dass sie lügen. Aber nach dem, was ich auf dem letzten Video gesehen und gehört hab, halte ich alles für möglich.

»Das ist … nicht wahr …«, keuche ich mit letztem Atem, wie eine Ertrinkende. »So was würde Noah nie …«

Alexander wirft einen vorwurfsvollen Blick auf Sandra. Ihr triumphierendes Auftreten gefällt ihm wohl nicht. Doch sie ignoriert ihn. Sie ist voller Adrenalin und kommt erst richtig in Fahrt.

»Ohne das Feuer wäre alles umsonst gewesen«, erklärt sie. »Wen juckt es, ob einem von denen was passiert ist. Die hätten da eh nicht leben sollen, die haben ihr eigenes Land. Und so ein bisschen Feuer und Panik ist doch nichts Neues für die.«

»Du spinnst total!«, sage ich und sehe sie ungläubig an. Das soll die nette, wohlerzogene und gebildete Sandra sein, mit der ich ausreiten war? »Es kann Hunderte Tote geben. Auch Kinder!«

»Ach was!«, wischt sie meine Bedenken fort. »Wir müssen handeln. Noah hat das glasklar erkannt. Und hat sein Opfer gebracht.«

»Sein Opfer?«, frage ich sie. »Was meinst du damit?«

»Halt jetzt den Mund!«, fährt Alexander Sandra an.

»Wieso denn? Ich finde, sie soll es ruhig wissen.«

»Was wissen?!«, frage ich bang.

»Wir haben mal in einer unserer Advocatus-Diaboli-Runden diskutiert, ob es eine Pflicht gibt, sein eigenes Leben für sein Volk zu opfern. Manchmal löst so ein Opfer etwas aus. Bringt etwas in Bewegung.« Alexander schaut Sandra an. Er scheint unsicher, was er tun soll. Doch Sandra ist so aufgedreht, sie ist durch nichts zu bremsen. »Wir denken, dass Noah absichtlich umgebracht werden wollte, damit das Volk aufwacht und sich gegen seine Auslöschung wehrt.«

Ihre Worte sind wie ein Schlag ins Gesicht. Ich bin total benommen. »Das ist doch … das kann unmöglich …«, kann ich nur flüstern.

Die anderen ADler treffen ein. Alle sind begeistert von dem, was sie angerichtet haben. Sie berichten von Flammen, die aus einem Fenster schlugen, vom Feuerwehreinsatz, von Panik unter den Bewohnern des Gerberblocks. Aber es scheint, dass ein größerer Brand verhindert wurde, die Feuerwehr alles unter Kontrolle hat und die Bewohner mit dem Schrecken davongekommen sind. Das beruhigt mich etwas.

Ich hab genug von all dem, drehe mich um und gehe einfach weg.

Alexander eilt mir auf die Straße nach und hält mich fest.

»Das ist jetzt natürlich hart für dich«, sagt er, »aber du solltest stolz auf Noah sein. Er ist ein echter Held.«

Was soll ich zu so einem Irrsinn sagen? Mir fällt nichts ein. Also schweige ich.

»Und damit du es weißt: Ich war dagegen, dass Feuer gelegt wird.«

So eine Idee überhaupt zu fassen, ist widerwärtig. Sich hinterher rauszuwinden, wie er es jetzt tut, ist armselig.

»Ich dachte«, sage ich kühl, »eure Entscheidungen fallen immer einstimmig.«

Er ignoriert meine Worte, beschwört mich nur: »Für dich ist es an der Zeit, dich zu entscheiden. Du weißt inzwischen so viel mehr als noch vor einigen Wochen. Was auf dem Spiel steht. Wenn du irgendwann Kinder hast und sie fragen dich: ›Was hast du damals getan, um die Auslöschung unseres Volkes zu verhindern?‹, was willst du ihnen sagen? Dass du einfach nur zugesehen hast? Noah ist die Entscheidung auch nicht leichtgefallen. Aber irgendwann hat er sich für eine Seite entschieden. Beweis ihm, dass du genauso stark bist wie er!«

Mein Blick fällt auf eine weiße Rose, die zertreten auf dem Bürgersteig liegt. Eine von denen, die vor dem Schweigemarsch verteilt wurden. Mir fällt die Widerstandsgruppe junger Studenten wieder ein, die sich im Dritten Reich *Die Weiße Rose* nannte. Sophie und Hans Scholl waren zwei von ihnen. Sie und einige andere wurden zum Tode verurteilt und hingerichtet. Darauf sollte die Rose also anspielen. Was würden diese echten Widerstandskämpfer wohl sagen, wenn sie wüssten, dass sich nun Leute mit ihrem Symbol schmücken, die nur einen Schritt von denen entfernt sind, gegen die sie gekämpft haben und von denen sie am Ende umgebracht wurden?

»Und das mit uns beiden …«, setzt Alexander vorsichtig an, bringt den Satz aber nicht zu Ende.

Wahrscheinlich hat er gemerkt, wie unpassend es ist, jetzt von einem *Uns* zu sprechen. Ich löse meinen Arm aus seinem Griff und setze meinen Weg fort.

»Hey«, ruft er mir nach, »du kannst mich nicht schon wieder einfach stehen lassen.«

Doch. Kann ich.

X

Auf dem Weg zu meinem Rad höre ich immer wieder Sirenen heulen, die Straßen sind voller Polizisten und abziehender Marschierer, Gegendemonstranten, Schaulustiger. Was ich von ihren Gesprächen aufschnappe, bestätigt mir, dass der Brand und überhaupt die Situation am Gerberblock unter Kontrolle sind und niemand ernsthaft verletzt wurde. So ein Glück!

Mein Rad ist noch genau da, wo ich es zurückgelassen hab. Ich schließe das Schloss auf und hole es hinter dem Gebüsch hervor. Aber ich steige nicht auf, sondern schiebe. Ich hab es nicht besonders eilig, nach Hause zu kommen. Im Moment fühle ich mich noch wie eine Schlafwandlerin in einem bizarren Traum, alles ist nah und fern zugleich, meine Gefühle und Gedanken gehen in dem ganzen Durcheinander um mich herum unter. Mir fällt ein, dass mein Handy auf stumm geschaltet ist. Ich sollte nachsehen, was sich bisher getan hat. Wie erwartet, haben Mama und Papa mich mit Sprach- und Textnachrichten zugeballert, ohne mir genau zu sagen, was sie von mir wollen. Nur: Wo bist du?! Melde dich!!!! Wir machen uns Sorgen!!! Mit ungewöhnlich vielen Ausrufezeichen. Bin unterwegs, antworte ich, damit sie sich keine Sorgen machen. Schlechter Empfang. Sonst alles gut. Danach schreibe ich auch noch Amir, frage ihn, wie es ihm geht. Mir geht es gut, antwortet er. Erleichtert setze ich meinen Weg fort.

Je weiter ich mich von der Bahnhofsgegend entferne, desto mehr komme ich von dem tranceartigen Zustand wieder runter auf normal. Dass ich bei dem Marsch dabei war, wird ziemlich schnell die Runde machen. Bestimmt werden gerade zig Fotos und Videos hochgeladen, auf denen ich drauf bin. Bei dem Gedanken packt mich die Wut. Auf Sandra und Alexander. Sie wussten, dass das passieren würde. Nein, sie wollten es. Und ich war so vertrauensselig, nein, so dumm, das nicht zu durchschauen!

Ich steige auf das Rad und fahre nach Hause. Dort bremse ich vorsichtig ab, damit Mama und Papa mich nicht schon von Weitem hören. So leise wie möglich schiebe ich das Rad in die Garage und schleiche ins Haus. Doch keine Chance, Mama ist in ihrer Alarmstimmung so aufmerksam, dass sie wahrscheinlich eine Maus pupsen hören würde. »Leah!«, schallt es aus dem Wohnzimmer. Notgedrungen schlurfe ich zu ihr. Sie sieht mich entgeistert an. »Wo warst du?«

»Unterwegs«, sage ich, ohne sie anzusehen, in der vagen Hoffnung, dass das keine Fangfrage war und sie noch nicht mitgekriegt hat, wo ich wirklich war. »Hab ich doch geschrieben.«

»Hast du nicht gesehen, was in der Stadt los ist?«, fragt sie.

Ich zucke bloß mit den Schultern.

»Ein Schweigemarsch für Noah. Zum Gerberblock. Und dann gab's dort ein Feuer!« Sie klingt, als würde sie gleich explodieren.

Aber ich spiele mein Spiel weiter und vermeide Augenkontakt. »Schlimm?«

»Die Feuerwehr war zum Glück nicht weit und hat sofort gelöscht.« Sie kommt einen Schritt näher. »Du warst nicht zufällig dort?«

Mir wird mulmig. »Na ja … was meinst du genau mit … dort?«

»Das hier!« Sie nimmt ihr Handy, wischt und tippt ein wenig darauf herum, dann hält sie es mir hin. Ein ziemlich verwackeltes Video, das mich in der vordersten Reihe der Demonstranten zeigt. »Bist du das?«

Ich schaue nur flüchtig hin. »Sieht so aus.«

»Willst du mich verarschen?«, fährt sie mich an. »Natürlich bist du das! Klar und deutlich.«

Okay, sie hat mich auflaufen lassen. Aber sie weiß nicht alles. Der noch viel üblere Rest würde sie wahrscheinlich komplett zum Ausflippen bringen.

»Das ist total dumm gelaufen«, sage ich kleinlaut.

»Dumm gelaufen also. Da bin ich aber gespannt.« Sie verschränkt die Arme vor der Brust.

»Ich wollte bloß so hingehen. Unerkannt. Mir ansehen, was läuft. Deshalb auch das Kapuzenshirt. Aber jemand hat mich erkannt. Und in die vorderste Reihe gezogen. Ich wollte das nicht. Echt nicht.«

Eigentlich trifft das ziemlich die Wahrheit. Trotzdem fühlt es sich wie eine Lüge an.

»Wie konntest du? Jetzt denken alle, dass du eine von denen bist. Von Leuten, die Flüchtlingsunterkünfte anzünden. Das macht im Nu die Runde. Und es bleibt auf ewig im Netz.« Sie wirkt jetzt weniger sauer, eher, als habe sie Mitleid mit ihrer naiven Tochter, die die Folgen ihrer Handlungen nicht überblickt. »Was, glaubst du wohl, hätte Noah dazu gesagt?«, fragt sie.

Darauf antworte ich besser nicht.

Wenn Mama denkt, dass sie mir auch nur einen einzigen, egal wie winzigen Vorwurf machen kann, den ich mir nicht selbst mache, dann liegt sie falsch.

Mein Handy meldet eine WhatsApp-Nachricht. Von Steffi: Schwör mir, dass das nicht du bist!!! Ein Video ist angehängt. Sicher dasselbe, das Mama mir eben gezeigt hat. Ich stecke das Handy ein, ohne zu antworten.

»Ich geh in mein Zimmer«, sage ich zu Mama. »Oder ist noch was?«

Sie schüttelt bloß den Kopf. Enttäuschung in ihren Augen.

Ich schleiche raus, die Treppe hinauf. Oben drücke ich leise die Tür ins Schloss. Dann lasse ich mich aufs Bett fallen. Das Handy in meiner Hosentasche piept und klingelt ein paarmal. Steffi immer wieder und ein paar andere Freunde. Einmal Alexander. Ich schalte das Handy aus und lege es auf den Nachttisch. Dann lege ich mich wieder hin und starre an die Zimmerdecke.

Was passiert hier gerade?

Wenn Alexander und Sandra nicht gelogen haben, war das alles Noahs Plan. Er hat sich erst zusammenschlagen lassen, um zum Märtyrer zu werden und so eine Bewegung in der Bevölkerung auszulösen, die dazu führt, dass Flüchtlingsunterkünfte brennen. Das ist doch totaler Wahnsinn! Nein, ich will das nicht glauben. Aber bloßes Wollen genügt nicht. Ebenso wenig wie Glauben und Vertrauen. Im Moment wäre das nur Wunschdenken. Ich sollte mich langsam an den Gedanken gewöhnen, dass ich den Noah von früher für immer verloren hab.

Meine Kehle wird eng. Eine Welle aus Schmerz und Empörung überrollt mich, ich kann mich gerade noch herumwerfen und mein Gesicht ins Kissen drücken. Schreie hinein. Einmal, zweimal. Es fühlt sich an, als würde an meinem offenen Herzen herumgestochert und geschnitten. Als solle meine Liebe zu Noah entfernt werden. Ich wehre mich dagegen. Er ist und bleibt mein Bruder!

Die Welle verebbt, der Druck weicht von mir, der Schmerz in meiner Brust lässt nach. Ich setze mich auf und wische mir die Tränen aus dem Gesicht. Wo eben noch Verzweiflung war, wächst jetzt Zorn.

Nicht genug, dass sie mir Noah genommen haben, sie wollten auch mich noch hineinziehen. Benutzen. Klar, wenn es so aussieht, als würde Noahs Familie hinter all den Aktionen stehen, dann verschafft das ihnen und ihren Aktionen heute und in Zukunft größere Berechtigung. Dann sieht es so aus, als würden die das für uns tun.

Die … Sandra und Alexander.

Ich bin so dumm! Bin auf den billigsten von allen Tricks reingefallen: romantische Gefühle. Hab mit Alexander Romeo-und-Julia gespielt, während er mich nur benutzt hat. Er kennt seine Wirkung auf andere. Steht gern im Mittelpunkt. Hat gern die Fäden in der Hand. Und sie haben gekriegt, was sie wollten: die Bilder, die jetzt im Internet kursieren. Das Ganze war von Anfang an so geplant. Und es hat schon mit diesen Videos aus Noahs Vlog angefangen. Die kommen bestimmt auch von Alexander. Oder von Sandra. Womöglich war sogar das ein Teil von Noahs großem Plan. Bestimmt, deshalb hat er sich filmen lassen.

Ich schlage meine Faust in das Kissen, in das ich eben noch hineingeweint und -geschrien hab. Einmal, zweimal, dreimal. Dann halte ich inne.

Ist es so wie ich es mir gerade zusammenreime? Oder bastle ich mir meine eigene Verschwörungstheorie?

Ich weiß es nicht. Ich weiß überhaupt nichts mehr.

Nach einer Weile setze ich mich auf und schalte mein Handy wieder an. Unzählige Nachrichten. Eine von Alexander.

Bitte verzeih, dass ich nicht immer ehrlich zu dir war. Eines aber war immer echt und wahr: meine Liebe.

# X

Tausendmal hab ich Alexanders Nachricht in den letzten Tagen gelesen, sie kommt mir vor wie ein letzter Pfeil, den er auf mich abgeschossen hat, und ich frage mich, ob er vergiftet ist. Wenn Alexander mich wirklich lieben würde oder auch nur einen Moment geliebt hätte, dann hätte er mich nicht derart benutzt. Doch wenn er nichts für mich empfindet, wieso schreibt er mir dann? Welchen Wert hab ich noch für ihn? Was erhofft er sich davon? Zwei Tage lang hab ich ihn in meiner Wut geblockt. Bis gestern. So ganz kann ich noch nicht mit ihm abschließen. Irgendwie hoffe ich, dass zumindest noch eine Erklärung kommt. Irgendwas, durch das ich mich weniger schlecht fühle, keine Ahnung, was genau.

Als wäre nicht alles schon schlimm genug, sind in den letzten Tagen weitere Videos aufgetaucht. Weil ich selbst mich aus dem Internet ausgeklinkt und mein Handy ausgeschaltet hab, war Mama die Überbringerin der schlechten Nachrichten. Schon als ich ihre laut polternden Schritte auf der Treppe gehört hab, ahnte ich Böses, und als sie dann die Tür aufriss und mir wütend ihr Handy hinhielt, bewahrheitete sich die Befürchtung.

»Du hast diese Leute …« Sie war so sauer, dass sie es nicht aussprechen konnte. »Ohne uns zu fragen …«

Das Video zeigt Alexander, Sandra und mich, wie wir das Krankenhaus verlassen. Wer hat dieses Video gemacht? An Zufälle glaube ich inzwischen nicht mehr. Jemand muss am Eingang gewartet und uns gefilmt haben. Jemand, der wusste, dass wir da waren, und für diesen Zweck bestellt war.

»Es tut mir leid«, konnte ich nur sagen und kam mir unendlich blöd vor. »Ich dachte … sie sagten, dass sie Freunde von Noah sind …«

»Sind das nicht dieselben, mit denen du bei diesem sogenannten Schweigemarsch warst?«, fragte Mama.

Ich nickte.

»Was sind das für Leute?«

Ich zuckte mit den Schultern. »Irgendwelche Leute halt.«

Sie schaute mich scharf an. »Verschweigst du mir irgendwas?«

In diesen letzten Tagen war ich mehrmals versucht, ihr alles zu erzählen. Nicht nur über Alexander, Sandra und die ADler, sondern auch von Noahs Videos. Den schrecklichen Dingen, die er darauf sagt. Doch ich brachte es nicht übers Herz. Auch wenn Mama und Papa ihre Zweifel haben, gehört Noah für sie immer noch zu den Guten. Und das soll er bleiben, solange es irgendwie geht. Vielleicht kommt die ganze Wahrheit ja nie raus, weil Noah, wenn er aufwacht, alles vergessen hat. Oder er sieht ein, auf was für einem üblen Trip er war. Dann dürfen sie den guten Noah behalten. Den Noah, den ich verloren hab. Nichts würde ich ihnen mehr wünschen als das.

»Natürlich nicht!«, fuhr ich sie an, damit sie nicht weiter nachbohrte.

Ich verbringe die Tage damit, in meinem Zimmer zu sitzen, meine Playlists rauf und runter zu hören, Serien zu gucken, Bücher zu lesen und die Tage zu zählen, bis ich nach Berlin gehe.

Aber die Zeit scheint stillzustehen. Manchmal kann ich mich aufraffen und laufen gehen. Natürlich fahren wir auch zu Noah, aber ich spüre meine Verbindung zu ihm kaum noch. Nicht dass er mir egal geworden wäre. Im Gegenteil. Es fehlt nur das Besondere, das wir immer hatten. Die Einheit, die wir waren.

Heute ist der bescheuerte Marsch genau acht Tage her. Ich fühle mich immer noch wie in einen Kokon aus Watte gepackt, in den die Welt nur gedämpft eindringt. Als es unten klingelt, nehme ich das kaum wahr. Dann klopft es an meiner Tür. Sieht so aus, als hätte ich Besuch. Die Tür geht einen Spaltbreit auf. Es ist Eva.

»Hey«, sagt sie und nimmt mich in den Arm. »Wie geht's dir?«

»Ganz okay«, sage ich. »Du redest also noch mit mir?«

Sie lächelt. Ich kann es kaum fassen, dass jemand mich anlächelt.

»Klar«, sagt sie. »Wieso nicht? Und wenn du meine Nachrichten gelesen hättest, wüsstest du das auch. Ich mach mir Sorgen um dich.«

Sie ist echt nett. Es tut mir plötzlich leid, dass ich sie in der Schule immer nicht beachtet habe. Dass ich sie für eine Wichtigtuerin hielt.

»Warst du heute schon im Internet?«, fragt sie.

»Bis jetzt nicht.«

Sie stöhnt auf. »Oh Mann, es nervt mich so, dass immer ich dir die schlechten Nachrichten überbringe.«

»Welche denn diesmal?«

Sie holt ihr Handy heraus und spielt mir ein Video vor. Mir

bleibt die Luft weg, als ich es nach den ersten paar Sekunden erkenne: Es ist das Video von Noah, das mir zuletzt geschickt wurde. In dem er den Gerberblock zum Kriegsgebiet erklärt. Mir wird schwindlig.

Evas Stimme kommt mir ganz weit weg vor. »Das verbreitet sich gerade überall im Netz.«

Mir ist klar, was das bedeutet. Nun sieht es wirklich so aus, als sei der Brandanschlag auf den Gerberblock praktisch ein Auftrag von Noah, ja beinahe schon so was wie sein Vermächtnis. Darauf werden sich jetzt alle stürzen.

»Hast du das gewusst?«, fragt Eva. »Dass Noah so tickt, meine ich.«

Ich kann nur stumm mit dem Kopf schütteln. Oder soll ich ihr die Wahrheit sagen? Nein, wenn ich mit jemandem reden muss, dann sind es meine Eltern. Mama wird bodenlos enttäuscht sein, wenn sie erfährt, wie lange ich schon weiß, was mit Noah los ist, und Papa wird mich für ein naives Mädchen halten. Wahrscheinlich haben sie beide recht.

Papa ist noch im Büro, aber Mama ist unten. Nachdem ich Eva verabschiedet habe, gehe ich zu ihr in die Küche. Mein Herz schlägt so heftig, dass ich es im ganzen Körper spüre.

»Kann ich dir helfen?«, frage ich, obwohl Küchenarbeit normalerweise nicht mein Ding ist.

Sie sieht mich erstaunt an. »Ja. Gern. Die Tomaten müssen gewaschen und aufgeschnitten werden.«

Ich gehe mit den Tomaten zum Spülbecken und lasse Wasser darüberlaufen. Wie soll ich nur anfangen? Was soll ich ihr genau erzählen? Sicher nicht die Sache zwischen Noah und Beate, das ist zu intim. Nur die politischen Dinge. Keine Ahnung, wie lange ich schon überlege, als Mama mich unterbricht.

»Ich denke, sauberer werden sie nicht.«

Ich schrecke auf und drehe das Wasser zu.

»Ich muss dir was zeigen, Mama«, sage ich, trockne meine Hände und ziehe mein Handy aus der Hosentasche. »Es geht um Noah.«

Sofort wird ihr Gesicht noch ein wenig ernster und blasser. Meine Knie werden weich, Zweifel kommen auf, ob ich wirklich das Richtige tue. Ich zeige ihr das Video und das verschlägt ihr die Sprache. Mir kommen die Tränen, aber ich schlucke sie runter. Es geht jetzt nicht um mich und meine Gefühle. Mama steht nur wie versteinert da. Sie braucht eine Weile, bis sie ihre Worte wiederfindet:

»Wo kommt das her?«

»Noah hat ein Videotagebuch geführt.«

»Und du wusstest davon?«

»Nein. Also … es ist so …«

Nun erzähle ich ihr von den Snaps mit den Internetadressen, den Dingen, die Noah in den Videos von sich gegeben hat. Ich erzähle ihr von den ADlern, bei denen er Mitglied ist, und was das für Leute sind. Von meinen Gefühlen zu Alexander erzähle ich ihr nichts, damit muss ich allein klarkommen.

Mama laufen die Tränen über das Gesicht. Ich habe damit gerechnet, dass sie mir Vorwürfe machen wird, und das tut sie auch, doch ganz anders als erwartet.

»Kind, warum hast du denn nichts gesagt? Du hättest das doch nicht mit dir allein herumtragen müssen.«

Jetzt breche auch ich in Tränen aus. »Erst wollte ich Noah schützen«, schluchze ich, »dann euch und … die ganze Zeit wahrscheinlich auch mich selbst …«

Mama nimmt mich in die Arme, hält mich ganz fest. »Was für ein Unfug! Du musst doch nicht mich oder Papa schützen! Wir müssen dich und Noah schützen. Dafür sind wir doch da.«

Alles fällt von mir ab. Mama ist der beste Mensch auf der Welt. Ich klammere mich an sie, so wie ich es als kleines Kind immer getan hab, wenn jemand gemein war oder ich mir wehgetan hat. Danach war die Welt wieder heil. Das aber, fürchte ich, wird Mama diesmal nicht hinkriegen. Und das liegt nicht an ihr.

X

Papa wartet unten im Wagen. Er wollte mich in die Polizeidienststelle begleiten, aber das hab ich abgelehnt. Da muss ich allein durch.

Ich habe Frau Bartels angerufen und angekündigt, dass ich komme. Ein Polizist in Uniform holt mich am Eingang ab und bringt mich in ihr Büro. Sie telefoniert noch, aber ich darf mich schon auf den Stuhl vor ihrem Schreibtisch setzen. Ich wünschte, ich hätte das hinter mir. Frau Bartels hat so was Strenges an sich, sie wird mir bestimmt gleich jede Menge Vorwüfe machen. Zu Recht, wie ich zugeben muss.

Nachdem sie ihr Telefonat beendet hat, wendet sie sich mir zu. »Geht es um das Video?«, fragt sie.

Ich nicke und sinke ein kleines Stückchen tiefer in mich zusammen.

»Ich bin ganz Ohr.«

Ich erzähle ihr von den weiteren Videos, die ich gekriegt hab. Was Noah genau von sich gegeben hat, weiß ich zwar nicht mehr im Einzelnen, aber die Richtung ist klar. Von der Sache zwischen ihm, Beate und Amir erzähle ich ihr nichts. Das geht sie nichts an, und ich kann mir nicht vorstellen, dass das für die Ermittlungen eine Rolle spielen könnte. Dafür erzähle ich ihr von den ADlern. Na ja, auch hier lasse ich den romantischen Teil aus. Frau Bartels hört sich alles geduldig an, macht ein paar Notizen. Sie wirkt nicht so, als würde sie bei dem, was ich berichte, innerlich jubeln. Ich hätte nicht herkommen sollen. Es bringt eh nichts. Trotzdem zeige ich ihr, als ich fertig bin, auch noch die Screenshots mit den Internetadressen. Ich schicke sie ihr aufs Diensthandy.

»Sie hatten mir eigentlich versprochen, sofort zu mir zu kommen, wenn Sie wieder so ein Video erhalten«, sagt sie. Es klingt nur ein ganz leichter Vorwurf mit. »Warum haben Sie es nicht getan?«

»Hätte es Ihnen denn viel gebracht?«

»Kann man nie wissen.« Sie lehnt sich zurück und sieht mich an. »Ihr Bruder scheint sich in kurzer Zeit sehr stark radikalisiert zu haben«, sagt sie schließlich. »Oft gibt es dafür einen Anlass. Haben Sie eine Idee, was das gewesen sein könnte?«

»Ist das sehr wichtig?«, frage ich zurück.

»Wenn es ein Schlüsselerlebnis gab, kann ein anderes Erlebnis ebenso wirken, nur in die andere Richtung.«

»Dafür müsste er erst mal aufwachen.«

»Geben Sie die Hoffnung nicht auf.«

Wir schauen uns an. Ihr Blick ist auf einmal sehr mild. Sie fasst über den Schreibtisch und berührt meine Hand. Ich spüre, dass das keine leere Geste ist. Hinter ihrer äußerlichen Strenge liegt viel Mitgefühl.

»Wir gehen dem allem nach«, schließt sie unser Gespräch ab. »Aber erwarten Sie nicht zu viel. Diese Leute wissen, wie sie ihre Spuren verschleiern.«

X

In den nächsten Tagen stürzt der Himmel über uns ein. Noahs Video wirkt wie Sprengstoff, es ist nicht mehr nur im Internet eine Riesensache, sogar die großen Medien schießen sich darauf ein. Ich bin die ganze Zeit todmüde. Als hätte mir jemand den Stecker gezogen und mein Akku schlagartig entleert. Mama, Papa und ich haben beschlossen, keine Zeitungen zu lesen, keine News im Internet anzuschauen, E-Mails ungelesen zu löschen. Wir haben uns komplett abgekoppelt. Wollen nichts mehr von der Welt wissen. Sogar die Rollläden lassen wir auf der Straßenseite unten. Trotzdem bleiben wir nicht von der Welt verschont. Dauernd klingeln unsere Telefone, Leute lungern vor unserem Haus herum, für einige linke Anarchos gehören wir jetzt zum rechten Mob und die bewerfen unser Haus schon mal mit faulen Eiern oder hinterlassen Schmierereien. Daraufhin sind ein paar Rechte aufgezogen, um uns zu beschützen, wie sie es nennen. Ohne dass wir es mitgekriegt haben, haben sie sogar ein *Nazis raus!* von unserem Briefkasten entfernt. Papa hat sie weggeschickt, ihnen sogar mit der Polizei gedroht, wenn sie nicht abhauen. Daraufhin sind sie tatsächlich verschwunden. Dafür drücken sich jetzt andere hier rum, allerdings von derselben Fraktion. Das ist total verrückt! Ich bleibe im Haus, schaue mir das alles vom Fenster aus an. Manchmal komme ich mir vor wie in einem Film, ich spiele eine Rolle, die jemand anders für mich geschrieben hat und für die ich eine totale Fehlbesetzung bin.

Es verletzt mich, dass von meinen Freunden so wenig Unterstützung kommt. Steffi hat mich anscheinend total abgeschrieben, mit Rechten redet sie nicht und ich bin jetzt für sie anscheinend eine Rechte. Andere lassen auch kaum was von sich hören. Nur Eva meldet sich noch.

Einen anderen Menschen, der ohne Wenn und Aber zu uns hält, gibt es auch noch: Mamas beste Freundin Beate. Ich frage mich, ob ich ihr nicht unrecht getan hab. Vielleicht ist das, was ich immer für Wichtigtuerei und Einmischen in fremde Angelegenheiten gehalten habe, in Wirklichkeit echtes Interesse an Leuten, die ihr was bedeuten. Jedenfalls unterstützt sie uns, wo sie nur kann. Weil Mama ihr geklagt hat, dass wir in unserem eigenen Haus nicht mehr zur Ruhe kommen, bietet sie uns an, dass wir bei ihr unterschlüpfen, bis sich die Wogen geglättet haben. Mama und Papa wollen das Angebot gerne annehmen, ihre Nerven liegen blank, und sie würden nach allem greifen, was auch nur nach einem Strohhalm aussieht. Obwohl ich mich nicht wohl bei dem Gedanken fühle, ausgerechnet Torsten um mich zu haben, stimme ich Papa und Mama zuliebe zu, denn sie würden niemals ohne mich gehen.

Wir treten unsere Flucht am späten Abend an, machen, inzwischen leicht paranoid geworden, ein paar Umwege und erreichen schließlich unser Ziel. Beate hat ihr Auto extra an der Straße geparkt, sodass wir unseres in der Garage verstecken können. Okay, ich finde das ein bisschen übertrieben, wir werden ja nicht von Mafiakillern verfolgt, halte mich aber zurück. Als wir uns im Gästezimmer einrichten, kommt Torsten nur einmal kurz aus seinem raus.

»Hi. Krass, wie das alles gelaufen ist, oder?«, meint er zu mir. »Ach ja, sag Mama nicht, dass ich auch bei dem Marsch war. Sie regt sich sonst nur auf.«

Er will schon wieder verschwinden, aber ich packe ihn am Arm und halte ihn zurück. »Wieso warst du eigentlich dort?«, frage ich. »Bist du auch einer von denen?«

»Wen meinst du?«

»Du weißt genau, wen ich meine.«

»Ich war nur wegen Noah dort. Ansonsten steh ich auf keiner Seite. Außer auf meiner.«

Damit lässt er mich stehen.

Als würden all diese seltsamen Wendungen noch nicht genügen, krieg ich noch eine WhatsApp-Nachricht von Amir: Egal was in Internet steht. Ich glaube das nicht. Noah hat gutes Herz. Und du auch.

Tränen rinnen mir übers Gesicht, als ich das lese.

Ich schalte das Handy aus.

# Die Wahrheit

Der Anruf kommt am frühen Morgen. Wir sind alle beim Frühstück. Nur Torsten fehlt, er pennt immer bis mittags, und auch wenn er wach ist, verlässt er kaum sein Zimmer. Oder er haut einfach ab und bleibt für den restlichen Tag verschwunden. Er ist wie ein Geist.

Als ihr Handy klingelt, sieht Mama erst nur flüchtig auf das Display, bleibt dann aber länger daran hängen. Sie nimmt nicht ab, sondern schaut besorgt in die Runde.

»Es ist das Krankenhaus.« Sofort wird es still. Blicke wandern umher.

»Soll ich rangehen?«, fragt Papa. Aber da hat Mama das Handy schon am Ohr. »Ja, bitte?« Wir anderen hören die Stimme aus dem Telefon nur wie das Brummen eine Hummel in einer Schachtel. Ich versuche, in Mamas Gesicht zu lesen. Auf einmal werden ihre Augen feucht, eine erste Träne rinnt über ihre Wange und gleich noch eine. Mir wird der Hals eng, während ich nach Trauer oder Freude in Mamas Miene suche.

Mama legt auf, schaut wieder in die Runde und flüstert, noch immer starr, so als könne sie es nicht fassen: »Er ist aufgewacht. Noah ist aufgewacht.«

A-U-F-G-E-W-A-C-H-T … Das Wort hallt in meinem Kopf nach. Doch ich sitze da, als hätte ich vergessen, was es bedeutet.

Und den anderen geht es anscheinend genauso, zumindest bewegt sich keiner. Wieso zerspringe ich nicht vor Glück? Wieso ist mir nicht danach, einen Freudentanz aufzuführen? So wie ich es erwartet hab, für den Fall, dass dieser Moment kommt, dass dieses erlösende Wort jemals fällt. In mir ist eine Leere, die mir selbst unheimlich ist. Liebe ich Noah nicht mehr? Ist er mir egal geworden? Ist einfach zu viel passiert?

Papa ist der Erste, der was sagt: »Macht euch fertig, wir fahren in fünf Minuten.«

Da bricht Mama in sich zusammen. Sie vergräbt ihr Gesicht in den Händen und fängt an, heftig zu weinen. Wo vorher nur ein paar einzelne Tränen waren, ist jetzt ein ganzer See. Papa nimmt sie in den Arm. »Alles wird gut«, flüstert er. Sie klammert sich an ihn und ich beneide sie. Papa sieht mich über ihre Schulter an. Ich halte seinen Blick nicht lange aus. Ich fühle mich schuldig. Weil ich es verbockt hab. Hätte ich Noah nicht fallen gelassen, wäre er nie … Dieses Gefühl erstickt irgendwie alles. Ich hab kein Recht auf Freudentränen.

Mama fasst sich wieder, steht auf und geht raus, um sich fertig zu machen. Papa sieht mich an. »Was ist mit dir? Kommst du nicht mit?«

Ich bleibe stumm.

Er kommt um den Tisch herum, setzt sich neben mich. Etwas in mir kommt in Bewegung.

»Hey«, sagt er, »wir haben ihn wieder.«

Dann legt er den Arm um meine Schulter, ich klammere mich an ihn, und jetzt erwischt mich die Welle. Freude, Trauer,

Reue – alles mischt sich in den Tränen, die ich weine. Reinigende Tränen. Ich fühle also doch noch etwas.

Auf dem Weg ins Krankenhaus legt sich dieses Gefühl wieder. Andere Gedanken kommen auf. Gedanken, die niemand auszusprechen wagt, weshalb wir nicht viel reden. Wird Noah jemals wieder so sein wie früher? Werden dauerhafte Schäden bleiben? Wird er gar für immer auf Pflege angewiesen sein? Ist sein Leben zerstört?

Vor der Intensivstation tritt uns eine Ärztin gegenüber. Dr. Martens, wie ich auf dem Schild an ihrem strahlend weißen Kittel lese. Sie ist neu. Zumindest hab ich sie noch nie gesehen. Den Anflug eines Lächelns auf ihrem Gesicht nehme ich als gutes Zeichen.

»Noah ist wieder bei uns«, sagt sie. »Wir haben bereits erste Tests zu seiner Motorik gemacht und das hat alles vielversprechend ausgesehen. Für eine endgültige Prognose ist es natürlich noch zu früh, doch wir haben allen Grund, optimistisch zu sein.«

Am liebsten würde ich dieser Frau Dr. Martens um den Hals fallen und sie von oben bis unten mit Küssen überhäufen. Mama und Papa geht es bestimmt genauso. Mama weint schon wieder, Papas Augen glänzen auch und mir geht es nicht besser. Erst jetzt, da der Druck weicht, merke ich, wie schwer die Last war, die auf mir lag. Plötzlich fühle ich mich so leicht, dass ich mich frage, ob meine Füße wirklich noch auf dem Boden stehen. Dr. Martens übergibt uns an eine Krankenschwester, die uns zu Noah bringt.

Er liegt da wie immer. Nur dass er jetzt, als wir an sein Bett treten, die Augen aufschlägt und uns ansieht. Ich glaube, er lächelt sogar. Mama nimmt seine Hand und küsst ihn auf Stirn und Wangen, Papa streichelt ihm über die Schulter. Ich bin am Fußende des Bettes stehen geblieben und hab den beiden den Vortritt gelassen. Nach einer Weile sieht Noah mich an.

»Hi«, flüstert er.

»Hi«, antworte ich.

Wir sehen uns nur an und für ein paar Momente ist alles vergessen. Ich spüre sie wieder. Die Verbindung. Nicht alles ist verloren. Was für eine Erlösung. Ein paar Tränen kullern über meine Wangen. Tränen des Glücks.

»Ich hab von dir geträumt«, sagt er leise.

»Und ich von dir«, antworte ich.

»Hoffentlich was Schönes«, sagt er.

»Und du? Hast du was Schönes geträumt?«

Er bewegt den Kopf, nur die Andeutung eines Kopfschüttelns. »Du hast gekämpft. Gegen Adler.«

Hat er wirklich Adler gesagt? Das Wort lässt mich zusammenzucken wie eine eiskalte Dusche. Eben noch war ich einfach nur glücklich, dass er lebt und dass es ihm so weit gut geht. Und schon fallen erste Schatten in dieses Glück, und sie fangen an, es zu verdüstern. Ich lächle meine Betroffenheit so gut wie möglich weg und frage: »Hab ich gewonnen?«

»Ich weiß es nicht. Ich bin zu früh aufgewacht.«

X

Noahs Zustand bessert sich rasch, schon nach ein paar Tagen wird er aus der Intensiv- auf eine normale Station verlegt. Aber normal mit ihm umzugehen, fällt mir schwer. Ob ihm auffällt, dass ich mich zurücknehme? Wie unsicher ich bin? Zum Glück sitzt Mama fast jede Minute an seinem Bett, denn ich möchte nicht allein mit ihm und seinen fragenden Blicken sein. Umso mehr als das Sprechen, das ihm anfangs noch schwergefallen ist, mit jedem Tag besser geht. Wer ihn so zugerichtet hat, weiß er nicht. Er hat keine Erinnerung an die Tatnacht. Und auch, was in den Monaten davor war, weiß er nicht mehr. Retrograde Amnesie nennen die Ärzte das. Völlig normal nach einer solchen Kopfverletzung. Einiges wird Noah im Lauf der nächsten Wochen und Monate wieder einfallen, anderes für immer vergessen bleiben. Wir wünschen uns natürlich alle, dass nur das Schöne zurückkehrt und das Hässliche für immer vergessen bleibt.

Mama genießt jede Minute an Noahs Bett, sie erzählt ihm harmlose Sachen, die passiert sind, zum Beispiel was seine ehemaligen Mitschüler nach dem Abi machen und wer aus unserem Freundeskreis gerade wo im Urlaub ist. Ich war dabei, als Noah sie gefragt hat, wieso er überhaupt im Krankenhaus liegt. Wir haben beide zusammengezuckt und uns kurz angeschaut. Dann hat sie erzählt, ein paar Typen hätten ihn zusammengeschlagen, man wisse nicht, wer und warum. Okay, so war es ja auch. Es fehlen nur ein paar Details.

»Nazis?«, hat er gefragt. »Waren es Nazis?«

Mama hat mich Hilfe suchend angesehen und dann genuschelt: »Die Polizei hat die Männer noch nicht identifiziert. Man weiß nicht, wer die Täter sind.«

Ich hab geschwiegen und Löcher in den Boden gestarrt.

Mein Unbehagen davor, mit Noah allein zu sein, hat sich in eine regelrechte Angst gesteigert. Die Vorstellung verfolgt mich, er könnte mir, kaum dass die Tür zugefallen ist, zuzwinkern und etwas sagen wie: *Ich weiß ganz genau, was los war. Meine Amnesie ist nur gespielt. Ich bin ein Voll-Nazi. Ich wollte, dass die Flüchtlinge brennen. Komm auf unsere Seite, Leah, sei eine von uns!*

Und dann passiert es tatsächlich. Erst bin ich wie immer mit Mama da, aber die muss auf einmal los, weil sie noch was erledigen will, und sie sagt zu Noah, ohne mich vorher zu fragen: »Leah bleibt noch. Damit dir nicht langweilig ist. In einer Stunde oder so bin ich wieder da.«

»Klar«, sage ich nach einer Schrecksekunde, »kein Problem.«

Ich weiß nicht, ob Noah bemerkt, wie unwohl ich mich fühle. Jedenfalls sieht er mich irgendwie komisch an.

Dann ist Mama weg und ich sitze allein bei ihm. Meinem geliebten Bruder, von dem ich nicht mehr so recht weiß, wer er eigentlich ist. So nervös wie jetzt war ich nicht mal in der mündlichen Abi-Prüfung.

»Was geht?«, fragt er.

»Das Übliche«, sage ich und räuspere mich, »mehr oder weniger.«

»Ich bin froh, dass wir endlich mal unter uns sind. Seit wann ist Mama so eine Oberglucke?«

»Musst sie verstehen. Sie hatte eine Megaangst um dich. Wir alle.«

»Schon klar. Tut mir leid.«

»Du musst dich nicht entschuldigen …«

Er sieht mich schweigend an. Ich aber weiche seinem Blick aus und tue so, als würde mich gerade nichts so sehr interessieren wie das Bild an der Wand.

»Ich hab deinen Brief gelesen«, sagt er mit brüchiger Stimme.

Der Brief. Den hab ich fast vergessen. Jetzt ist er mir fast ein wenig peinlich. Es ist gefühlt eine Ewigkeit her, dass ich ihn geschrieben hab. Da stand meine Welt noch nicht auf dem Kopf.

»Wir müssen in Zukunft besser aufeinander aufpassen«, sage ich.

Er nickt.

Jetzt wird mir die Kehle doch ein wenig eng, vor allem, als ich sehe, wie seine Augen feucht werden. Und mir geht es genauso, meine Wangen fangen an zu glühen. Ich greife nach seiner Hand auf der Bettdecke. Sie ist so weich wie eine Kinderhand.

Nachdem wir eine kleine Weile so dagesessen haben, meldet mein Handy eine WhatsApp-Nachricht.

»Guck ruhig nach«, fordert Noah mich auf.

Als ich sehe, wer es ist, krieg ich einen Schreck. Alexander.

Ich muss mit dir reden. Dir alles erklären. Es ist nicht so, wie es aussieht. Vermisse dich so.

Ich stecke das Handy wieder ein.

»Gute Nachrichten?«, fragt Noah.

»Weder gut noch schlecht. Nur ein Bekannter.«

»Kenn ich ihn auch?«

»Besser, man kennt so jemanden nicht«, weiche ich aus.

»So schlimm?«

Ich zucke bloß mit den Schultern.

Zum Glück kommt genau in diesem Augenblick die Schwester rein.

X

Mama hat mich bei Noah abgelöst. Schwer in Gedanken schlurfe ich den Gang hinunter. Hoffentlich hat Noah nicht gemerkt, dass ich die ganze restliche Zeit, die wir noch hatten, nur noch halb bei ihm war. Eine Nachricht von Alexander hat gereicht, mich aus dem Gleichgewicht zu bringen. Es ärgert mich, wie leicht er das schafft. Vor dem Aufzug steht eine Gruppe Leute und wartet. Ich nehme die Treppe. Irgendwie hatte ich gehofft, die Sache mit Alexander wäre erledigt, aber wirklich geglaubt habe ich es nicht. Dafür ging es einfach zu tief. Das ganze Durcheinander nach dem Schweigemarsch und dann, als Noah aufgewacht ist – das hat mich abgelenkt, aber es hat nichts verändert. Es wird lange dauern, bis diese Wunde heilt.

Ich bin im Erdgeschoss angekommen und folge dem Pfeil, der mir den Weg zum Ausgang weist. Ich wünschte, in meinem Gefühlslabyrinth gäbe es auch einen Wegweiser mit der Aufschrift *Exit*. Durch die Glastüren schimmert das warme Licht eines sommerlichen Spätnachmittags. Es ist die perfekte Zeit, um mit jemandem was Schönes zu unternehmen. Als ich hinaustrete, legt sich die Luft wie Samt auf meine Haut. Ich hole das Handy heraus und starre so angestrengt darauf, dass die Nachricht von Alexander vor meinen Augen fast verschwimmt. Was soll ich nur tun? Ich bin noch wütend auf ihn, fühle mich verarscht und benutzt. Und trotzdem sehnt sich etwas in mir nach ihm und seiner Nähe, nach seinen Berührungen und …

Ja, ich sollte ihm schreiben. Nicht nur weil ich schwach bin, sondern weil er mir eine Erklärung schuldet. Nein, nicht nur *eine* Erklärung, sondern eine ganze Menge. Ich muss wissen, was genau da los war. Ob der Angriff auf den Gerberblock wirklich Noahs Plan war. Oder nur ein Einfall, den er mal so dahingesagt hat und den irgendjemand ein bisschen zu ernst genommen hat. Und was das zwischen ihm und mir war. Auch nur Teil eines Plans oder doch mehr?

Okay, schreibe ich ihm, reden wir. Aber allein.

X

Den Ort unseres Treffens wähle ich aus. Einsam soll er sein, sodass niemand uns heimlich filmen oder belauschen kann. Ich bin vorsichtig geworden und misstraue ihm. Ich habe unsere Kiesgrube ausgewählt. Der Ort, der auch ihm etwas bedeuten sollte. Und wenn nicht, dann will ich alles hier begraben. Auch wenn es wehtut. Alexander stimmt allem zu.

Wir verabreden uns für den Abend und kommen nahezu gleichzeitig an. Die ganze Fahrt über war ich erstaunlich ruhig, aber jetzt, da ich ihn in seinem Auto sehe, fängt mein Herz an, wild zu schlagen. Ich wische die feuchten Hände an meiner Hose ab und steige aus. Er kommt auf mich zu.

Zuerst ist das Wiedersehen ein bisschen peinlich. Mein Körper erinnert sich an all die Zärtlichkeiten und drängt auf eine Umarmung. Doch mein Kopf kann die Lügen und die Demütigung nicht vergessen. Ich unterdrücke den körperlichen Impuls und bleibe auf Abstand, sage nur: »Hi.«

»Hi«, erwidert er bloß.

Schweigend gehen wir zu dem Schlupfloch im Zaun und schieben uns durch. Die Förderanlagen ruhen längst, einige wuchtige Monsterkipper stehen herum und schauen mit ihren blinden Scheinwerfern in unsere Richtung. So wie wir es immer getan haben, gehen wir gleich Richtung Wasser. Unter unseren Füßen knirschen Kies und Sand. Die Sonne steht schräg am Himmel, doch bis es dunkel wird, dauert es noch Stunden. Ich habe nicht vor, so lange hier zu sein.

»Okay«, sage ich etwa auf halber Strecke zwischen Zaun und Wasser, »über was willst du mit mir reden?«

»Über uns«, sagt er sofort.

Ein Teil von mir hat gehofft, dass er so was sagen würde. Ein anderer ist umso mehr auf der Hut. Meine Gefühle für ihn sind meine Schwachstelle. Das weiß ich nun und deshalb bin ich gewappnet. Ich will keine billige Romantik, ich will die nackte Wahrheit.

»Uns gibt es doch gar nicht«, kontere ich. »Und hat es wahrscheinlich auch nie gegeben. Du hast mir nur was vorgemacht.«

»Das stimmt nicht.« Er überlegt eine Sekunde und ergänzt:

»Zumindest nicht ganz. Wir wollten dich auf unserer Seite haben, aus strategischen Gründen. Weil uns das aufwertet. Das war berechnend und das tut mir leid.«

Etwas in mir will ihm glauben. Aber dem darf ich nicht nachgeben. Je mehr es mich lockt, desto härter muss ich gegen ihn und gegen mich selbst sein.

»Dann waren die Videos doch von euch?«, frage ich kühl und verschränke die Arme.

»Nein! Damit hab ich nichts zu tun! Ich schwör's dir!«

Er ist laut geworden. Eigentlich hätte er jetzt keinen Grund mehr, es zu leugnen. Zumindest keinen, der mir einfällt. Heißt das schon, dass er die Wahrheit sagt?

»Was aber echt war und ist, das sind meine Gefühle für dich«, beteuert er und sieht mich mit diesen blauen Augen an, denen so schwer zu widerstehen ist.

»Hör auf!«, werde nun auch ich laut. »Meine Gefühle waren doch Teil des Plans!«

Sein Blick fällt schwer zu Boden. »*Deine* Gefühle waren Teil des Plans, das stimmt.« Er schaut wieder hoch, sieht mich an. »Meine Gefühle für dich aber nicht.«

Ich schweige. Es klingt wahr. Meine Abwehr schmilzt. Oder ist es nur der Wunsch, seine Worte mögen wahr sein? Ich kann mir dessen nicht sicher sein.

Wir haben das Ufer erreicht. An manchen Stellen schimmert es türkis. Ich zwinge mich dazu, mich nicht nach den Stellen umzudrehen, an denen wir gelegen und uns geliebt haben.

Ich gehe hinunter bis ganz ans Wasser, streife meine Schuhe

ab und steige bis zu den Knöcheln hinein. Wie angenehm die Kühle um meine Füße ist. Nur einen Meter weiter setzt sofort ein starkes Gefälle ein und es geht hinab in die Tiefe. Ich muss aufpassen, hier nicht abzurutschen.

»Was da am Gerberblock passiert ist«, sage ich. »Das war wirklich Noahs Plan? Auch das mit dem Feuer?«

»Na ja, die Idee war von ihm. Die Umsetzung war … der Situation angepasst. Aber ich hab es dir schon gesagt: Ich war gegen das Feuer. Verbrannte Menschen nützen niemandem.«

So kann man es auch sehen, denke ich bitter. Und wenn es ihm nützen würde, dass es Tote und Verletzte gibt, wäre es dann anders? Ich will schon etwas sagen, doch ich bin diese Diskussionen einfach leid.

»Ich weiß übrigens, dass Noah aufgewacht ist«, unterbricht er mein anhaltendes Schweigen.

Überrascht schaue ich ihn an. Bevor es mir in den Sinn kommen könnte, es zu leugnen, habe ich schon gefragt: »Woher?«

»Von dir. Bis eben war es nur eine Vermutung. Wir haben mitgekriegt, dass ihr viel Zeit im Krankenhaus verbringt. Aber jetzt hast du es ja zugegeben und mir bestätigt.« Einen Moment blitzt Genugtuung in seinem Gesicht auf.

Arsch, denke ich, du hast mich schon wieder ausgetrickst. Genieß es!

»Hat er schon was gesagt? Zu der gewissen Nacht, meine ich.« Das scheint ihn brennend zu interessieren.

»Was geht's dich an?«

Alexander macht einen Schritt auf mich zu, bleibt aber vor

der Wasserlinie stehen. Trotzdem trete ich einen kleinen Schritt zurück. Und spüre sofort, wie der Grund unter meinen Füßen nach hinten kippt. Doch ich kann das Gleichgewicht halten.

»Er wird nicht vergessen, wer er war«, sagt Alexander. »Und wofür er gekämpft hat. Wofür *wir* gekämpft haben. Du doch auch.«

»Das hättest du wohl gerne«, widerspreche ich, »aber du täuschst dich. Ich war nie eine von euch.«

Wie kommt er dazu, das zu behaupten? Ich hab für gar nichts gekämpft. Ich hab mir von ihm in jeder Hinsicht den Kopf verdrehen lassen, das ist alles. Geblieben ist mir das Gefühl, dass ich ausgenutzt worden bin. Und wenn er dieses Gefühl in mir wiedererwecken wollte, dann hat er sein Ziel erreicht.

»Stell dir das nur mal vor«, sagt er unverdrossen, »zwischen uns wird alles wieder so, wie es war, nur dass Noah auch mit dabei ist. Wir als eine verschworene Gemeinschaft. Unüberwindbar.«

Ich mache noch einen kleinen Schritt nach hinten. Da rutscht unter mir der Kies weg, ich verliere das Gleichgewicht, rudere mit den Armen – bis Alexanders Hand meine packt und mich hält.

Als ich wieder sicher stehe, trete ich aus dem Wasser ans Ufer, löse meine Hand aus der seinen und gehe davon.

X

Schweigend gehen wir zu unseren Autos, Alexander einen halben Schritt hinter mir, mit aufstampfenden Füßen. In mir ist eine seltsame Leere, so als würde die Menge an widerstreitenden

Gefühlen und Gedanken sich gegenseitig auslöschen. Vor seinem Auto bleibt er stehen und sieht mich an. »Dann war's das also?«, fragt er.

Ich nicke.

»Wenn du es dir noch anders überlegen solltest …«

Sein Blick will mich durchdringen, aber ich bleibe undurchdringlich. Unangreifbar.

Er reißt die Autotür auf, springt in den Wagen, lässt den Motor aufheulen und schießt die Straße hinab, dass der Kies nur so spritzt.

Ich stehe da, und nun, da er weg ist, zerreißt es mich fast. Ich schaue der Staubwolke von Alexanders Auto nach, ohne zu blinzeln, bis sie sich legt. Ich wurde noch nie derart benutzt, noch nie wurden so viele meiner Gewissheiten absichtlich erschüttert, mit dem Ergebnis, dass meine beste Freundin nichts mehr von mir wissen will, dass ich Mama und Papa und die ganze Welt belogen und getäuscht habe. Und wie wird es mit Noah und mir weitergehen? Wird auch diese Beziehung zerbrechen? Ich steige ins Auto und jetzt kommen die Tränen. Wie ein Wolkenbruch entlädt sich die Anspannung in mir. Ich hämmere auf das Lenkrad, vergrabe mein Gesicht in den Händen.

Irgendwann ist der Sturm vorüber und hinterlässt eine gereinigte Stille in mir. Sie wird nicht ewig anhalten, das spüre ich schon jetzt, doch für den Moment fühlt sie sich gut an. Ich starte den Wagen und fahre los.

X

Das Leben wird langsam wieder normal. Aber was heißt schon *normal*? Okay, wir wohnen wieder in unserem eigenen Haus, Mama geht wieder zur Arbeit und ich bin wieder Single. Abgesehen davon aber herrscht weiter Ausnahmezustand. Vor unserem Haus lungern immer noch Leute rum, die dort nichts zu suchen haben. Ich würde gerne rausgehen, sie beschimpfen und verscheuchen, aber Papa und Mama lassen mich nicht. Die Polizei schickt von Zeit zu Zeit einen Streifenwagen, mehr können sie angeblich nicht machen. Noah weiß noch immer nicht, was los ist. Wann ändert sich irgendwas davon? Wann wird es besser für uns alle? Neue Snaps und Videos sind zum Glück keine mehr gekommen. Von der Polizei haben wir dazu auch nichts gehört. Ich wünschte, ich würde einen nerdigen Superhacker kennen, der Noahs Snapchat-Account hackt, irgendwelche digitalen Spuren dort findet, die zum Täter führen. Ich hab sogar schon Torsten gefragt, ob er so jemanden kennt, aber er hat nur gelacht und gemeint, solche Typen gibt es nur in schlechten Krimis. Ich hab's aufgegeben, mir den Kopf darüber zu zerbrechen.

Dass Eva mich oft besucht und wir Sachen unternehmen, wird langsam normal, fühlt sich aber nach wie vor ein bisschen strange an. Ich hab ihr von meinem Liebeskummer erzählt, ohne Namen zu nennen. Sie denkt weiter, ich hätte was mit einem verheirateten Typen gehabt, und dabei soll es auch bleiben. Sie hat mich total lieb getröstet, mit Zuhören und Reden und vielen kleinen Nettigkeiten, zum Beispiel hat sie mir mal meine liebsten Cupcakes mitgebracht und mir eine Playlist mit aufmunternden Songs zusammengestellt. Wenn das mit ihr so weitergeht, werden wir noch dicke Freundinnen.

Deshalb fühlt es sich richtig an, dass sie auch zu Noah mitkommt. Die beiden kennen sich ja nicht nur von der Schule, wie ich inzwischen weiß, und sie wollte es unbedingt. Und wenn Noah das Wiedersehen ein bisschen peinlich sein sollte, dann geschieht ihm das recht für all den Schmerz, den er uns bereitet hat. Inzwischen weiß sowieso längst die ganze Welt, dass er wieder wach ist, so was lässt sich nicht ewig geheim halten. Und mir ist es lieber, wenn ich nicht mit Noah allein sein muss. Wir versuchen weiterhin, alles von ihm fernzuhalten, was mit der Gewalttat, den Rechten und dem öffentlichen Streit zu tun hat, aber das wird immer schwerer, und es tut mir in der Seele weh, ihn dauernd vertrösten oder gar belügen zu müssen. Da tut jemand wie Eva gut. Sie kann wunderbar plaudern, ist witzig und kann uns ablenken. Damit passt sie genau in mein Noah-Resozialisierungsprogramm. Das sieht vor, dass er sich als Erstes an die guten Sachen erinnert. Also an die, bevor er zum rechten Idioten mutiert ist. Wenn die anderen Sachen allmählich zurückkommen, sollen sie ihm wie der finstere Albtraum erscheinen, der sie sind. Keine Ahnung, ob das so funktioniert. Einen Versuch ist es wert.

Als wir heute am Krankenhaus ankommen, stehen vor dem Eingang wieder ein paar sehr kurzhaarige Typen mit Thor-Steinar-Klamotten und schweren Stiefeln. Sie wollen ihren Anspruch auf Noah klarmachen. Einer, den ich bisher noch nie hier gesehen hab, grüßt mit einem Nicken in meine Richtung.

Dann erkenne ich ihn am Hals-Tattoo wieder. Es ist der Typ, den ich schon mehrfach mit dieser Sonja gesehen hab.

Ich drehe mich abrupt weg. »Komm«, sage ich zu Eva, »die ignorieren wir am besten.« So cool, wie ich mich nach außen gebe, bin ich leider nicht. Sonjas Typ wollte mich nicht provozieren, er scheint zu denken, ich bin eine Sympathisantin. Bin ich aber nicht. Nicht mehr. Meine Gefühle für Alexander, meine Sympathie für Sandra haben mich anfällig gemacht. Verführbar. Jetzt sehe ich wieder klar.

Noah ist wach. Ich lege meine Arme um ihn und küsse ihn auf die Wange. Eva hat nur kurz »Hi« gesagt und packt die Sachen aus, die wir mitgebracht haben: Bücher, Kekse, ein kleines Reiseschach, das er haben wollte, um gegen sich selbst zu spielen. Hauptsächlich aber ist es frische Wäsche, die sie im Schrank verstaut.

»Langsam erinnere ich mich wieder«, sagt Noah.

Ich erstarre für eine Schrecksekunde. »Was ist dir denn eingefallen?«

»Was aus der Nacht … vom Überfall …«

»Quäl dich nicht damit. Das ist vorbei. Denk lieber an die guten Sachen.«

»Es waren ein paar Männer. Mit schweren Stiefeln. Rechte Schläger, glaub ich. Einer hatte einen Adler eintätowiert. Auf der Hand. Oder auf dem Arm.«

Ich atme auf. Anscheinend geht in seinem Kopf noch einiges durcheinander. Soll er ruhig denken, dass es Nazis waren. Die Wahrheit erfährt er noch früh genug.

»War es so?«, fragt er.

»Quäl dich nicht«, sage ich noch mal.

Er ergreift meinen Unterarm. »War es so?« Er klingt jetzt noch eindringlicher.

Eva ist mit dem Einräumen fertig und ans Bett getreten. »Niemand weiß genau, wie es war«, sagt sie.

»Warum hab ich dann dauernd das Gefühl, dass ihr mir was verheimlicht? Sogar die Ärzte scheinen das zu tun.«

Ich atme schwer. Es bricht mir das Herz, ihn so gequält zu sehen. Aber ihm von den ADlern, seinen Umtrieben als Platon zu erzählen, würde es nur noch schlimmer für ihn machen.

Er lässt mich los. »Warum will keiner mit mir reden?«

»Wir können dir nicht sagen, was du wissen willst«, beschwört ihn Eva. »Es liegt tief in dir vergraben. Du darfst nicht so ungeduldig sein, Noah. Es kommt schon zurück.«

Noah sieht sie an. Anscheinend glaubt er ihr. Zumindest für den Moment gibt er sich damit zufrieden. Dankbar berühre ich Evas Arm.

X

Ein paar Tage danach fahre ich wieder zu Noah, ohne Eva. Diesmal erwarten mich die Thor-Steinar-Typen schon auf dem Parkplatz. Offenbar haben Papas Beschwerden was gebracht, und man hat ihnen verboten, das Krankenhaus zu betreten. Sonjas Freund ist auch wieder da. Anders als beim letzten Mal bleibt er nicht auf Abstand, sondern kommt auf mich zu. Erst hab ich

Angst, aber dann fällt mir ein, dass er mich ja für eine Sympathisantin hält und mir nichts tun wird. Trotzdem will ich nicht mit ihm gesehen werden und mache mich eilig davon.

»Hey, warte«, ruft er mir nach.

Ein paar Sekunden später steht er vor mir und versperrt mir zwischen zwei Autos den Weg. Durchtrainierter Körper mit jeder Menge Tattoos. Eine Aura unterschwelliger Bedrohlichkeit umgibt ihn. Hinter mir nähern sich seine Kumpel. Ich stehe starr da, wie ein geblendetes Reh im Scheinwerferlicht. Vermeide Augenkontakt.

»Wie geht's deinem Bruder?«, will er wissen.

»Ganz okay«, nuschle ich.

»Ich hatte auch mal einen Kameraden, der eins übergezogen gekriegt hat«, fängt er an, in kumpelhaftem Ton zu erzählen. »Der hat hinterher allerlei wirres Zeug gelabert. Wie ausm Film. Dachte, er ist so was wie Superman. Voll der krasse Scheiß.«

Ich hab keine Ahnung, warum er mir das erzählt. Wahrscheinlich ist er selbst der Typ, so wirr, wie er redet.

»Okay«, sage ich nur, »muss los. Lässt du mich durch?«

Ich will mich an ihm vorbeischieben, da bleibt mein Blick auf dem Tattoo auf seinem Unterarm hängen. Es ist mir zwar schon beim Schweigemarsch aufgefallen, aber da hab ich es nicht so nah und deutlich sehen können. Es ist ein Reichsadler. Noahs Traum fällt mir wieder ein, in dem er beobachtet hat, wie ich gegen Adler kämpfe.

Sonjas Freund tritt zur Seite, ich zische davon. Endlich weg von diesem Typen. Erst als die automatischen Eingangstüren zum Krankenhaus auf- und hinter mir wieder zugegangen sind, atme ich aus. Mein Herz rast.

Auf dem Weg zu Noahs Zimmer werde ich langsam ruhig. Als ich dort eintreffe, sehe ich zu meiner Überraschung, dass er schon Besuch hat: Eva sitzt an seinem Bett. Sie gucken mich beide an, als hätte ich sie bei was Verbotenem ertappt. Was läuft denn da zwischen denen?

»Na, so was«, sage ich irritiert zu Eva. »Du hättest mir schreiben können, dass du da bist.«

Sie wird rot. »War ein spontaner Einfall«, sagt sie.

Ich glaube ihr kein Wort. Schaue Noah an. Kein Lächeln auf seinen Lippen. Er guckt mich nur an.

»Alles gut?«, frage ich nicht Eva, sondern Noah.

»Ich wollte, dass Eva kommt«, sagt er total ernst, »damit mir endlich jemand die Wahrheit sagt. Ihr anderen eiert ja alle bloß rum.«

Ich schaue Eva böse an. Was hat sie Noah alles erzählt?

»Sorry«, sagt sie, »aber …«

Im ersten Moment bin ich sauer, im nächsten auch erleichtert. Mama wird nicht gerade erfreut sein, aber vielleicht ist es gut, dass die Wahrheit raus ist und das Um-die-Sache-Herumreden ein Ende hat.

»Nicht mehr zu ändern«, sag ich zu Eva und bemühe mich um einen freundschaftlichen Ton.

»Ich geh dann besser. Wir telefonieren später.« Als sie mich am Unterarm berührt, zucke ich reflexartig zurück. Sie winkt Noah zu, dann lässt sie uns allein.

Erst jetzt stelle ich meine Taschen ab. »Was genau hat sie dir erzählt?«

»Du meinst, über mich?«

Ich nicke.

»Alles. Wer und was ich war … oder bin. Sie hat mir auch das Video gezeigt. Von der Nacht, in der ich … in der sie mich …«

Ich trete vor ihn und schaue auf ihn herab. »Erinnerst du dich auch daran?«

»Ja … und nein … So wie an etwas sehr Fernes …« Er dreht sich zur Seite, kehrt mir den Rücken zu. »Sorry, aber … Kannst du bitte wieder gehen? Ich will jetzt allein sein. Muss nachdenken … über alles. Und komm erst wieder, wenn ich es dir sage.«

X

Er hat mich rausgeworfen. Noah hat mich rausgeworfen! Ich fass es nicht. Völlig perplex wanke ich aus dem Krankenhaus. Okay, er steht unter Schock. Keine Ahnung, was Eva ihm genau erzählt hat, aber schon die Hälfte der Wahrheit reicht, um jemanden, der über sich selbst total im Unklaren ist, komplett aus der Bahn zu werfen. Ich hätte ihm gern geholfen, die Dinge zu sortieren. Wieso lässt er mich nicht?

Schon von Weitem sehe ich, dass jemand an meinem Auto lehnt. Ein Seufzer entfährt mir. Nicht schon wieder diese Nazis! Aber es sind keine Nazis, wie ich rasch bemerke. Es ist Eva. Sie wartet anscheinend auf mich.

»Was machst du denn noch hier?«, frage ich kühl.

»Ich wollte mich entschuldigen.« Sie sieht wirklich ziemlich zerknirscht aus. »Und ich wollte dir erzählen, wie es dazu kam.«

Ich verschränke die Arme vor der Brust. »Okay.«

»Noah hat mich vom Krankenhaustelefon aus angerufen, er wollte, dass ich komme. Ich weiß, ich hätte Nein sagen sollen. Es steht mir nicht zu. Aber er hat mir leidgetan. Er klang so deprimiert. Wenn die Erinnerung bloß eine große schwarze Leere ist – das muss doch schrecklich sein!«

Seltsam. Uns gegenüber hat Noah das nie gezeigt. Vielleicht, weil er unser Schweigen so gedeutet hat, dass uns das, was passiert ist, zu sehr belastet und er uns schonen wollte? Das würde zu Noah passen. Zum alten Noah, wohlgemerkt.

»Was hast du ihm denn erzählt?«, frage ich, nicht mehr ganz so streng wie zuvor, denn vielleicht ist es wirklich nicht ihr Fehler gewesen, sondern unserer.

»Nur das, was sowieso nicht mehr lange vor ihm geheim gehalten werden kann. Und ich weiß ja eh nur, was alle wissen.« Sie kommt einen Schritt näher und guckt mich aus großen Augen an. »Bist du mir böse?«

»Nee. Schon okay.«

Sie umarmt mich dankbar. Aber sie erreicht mich damit nicht, denn ich bin mit meinen Gedanken und Gefühlen bei Noah. Ich stelle mir vor, wie er gerade ganz allein in seinem Bett liegt und verzweifelt versucht, die paar Puzzlestücke, die Eva ihm gegeben hat, zu einem Bild zusammenzufügen. Es ist nicht gut, dass er jetzt allein ist. Egal, ob er mich sehen will oder nicht, ich lass ihn nicht allein.

Ich verabschiede mich von Eva und kehre zurück ins Krankenhaus. Als ich ins Zimmer komme, liegt Noah da und starrt an die Decke.

»Du kannst mich nicht einfach wegschicken!«, sage ich entschlossen zu ihm. »Das akzeptiere ich nicht. Keine Diskussion!«

Er schaut mich an, und ich sehe in seinen feuchten Augen, dass es richtig war, umzukehren. Er freut sich, dass ich da bin. Und ich freue mich auch. Wir haben einander in letzter Zeit alle behandelt wie rohe Eier. Es ist Zeit, damit aufzuhören und sich der Situation zu stellen. Ich schiebe einen Stuhl an Noahs Bett, setze mich, nehme seine Hand und fange an zu erzählen.

X

Mama und Papa sind erst ziemlich entsetzt darüber, dass ich Noah mit der Wahrheit konfrontiert habe. Aber als ich ihnen sage, dass es für ihn eine Erleichterung war, endlich Licht in dem Tunnel zu sehen, der bisher für ihn in stockfinsterer Dunkelheit lag, sind sie zumindest etwas beruhigt.

»Wie hat er es denn aufgenommen?«, fragt Mama.

»Er kommt klar«, antworte ich in überzeugtem Ton, obwohl ich mir sehr wohl Sorgen mache. Ich habe in meinem Bericht nichts ausgelassen. Nicht einmal, dass jemand mir Schnipsel aus seinem Videotagebuch geschickt hat. Noah hat sich alles angehört wie die Geschichte eines anderen. Wie es sein wird, wenn er anfängt, sich zu erinnern, ist schwer abzusehen.

Alles, was er gesagt hat, war: »Hört sich an, als hätte ich mich in ein ziemliches Arschloch verwandelt.« Die Frage, ob mit seinen Erinnerungen irgendwann auch die schrägen Ansichten zurückkehren, quält mich. Doch davon brauchen Mama und Papa nichts zu wissen. Ich habe es mir zur Aufgabe gemacht, Noah zu begleiten, egal auf welchem geraden oder krummen Weg. Er soll sich nie mehr von mir alleingelassen fühlen. Ich genieße die neue Nähe zwischen uns, auch wenn es nicht so ist wie früher und wohl auch nie mehr so werden wird. Wir haben uns beide verändert. Ich besuche ihn jeden Tag, wir reden, und von Mal zu Mal fallen ihm mehr Dinge ein, doch alles, was mit der Nacht zu tun hat, in der er zusammengeschlagen wurde, bleibt vorerst wie hinter einer Wand verborgen. Über seine politischen Ansichten reden wir nicht, ich könnte also nicht sagen, ob er ein Rechter ist oder nicht. Darum kümmere ich mich später. Im Moment ist er einfach nur mein geliebter Bruder.

Keine Ahnung, wie viele Tage wir schon wieder klar miteinander reden, als er mich völlig aufgewühlt erwartet. Seine Wangen glühen, seine Augen funkeln, es macht mir beinahe schon Angst.

»Endlich bist du da!«, ruft er mir entgegen, obwohl ich genau um die Zeit komme, zu der ich immer komme.

»Was ist denn los?«, frage ich.

»Ich weiß es wieder!«

»Was denn?«

»Alles! Was passiert ist! In der Nacht! Die Männer, die mich zusammengeschlagen haben!«

Seine Aufregung springt auf mich über. Doch mir ist auch

bang. Was wird jetzt ans Licht kommen? Ich lasse mich auf der Bettkante nieder. »Erzähl«, sage ich.

»Das mach ich gleich«, antwortet er. »Hast du dein Handy dabei? Und ist dein Akku voll?«

»Äh … ja. Warum?«

»Weil ich nicht nur dir was zu sagen hab, sondern der ganzen Welt.«

Ihr denkt, ihr wisst, was los war? Ihr hab keine Ahnung. Ihr denkt, ich bin ein Rechter? Ein Linker? Ihr habt keine Ahnung. Ihr denkt, ihr habt gesehen, was passiert ist? Mit euren eigenen Augen? Ihr habt keine Ahnung!

Was ihr gesehen habt: Ein junger Typ, der tatsächlich ich bin, geht auf eine Gruppe ausländisch aussehender Männer zu und wird von ihnen verprügelt. Das ist so auch passiert. Ich hab die Männer provoziert und beleidigt. Absichtlich. Es war eine Mutprobe, mit der ich gewissen Leuten beweisen wollte, dass ich zu allem entschlossen bin. Deshalb war auch jemand da, der das Ganze mit meinem Handy gefilmt hat. Doch das war nicht in der Nacht, in der ich fast gestorben bin. Dazu komme ich gleich.

Was ihr gehört habt, stimmt: Ich war der Internettroll Platon, und das ist längst nicht alles, ich hab Dinge getan, von denen ihr nichts wisst. Menschen bedroht, weil sie anders dachten als ich. Auch solche, die mir mal was bedeutet haben. Ich war getrieben von Hass und Überheblichkeit. Ich hab mich davon tragen und treiben lassen. Es gibt Leute, die das noch befeuert haben, aber ich will nicht denen die Schuld geben, ich wollte es so, ich hab es genossen, meinen Hass auszuleben und dabei auch noch das Gefühl zu haben, irgendeiner Sache zu dienen. Ja, es stimmt, ich hab mir was ausgedacht, wie wir den Gerberblock abfackeln können, um die Flüchtlinge aus unserer Stadt zu vertreiben.

Aber dann ist was passiert. Ich bin aufgewacht aus meinem Rausch und hab mich selbst nicht wiedererkannt. Wer war der Typ? Dieses Zerrbild von mir selbst? Leute, wenn ihr meint, es ist gut für euch, wenn ihr eurem Hass freien Lauf lasst, dann sag ich euch: Anfangs fühlt ihr euch vielleicht mächtig und frei, aber irgendwann seid ihr diese Typen, die mit Speichel vor dem Mund Bullshit in Fernsehkameras schreien. Totale Witzfiguren. Und andere machen mit eurer Wut und eurem Hass Politik. Oder noch Schlimmeres. Das sind dann keine Witzfiguren mehr. Das sind sehr gefährliche Menschen.

Okay, ich will keine Volksreden halten, ihr sollt wissen, wie es weitergegangen ist, nachdem mir klar wurde, auf was für einem miesen Trip ich bin. Ich hab allen meinen neuen Freunden von rechts gesagt, dass ich aussteige. Und wofür ich sie halte. Und dass ich zur Polizei und zur Presse gehe, wenn sie am Gerberblock was anstellen. Ich hab sogar geprahlt, dass ich bei der Presse jemanden kenne. Das hätte ich besser nicht gemacht. Die haben mich gelinkt. Haben mich unter einem Vorwand in die Bahnhofstraße bestellt und dort haben die Nazischläger schon auf mich gewartet. Und fast hätten sie mich umgebracht. Sie dachten, ich bin hinüber, deswegen haben sie mich liegen lassen. Und fast war ich das. Nur eben nicht ganz.

Ich erinnere mich nicht mehr an jede Einzelheit aus dieser Nacht, aber das, worauf es ankommt, sehe ich glasklar vor mir. Vor allem erinnere ich mich an jedes einzelne Gesicht von euch und sogar an ein paar Namen. Also, ihr verdammten Idioten, passt auf: Wenn ihr nicht schon Besuch von der Polizei gekriegt habt, dann seid drauf gefasst, dass es jederzeit an eurer Tür klingeln könnte.

X

»Echt cool«, sagt Eva, während sie das Video zum ich weiß nicht wievielten Mal anschaut. Sie muss auf mich warten, wir wollen ins Schwimmbad und ich finde das Oberteil meines Bikinis nicht. Das Video wurde bereits in den ersten Stunden, nachdem es online gegangen war, zigmal verlinkt, geteilt, weitergeleitet. Das war vor zwei Tagen. Inzwischen ist es überall. Ich bin so was von stolz auf Noah! Er kommt mir vor wie einer, der eine tödliche Krankheit hatte und sich wie durch ein Wunder selbst geheilt hat.

»Und total mutig ist es auch«, ergänze ich. »Es gab schon einige Hass-Mails. Ein Glück, dass die Nazischläger weggesperrt sind.«

Noch bevor die Welt die wahre Geschichte erfuhr, war die Polizei bei Noah, die Täter wurden verhaftet. Einer davon ist

Sonjas Freund, der Typ mit dem Reichsadler-Tattoo auf dem Arm. Er und seine Kumpels sollen wegen versuchtem Mord angeklagt werden. Wer mir die Videos aus Noahs Vlog geschickt hat und warum, ist allerdings noch unklar. Noahs Handy ist bei den Tätern jedenfalls nicht aufgetaucht. Über die ADler hat Noah auch eine Aussage gemacht, genau wie ich zuvor, doch soweit wir wissen, hat sich bis jetzt nichts daraus ergeben.

»Wo hast du das denn her?«, fragt Eva plötzlich.

Ich schaue auf – und erschrecke. Es ist eines der Bücher, die Alexanders Vater mir gegeben hat. Über den großen Austausch. Ich nehme es Eva weg und mach mich auf Gegenwind gefasst. Doch sie überrascht mich.

»Finde ich gut, dass du dir die Argumente von allen Seiten anhörst«, sagt sie.

Tu ich nicht mehr, denke ich. Ich war nur in einen rechten Typen verknallt und wollte ihn verstehen. Oder vielleicht wollte ich ihm auch nur gefallen. Ihn beeindrucken.

»Wenn man sich die Argumente anguckt«, sage ich, »steckt bei denen nichts dahinter. Nur Behauptungen, ohne Beweise! Das ist reine Propaganda.«

Eva schweigt.

Ich lasse das Buch unter dem Bett verschwinden, wo auch die anderen liegen. Dabei fällt mein Blick endlich auf das Bikinioberteil, das hier ebenfalls liegt. »Gefunden!«, rufe ich. »Wir können los!« Während wir nach unten laufen, gehen mir die Bücher unter meinem Bett nicht aus dem Kopf. Ich muss sie loswerden. Eigentlich gehören sie mir nicht, und ich sollte sie zurückgeben. Kann dem reichen Bornheim zwar egal sein, der würde den Verlust locker verschmerzen. Aber Alexander noch einmal zu sehen, fühlt sich richtig an. Nicht, weil ich ihm noch irgendwas sagen oder beweisen müsste. Es geht um mich. Ich will mich meinen Dämonen stellen, um zu sehen, ob ich sie auch wirklich besiegt habe.

X

Um Punkt fünf betrete ich das *Leopold*. Genau wie ausgemacht. Alexander ist noch nicht da. Mein zweiter Blick geht zum Tresen, doch wie es aussieht, arbeitet Milena heute nicht. Nur wenige Tische sind besetzt, ich wähle einen in der Nähe der Tür, damit ich, wenn nötig, rasch verschwinden kann. Kaum sitze ich, kommt jemand herein, doch es ist nicht Alexander, sondern Sandra. Mein Herz rutscht in die Hose.

Mit großen Schritten kommt sie auf mich zu. Ihr Gesicht ist starr wie eine Maske. Statt zu grüßen, fragt sie nur: »Wo sind die Bücher?«

»Wo ist Alexander?«, entgegne ich.

»Wir fanden es besser, wenn ihr euch nicht mehr seht.«

Sie sieht mich an wie ein Insekt, das man besser zerdrücken sollte. Ihre Arroganz weckt einen stillen Groll in mir. Was bildet sie sich ein? Ich hätte allen Grund, sauer und enttäuscht zu sein, nicht sie.

Ich lege den Beutel mit den Büchern auf den Tisch und rechne nach ihrem Auftritt fest damit, dass sie ihn nimmt und gleich wieder verschwindet. Ich hätte nichts dagegen. Nicht mit ihr wollte ich reden, sondern mit ihrem Bruder. Doch sie zögert und dann setzt sie sich sogar.

»Wir wissen genau, was ihr abzieht«, sagt sie. »Ihr habt Noah wieder umgedreht und jetzt schiebt ihr uns alles in die Schuhe. Hetzt die Polizei auf uns. Aber das wird nicht funktionieren.«

»Wie bitte?«, fahre ich sie an. »Hörst du dir eigentlich selbst zu? Noah erzählt nur, was passiert ist. Die Wahrheit.«

»Die Wahrheit«, wiederholt sie verächtlich.

Stocksteif sitzt sie da und schaut an mir vorbei. Ihre ganze Haltung drückt Verachtung aus. Wenn die Herzlichkeit, die sie mir gegenüber gezeigt hat, immer nur gespielt war, dann muss ich ihr zugestehen, dass sie eine großartige Schauspielerin ist. Aber vielleicht ist sie jetzt nur so hart und abweisend, weil sie mich wirklich mochte. So wie ich sie. Doch jetzt ist in mir nur noch Kälte.

»Ihr wusstet es die ganze Zeit, oder?«, breche ich das Schweigen. »Dass das mit den Ausländern nicht stimmt. Na klar, ihr kanntet das Video ja schon lange und wusstet, dass es nicht aus der Nacht stammt.«

Sie lächelt herablassend. »Inzwischen solltest du kapiert haben, dass es nicht darum geht, wie irgendwas wirklich war. Wer weiß das schon? Das ist das Schöne an Bildern: Sie sprechen für sich selbst. Zumindest scheinbar. Noah von Ausländern verprügelt; du in einem Trauermarsch von uns – da braucht es keine Worte, das versteht jeder. Und das wird bleiben. Und nicht Noahs hilflose Rechtfertigung. Wen interessiert das?«

Ich hab keine Lust, mit ihr über irgendwas zu streiten, was ohnehin nicht zu ändern ist. Die Bilder und die Geschichten sind in der Welt. Aber es gibt nicht nur Menschen wie sie, sondern auch Leute, die an Tatsachen interessiert sind. Vielleicht gibt es die sogar unter ihren Sympathisanten. Mit denen lohnt es sich zu reden.

»Und dass Alexander nicht kommen wollte und dich geschickt hat – ist das wahr oder auch bloß gelogen?«

»Ruf ihn an. Du wirst sehen, dass er nicht abnimmt. Er hat deine Nummer inzwischen geblockt.« Sie neigt sich vor. »Alexander hat dich wirklich geliebt. Das ist die Wahrheit. Aber er hat darüber nie vergessen, dass es hier um größere Dinge geht, und da müssen private Gefühle eben zurückstehen.«

Sie steht auf, nimmt die Bücher und geht.

Okay, denke ich, irgendwie passend.

Eine Enttäuschung.

Aber wenigstens ist es vorbei.

Für immer.

X

Heute ist ein großer Tag: Noah kommt endlich nach Hause. Mama hat seinen Lieblingskuchen gebacken – Schwarzwälder Kirschtorte –, und ich hab Ballons und Luftschlangen aufgehängt, den Kaffeetisch hübsch gedeckt. Ungefähr alle fünf Minuten bin ich ans Fenster gelaufen, um zu sehen, ob sie kommen. Eva hat es sich nicht nehmen lassen, uns bei den Vorbereitungen zu helfen. Mir kommt es so vor, als würde sie etwas bedrücken. Als ich sie frage, wiegelt sie ab.

»Läuft gerade nicht so gut in der Redaktion«, erklärt sie, »aber das wird schon wieder. Reden wir nicht davon. Heute geht es um Noah.«

Sie wendet sich wieder dem Pappschild zu, auf das sie gerade groß *Willkommen zu Hause!* schreibt, um es nachher an der Tür aufzuhängen.

Beate kommt mit einem zweiten Kuchen und bringt Amir mit, der uns mit afghanischem Honiggebäck beglückt.

»Sehr süß«, wie er sagt.

Amir hat Noah auch im Krankenhaus besucht, Noah wollte ihn unbedingt sehen. Ich war nicht dabei, aber ich weiß, dass die beiden sehr lange miteinander geredet haben. Es war wohl ein gutes Gespräch.

»Torsten kommt vielleicht noch nach«, teilt Beate mit.

Wenn es nach mir geht, kann er auch wegbleiben. Der Typ ist und bleibt schräg.

»Achtung!«, ruft plötzlich Mama aus der Küche. »Sie kommen!«

Eigentlich war geplant, dass wir im Haus warten, bis Papa mit Noah reinkommt und dann *Überraschung!* oder so was rufen, aber jetzt ist unsere Ungeduld zu groß, sämtliche Pläne sind vergessen und wir laufen raus in die Auffahrt. Papa holt gerade den Rollstuhl aus dem Kofferraum, den Noah für den Anfang braucht, bis seine Knochenbrüche verheilt sind. Wenn alles gut geht und Noah seine Reha gewissenhaft macht, wird er bald wieder laufen, erst mit Krücken, später ohne, wenn auch nicht mehr ganz so rund wie früher.

Papa rollt ihn ins Haus, Mama läuft auf der einen Seite, ich laufe auf der anderen neben ihm her. Wir sind einfach nur froh, dass es uns als Familie noch gibt. Ich sehe Noah an, dass ihm der ganze Aufriss, der um ihn gemacht wird, eigentlich peinlich ist, aber da muss er jetzt durch, und er hält sich tapfer. Er lässt sich von allen umarmen, Beate hält ihn besonders lange und küsst ihn auf die Wange. Sie sehen sich an wie zwei, die mehr als nur ein Geheimnis teilen, die aber auch völlig mit sich und der Vergangenheit im Reinen sind. Doch das fällt wahrscheinlich nur mir auf. Irgendwie hat mit Beate alles angefangen, fällt mir ein, auch wenn es nicht ihre Schuld war. Ich hege keinen Groll gegen sie. Wir stecken alle in dieser Geschichte drin, und wir können froh sein, dass wir mit einem blauen Auge davongekommen sind. Amir begrüßt Noah als Letzter, schließt ihn sofort in seine Arme.

»Schön, dass du hier bist«, sagt Noah mit brüchiger Stimme, und ich spüre, dass das nicht bloß so dahingesagt ist.

Wir haben uns kaum gesetzt, da klingelt es an der Tür. Ich springe auf, um zu öffnen. Es ist Torsten. Obwohl Beate sein Kommen angekündigt hat, bin ich irgendwie überrascht. Und das sieht man mir wohl auch an.

»Ich hoffe, ich störe nicht«, sagt er.

»Natürlich nicht. Dachte nur nicht, dass du kommst.«

»Wieso nicht? Es gibt nicht jeden Tag eine Auferstehung von den Toten zu feiern.«

Als wir ins Wohnzimmer kommen, verstummen alle für einen Moment. Torsten begrüßt Noah per Handschlag. »Krass, was da abgegangen ist«, sagt er. »Ist der Rollstuhl mit Motor?«

»Nee«, sagt Noah. »Habe nur die billige Variante bekommen.«

Das ist alles, was Torsten interessiert? Ob der Rollstuhl einen Motor hat? Aus dem wird wohl keiner schlau. Ich setze mich wieder und Torsten lässt sich auf dem freien Platz neben Eva nieder. Ich hab das Gefühl, dass ihr Nebenmann sie nervös macht. Sie kriegt nur ein genuscheltes »Hallo« raus und schaut ihn kein einziges Mal an, so als wäre er ein Fremder. Dabei kennen wir uns alle aus der Schule. Und es ist noch gar nicht so lange her, da hab ich die beiden in der Stadt gesehen, wie sie angeregt miteinander geredet haben.

Allmählich kommt die Unterhaltung wieder in Gang.

Nach dem Kaffee wird Noah müde. Auch wenn er tapfer dagegen ankämpft, sehe ich es ihm an. Weil er die ausgelassene Stimmung niemals stören würde, übernehme ich das. »Du solltest dich ein bisschen hinlegen«, sage ich. »Du siehst ziemlich kaputt aus.«

»Bin ich auch«, gibt er leise zu.

Mama will aufspringen, aber ich bin schneller. »Bleib sitzen«, sage ich zu ihr, »ich mach das schon.«

Noah verabschiedet sich und dankt allen, dann schiebe ich ihn aus dem Wohnzimmer. Da er es die Treppe rauf in sein Zimmer nicht schaffen würde, hat Mama ihm das Gästezimmer fertig gemacht. Ich helfe ihm aus dem Rollstuhl und ins Bett. Erleichtert atmet er auf.

»Brauchst du noch was?«, frage ich.

»Bleib«, bittet er mich.

Ich setze mich an die Bettkante. Noah hat die Augen geschlossen und liegt eine Weile schweigend da.

»Ist schon eine komische Sache mit dem Erinnern«, beginnt er schließlich mit leiser Stimme. »Ich erinnere mich wieder an das meiste, aber ob es alles auch wirklich so war, wie ich meine, könnte ich nicht beschwören. Das macht mir Angst. Und was mir auch noch Angst macht, ist, wie leicht ich in das Ganze reinrutschen konnte.«

Ich nehme seine Hand und halte sie ganz fest. Es bricht mir das Herz, wie sehr er sich quält.

»Ich dachte immer, ich bin ein Kopfmensch«, fährt er fort. »Klare Gedanken. Argumente. Dabei war ich von Gefühlen bestimmt. Negativen Gefühlen. Frust. Eifersucht. Scham.«

»Liebe«, ergänze ich flüsternd. Ja, ich weiß genau, was er meint.

»Ja. Erst war es wie eine Befreiung. Dann wie ein Sog. Wie bei einer Droge, bei der man eine immer größere Dosis für den Kick braucht. Und gleichzeitig kriegst du das an Rückhalt, was dir gefehlt hat. Von den Kameraden. Den Leuten, die sich dein Vertrauen erschlichen haben. Und die dich immer mehr auf ihre Seite ziehen.«

Alexander. Sandra. Die ADler.

Wieder schweigt er lange. »Aber zum Glück hast du die Kurve gekriegt«, sage ich. »Bist aufgewacht.«

»Gerade noch rechtzeitig. Ich war im Begriff, etwas Schreckliches zu tun. Du weißt ja von der Sache zwischen Beate und mir. In mir war so ein Hass auf sie. Ich hab sie gestalkt. Und an einem Abend – ich hatte mit ein paar von den ADlern was getrunken –, da hat es mir nicht mehr gereicht, ihr bloß ein bisschen Angst einzujagen. Das heißt … ich hatte denen von Beate und mir erzählt, und die haben mich angestachelt … was für ein Weichei ich bin und ich müsste härter sein, auch mir selbst gegenüber … kein Auge dem Feind … solche Sprüche. Total aufgeputscht bin ich los. Ohne Plan. Und dann stand ich vor ihr und hab diese Geste gemacht … die Halsabschneide-Geste, und ich glaube … ich glaube, da hat sie mich erkannt. Aber sie hat nichts gesagt. Wahrscheinlich konnte sie nicht vor Schreck und Angst. Und weißt du was? Ich hab mich in ihren Augen gesehen. Also, in ihrem Blick meine ich. Wie sie mich angeschaut hat. Da hab ich gemerkt, zu was für einem Menschen ich geworden bin. Einem, vor dem man Angst haben muss. Einem Monster. Und ich hab mich geschämt. Ich meine, ich wollte das nicht sein … Mich prügeln lassen für die Sache, okay. Aber selbst jemanden schlagen, der wehrlos ist … jemanden, den man mal geliebt hat … Mir wurde klar: Ich bin das nicht. Und das war der Anfang vom Ende.«

Tränen rinnen die ganze Zeit schon aus seinen Augenwinkeln. Und auch mich ergreift das, was er erzählt. Ich wünschte, ich müsste das nicht alles hören, weil es zu wehtut. Doch er muss es loswerden. Und ich will für ihn da sein, ihm zuhören und seine Hand dabei halten.

»Mein Hass war weg. Und das hat alles verändert. Meine Augen waren plötzlich offen. Und mein Verstand. Ich hab gemerkt, dass die angeblichen Tatsachen von denen keiner Überprüfung standhalten. Alles nur Erfindung, Unterstellung, Verdrehung, Fake … Hetze eben, um die Leute aufzustacheln und auf ihre Seite zu ziehen. Es geht nicht um die Wahrheit, um Gerechtigkeit, um Freiheit. Es geht um pure Macht.«

»Du hast es geschafft, Noah«, sage ich, »und zwar ganz allein.«

Ich beuge mich zu ihm, lege mich in seine Arme. Es tut so gut, dass er wieder da ist.

Ich bleibe noch bei ihm, bis er eingeschlafen ist, dann verlasse ich leise das Zimmer und kehre zu den anderen zurück. Mama schaut mich besorgt an, weil ich so lange weg war. Mit einem Nicken signalisiere ich ihr, dass alles in Ordnung ist. Die Runde ist gerade dabei, sich aufzulösen. Eva und Torsten sind schon weg, Beate verabschiedet sich gerade und Amir mit ihr, denn er nutzt die Fahrgelegenheit in die Stadt, die sie ihm bietet.

Zurück bleiben Mama, Papa und ich. Wir sitzen am Tisch und betrachten die Teller, die angeschnittenen Kuchen, die leeren Kaffeetassen. Dann sehen wir einander an, in dem Gefühl, noch einmal davongekommen zu sein. Aber auch mit der Gewissheit, dass wir viel aushalten, wenn es darauf ankommt.

»Aufräumen«, sagt Mama und erhebt sich.

Ich helfe ihr mit dem Geschirr, Papa macht die Luftschlangen, Ballons und die sonstige Deko ab.

»Wer hat eigentlich dieses Schild geschrieben?«, sagt er hinter mir, während ich die Spülmaschine einräume. »So eine schöne Handschrift. Allein diese geschwungenen Ls.«

Geschwungene Ls? Ich drehe mich zu ihm um und betrachte das Schild: *Willkommen zu Hause!*

»Das war Eva«, sage ich, und plötzlich kommt es mir vor, als ob ich diese Ls schon mal gesehen hab. Genau wie die kleinen Kreise statt Punkten auf dem kleinen I und unter dem Ausrufezeichen.

Und dann fällt mir ein, wo, und ich krieg eine Gänsehaut.

X

Wir treffen uns in der Stadt. Am Rathaus. Nur um zu quatschen, hab ich geschrieben. Wegen Noah. Aber es geht weniger um Noah als vielmehr um das, was in den letzten Wochen und Monaten zwischen ihr und mir gelaufen ist. Die Verarsche, die sie mit mir abgezogen hat. Und was für Absichten sie damit verfolgt. Ich kann nicht garantieren, dass ich ihr nicht eine klebe, so sauer bin ich auf sie. Und auf mich.

Passend zu der Riesenenttäuschung, als die unsere angebliche Freundschaft sich herausgestellt hat, erlebe ich eine weitere, als ich ankomme. Eva ist noch nicht da. Ich setze mich auf die Stufen und warte. Nach zehn Minuten schaue ich auf mein Handy. Keine Nachricht. Nichts. Ich warte noch mal zehn Minuten, und als sie immer noch nicht da ist, schreib ich ihr und ruf sie gleich noch an. Nur die Mailbox.

»Wo bist du?«, frage ich genervt. »Wir waren vor einer halben Stunde verabredet.«

Offenbar hat sie gemerkt, dass was im Busch ist. Aber so leicht lasse ich sie nicht davonkommen. Ich googele rasch die Nummer der Zeitung und frage dort nach ihr.

»Frau König ist nicht mehr bei uns beschäftigt«, teilt eine Sekretärinnenstimme mit. »Es gab da gewisse Verfehlungen, die nicht zu unserer Zeitung passen. Also … Nein, ich hab schon zu viel gesagt.« Wenn sie dürfte, würde sie anscheinend noch viel mehr sagen wollen. Und ich würde das nur zu gerne hören.

»Hi«, sagt plötzlich jemand neben mir.

Ich schaue hoch. Es ist nicht Eva, sondern Torsten.

»Holst du deine Mutter von der Arbeit ab?«, frag ich.

Er grinst. »Nee. Wie kommst du denn darauf?«

»Na, weil sie hier arbeitet?« Ich deute auf die Rathaustür.

Sein Grinsen verblasst. »Ich bin hier wegen Eva. Was willst du von ihr?«

Jetzt versteh ich gar nichts mehr. Was haben Torsten und Eva bitte am Laufen?

»Ich glaub nicht, dass dich das was angeht.«

Ich stehe auf und will gehen, doch er hält mich fest. »Eva schickt mich. Sie kommt nicht. Aber du kannst mir alles sagen, was du ihr sagen wolltest.«

Ich zögere. Wieso sollte Eva ausgerechnet Torsten schicken? Die beiden haben nichts gemeinsam. Ich krieg sie nicht zusammen.

»Kennt ihr euch näher, du und Eva?«, frage ich vorsichtig.

Er lacht auf, wie über einen Witz. »Du meinst, ob wir zusammen sind? Ein Paar?« Er winkt ab. »Nee, nee, eine wie Eva würde sich nie mit jemandem wie mir einlassen. Wir teilen nur gewisse Interessen. Anschauungen. Aktivitäten.«

Langsam dämmert mir was, und ich kann nicht sagen, dass mir das gefällt. In mir gärt es, doch ich beherrsche mich. »Ich wollte Eva eigentlich was fragen«, sage ich.

»Frag mich.«

Er grinst mich an, als wüsste er längst Bescheid, worum es geht.

»Na gut.« Ich zücke mein Handy und zeige ihm erst die Screenshots, die ich von den handgeschriebenen Internetadressen gemacht hab, die mich zu Noahs Videos geführt haben, und dann ein Foto von dem *Willkommen zu Hause*-Schild, das Eva bei uns angefertigt hat. »Immer dieselbe Handschrift, oder?«, sage ich und deute auf die Ls und die Kreise auf den Is.

»Würde ich auch sagen«, bestätigt Torsten.

Und wieder dieses selbstzufriedene Grinsen, das mir auf die Nerven geht. Erst nach ein paar Sekunden fällt mir auf, dass er nicht fragt, was das für Adressen sind und worauf ich mit der Frage hinauswill.

Er holt ein Döschen mit Kaugummis aus der Hosentasche. »Willst du?« Ich lehne ab. Er nimmt einen und kaut los, während er die Dose wieder einsteckt. Er kommt mir heute viel souveräner vor als sonst. Fast schon cool. »Dann weißt du ja jetzt, wer dir die Videos geschickt hat«, sagt er. »Ups! Hab ich mich jetzt verplappert? Ausgeplaudert, dass ich von den Videos weiß?«

Eigentlich sollte mich das nach dem, wie unser unverhofftes

Treffen bisher gelaufen ist, nicht mehr überraschen. Und doch trifft es mich, als mein Verdacht zur Gewissheit wird.

»Gehen wir ein paar Schritte?«, fragt er und läuft auch schon los. Ich folge ihm. »Jetzt, da Eva sowieso bei ihrer Zeitung aufgeflogen ist, kann ich es ja sagen: Ja, sie hat die Videos für dich aufbereitet und ich hab sie an dich geschickt. Zumindest wenn Eva nicht konnte, weil sie mit dir zusammen war.«

Ich erinnere mich, dass wirklich zwei der Snaps kamen, als sie bei mir war.

»Dann hat sie Noahs Handy?«, frage ich.

»Das hab ich nicht gesagt.«

»Oder hast du es?«

»Das hab ich auch nicht gesagt.«

Natürlich nicht. Weil das Eva und ihn zu Mitwissern am Überfall auf Noah machen könnte. Mir wird bewusst, dass Torsten nur so offen mit mir redet, weil er sich längst abgesichert hat. Er fühlt sich unangreifbar und wahrscheinlich ist er es auch. Den Weg zur Polizei kann ich mir sparen.

»Du und Eva gehört also auch zu den ADlern?«, frage ich.

»Nicht direkt. Wir gehören zu einem losen Netzwerk, das Verbindungen zu ihnen hat.«

»Und was wolltet ihr von mir? Mich bekehren?«

Er bleibt stehen. »Das Ganze war ein kleines Manöver in einem großen Kampf. Auf der einen Seite stehen die, die Deutschland und die Deutschen zerstören wollen. Auf der anderen Seite wir, die es verteidigen. Und genau wie die anderen haben wir eine Strategie. Einen Plan mit kurzfristigen und langfristigen

Zielen. Eva war eigentlich Teil des langfristigen Plans. Erstmal nicht auffallen und Karriere bei der Presse machen, unsere Ideen einstreuen, die Meinungsbildung beeinflussen. Nicht offen, sondern subtil. Die Grenzen von dem, was noch okay ist, verschieben. Denn darum geht's: in die Köpfe der Leute kommen. Du musst niemanden von irgendwas überzeugen. Du musst Zweifel wecken. Das reicht. Der Rest erledigt sich von ganz allein. Was, denkst du wohl, wird von dieser Geschichte bei den meisten bleiben? Ich meine, bei denen, die vieles nur am Rande mitkriegen und sich nicht die Mühe machen, sich intensiver mit Hintergründen und so zu beschäftigen. Ich sag's dir: Die Bilder, wie Ausländer einen Deutschen zusammenschlagen. Und wie die Schwester des Opfers dabei ist, wenn gegen Ausländer Front gemacht wird. Und sie werden denken: Kann ich verstehen. Würde ich genauso machen, wenn es mein Bruder gewesen wäre.« Er grinst plötzlich. »Cool wär's gewesen, wenn sogar Noah unsere Story geglaubt und weiterverbreitet hätte. Wusstest du, dass es das gibt? Ich meine, dass Leute sich an Sachen erinnern, die sie nie erlebt haben? Hab da mal einen Artikel gelesen. Eva dachte, sie kriegt das hin. Aber dann bist du ja schon mit der Wahrheit gekommen.«

Torsten scheint Spaß daran zu haben, mir zu erzählen, wie toll er ist und wie geschickt eingefädelt das alles war. Er kann gar nicht mehr damit aufhören.

»Ich fand es total witzig, wie wir dich mit den Videos und den versteckten Hinweisen neugierig gemacht haben. Natürlich hätte ich dir das mit den ADlern auch einfach sagen können, denn entscheidend war nur, dass du dort aufschlägst. Aber es funktioniert eben besser, wenn du es selbst rauskriegst. Niemals die Antworten vor den Fragen präsentieren, verstehst du?«

Alles klar. Die haben mich noch viel mehr verarscht, als ich angenommen hab. Sie wussten genau, welche Knöpfe sie bei mir drücken mussten, damit ich genau das tue, was sie von mir wollen. Bin ich so berechenbar? Ist es so einfach, mich zu manipulieren? Eigentlich hab ich genug gehört, aber er hört nicht auf zu reden:

»Du denkst jetzt wahrscheinlich: Alles klar! Wenn einer so drauf ist, dann muss bei ihm was schiefgelaufen sein. Meistens ist die Mutter schuld. Das Drama des vernachlässigten Kindes. Für jeden hat Mami Zeit, nur nicht für ihren Sohn. Blablabla. Oder gefällt dir die Version besser, in der Mami ihren Sohn mit Liebe erstickt? Ihn nicht loslassen kann, damit sie nicht als einsame Frau endet?« Er lacht verächtlich. »Jetzt sag ich dir, wie es wirklich ist: Mir ist meine Alte schon lange egal. Ich leide auch nicht drunter, dass mein Vater abgehauen ist. Die können alle machen, was sie wollen. Kümmert mich kein bisschen. Ich mach, was ich will. Und ich will vor allem eines: nicht sein wie ihr. Ich bin euer Gegenteil.«

»Advocatus Diaboli«, sage ich im Flüsterton.

»Genau. Sonst noch Fragen?«

Er wartet nicht auf eine Antwort, spuckt den Kaugummi in einen Gully, dreht sich um und geht davon.

X

Das Gespräch mit Torsten hat mich lange beschäftigt. Auch wenn er so tut, als wäre die Frage unwichtig, stelle ich sie mir trotzdem: Wie ist er so geworden? Sein Vater muss wohl ein ziemlich schräger Typ sein, er und Beate waren nur kurze Zeit zusammen, und als Torsten sechs Jahre alt war, hat er den Kontakt komplett abgebrochen. Erklärt das irgendwas? Keine Ahnung. Ich hab Noah und meinen Eltern alles erzählt, sie sind genauso ratlos wie ich. Auch bei der Polizei war ich. Frau Bartels hat Torsten befragt, aber er hat geleugnet, etwas mit den Videos zu tun zu haben, hat sich als Opfer von Mobbing hingestellt und mich als Lügnerin. Eva wurde auch befragt, ihr Papa hat ihr zur Sicherheit einen teuren Anwalt besorgt, damit sich das Töchterchen bei der Polizei nicht verplappert. Für Beate ist es besonders hart. Sie glaubt mir und nicht Torsten, sie kennt ihn ja, und nun wirft sie sich vor, bei ihm total versagt zu haben. Vielleicht hat sie Fehler gemacht. Doch wenn jemand auf die schiefe Bahn gerät, sind nicht immer allein die Eltern schuld. Trotzdem fühlt man sich schuldig. Ich kann das verstehen. Es ging mir mit Noah ja genauso. Das Neueste, was ich gehört habe, ist, dass Torsten zu Hause auszieht, in eine Landkommune.

Inzwischen haben sich die Wogen nach dem Wirbel um Torsten und Eva wieder etwas geglättet. Dazu passt, dass auch die Hitzewelle dieses Sommers durch heftige Gewitter beendet und von wechselhaftem Wetter abgelöst wurde. Jeden Tag schiebe ich Noah in seinem Rollstuhl bei uns die Straße runter und rüber zum Spielplatz. Heute wollte ich eigentlich nicht raus, weil es nach Regen aussieht, aber Noah widerspricht.

»Wir sind doch nicht aus Zucker«, sagt er, »und wozu gibt es Regenschirme?«

Wir verlassen das Haus. Kaum draußen, fragt Noah: »Schon aufgeregt wegen Berlin? Das steht ja bald an.«

Ich hab das Thema absichtlich gemieden. Weil ich nicht weiß, was ich machen soll.

»Vielleicht auch nicht«, sage ich nun. »Ich geh wohl erst im Frühjahr. Oder zum Herbst, wenn das Studium beginnt. Dann haben wir noch ein ganzes Jahr und können später gemeinsam nach Berlin gehen.«

Noah zieht so abrupt die Bremse am Rollstuhl, dass ich dagegenlaufe.

»Das tust du nicht!«, sagt er streng, ja beinahe ärgerlich. »Nicht wegen mir.«

Ich gehe um den Rollstuhl herum und schaue Noah an. »Es ist nicht wegen dir, sondern wegen uns.«

»Red keinen Quatsch!« Er sieht wirklich böse aus. »Wir sind doch kein Ehepaar! Du gehst deinen Weg und ich den meinen.«

Ein Stein fällt mir vom Herzen. Er hat sich wieder verändert. Ist gewachsen.

Ich schiebe ihn weiter, und es dauert nicht lange, bis uns jemand entgegenkommt, den wir kennen: Steffi. Mein Puls schießt in die Höhe. Ist es ein bloßer Zufall? Oder will sie zu uns? Bis jetzt hat sie Funkstille gehalten. Ich ja auch. Obwohl ich oft daran gedacht hab, mich bei ihr zu melden. Ihr alles zu erklären. Mich zu entschuldigen. Aber ich hab mich dann doch nicht getraut. Weil ich nicht wusste, wie ich anfangen sollte. Und ob sie mir verzeiht.

»Hi«, sagt sie, als sie bei uns ist. »Alles klar bei euch?«

»Alles klar«, sagen Noah und ich gleichzeitig. »Und bei dir?«

»Auch.« Sie schiebt die Finger in ihre engen Hosentaschen, tritt von einem Bein auf das andere und wieder zurück.

»Es tut mir leid«, platzt es aus mir heraus. »Dass ich mich nicht gemeldet hab und …«

»Hab ich ja auch nicht. Mir tut es auch leid«, gibt sie zurück.

»Ich habe dir eine Menge zu erzählen.«

»Bin gespannt.«

Die Anspannung fällt von mir ab. Ich bin so froh, dass sie hier ist. Obwohl ich den ersten Schritt hätte tun müssen. Ich bin ihr unendlich dankbar dafür und merke, wie lebendig meine Freundschaft für sie ist.

»Wir dürfen nie mehr aufhören zu reden, Steffi«, sage ich. »Und einander zuzuhören. Ohne gleich zu verurteilen. Nur so kann einer den anderen vor Irrtümern bewahren.« Okay, das klingt jetzt pathetisch, und ich weiß, dass Steffi Pathos nicht mag. Aber so empfinde ich es. Und sie, glaube ich, auch, denn sie sagt nur:

»Also wieder Freunde?«

Sie streckt die Hand aus, ich lege meine auf die ihre und Noah die seine über meine. So haben wir es schon als Kinder gemacht.

»Wieder Freunde«, sagen Noah und ich.

Doch wir wissen, dass nicht alles so ist, wie es früher war. Es wird auch nie wieder so werden. Dinge sind geschehen, die sich nicht ungeschehen machen lassen. Wir sind an Grenzen gekommen und darüber hinausgegangen. Es hat uns gezeigt, wer wir sind und wozu wir werden können, im Guten wie im Schlechten. Es gibt keine Gewissheiten mehr, auch nicht in uns selbst.

Liebe Leah,

ich hoffe, du hast dich in Berlin eingelebt. Sei froh, dass du weg bist. Mama und Papa sind toll, aber es wird allmählich ein wenig viel mit ihrer Fürsorge. Ich entwickle mich langsam, aber stetig zurück zum Kleinkind. Gerade lerne ich wieder laufen. Ohne Krücken, meine ich. In mir ist zwar immer noch so viel Metall, dass ich mir vorkomme wie eine Version von Iron Man, aber das ist ja nicht für ewig. Wenn ich wieder ganz okay bin, entscheide ich, wie es weitergeht. Mit meinem Leben und so.

Ich schreibe dir diesmal feierlich auf Papier und mit Tinte, weil mir das, was ich dir noch sagen will, sehr wichtig ist. Ich kann dir nicht genug dafür danken, dass du mich nie aufgegeben und dass du dich für mich in Gefahr begeben und dich angreifbar gemacht hast. Das werde ich dir nie vergessen. Du bist die beste Schwester, die man sich wünschen kann. Auch wenn wir verschiedene Wege gehen, bleiben wir zusammen, weil einer den anderen im Herzen trägt. Und zwar für immer. Unauslöschlich.

Dein Noah

## Anmerkung des Autors

Personen, Ereignisse und Orte dieses Werks sind frei erfunden. Ähnlichkeiten mit tatsächlich existierenden Personen, Ereignissen und Orten wären rein zufällig und nicht beabsichtigt.

## Andreas Götz

studierte Germanistik und Theaterwissenschaft, arbeitete als Journalist, Übersetzer und Hörspielautor. Von ihm sind bereits mehrere Thriller für jugendliche Leser erschienen sowie ein historischer Kriminalroman für Erwachsene.